知的障害児の心理・生理・病理

エビデンスに基づく
特別支援教育のために

Psychology,
Physiology, and
Pathology of
Children with
Intellectual
Disabilities

第2版

勝二博亮 編著
Hiroaki SHOJI

北大路書房

第2版 はしがき

　本書は，特別支援学校教諭免許状の取得に必要な科目の中でも，知的障害者教育領域における「心理等に関する科目」のテキストとして令和4年3月に出版された。それまでは，知的障害者教育領域において，心理，生理および病理に関する内容が1つにまとめられた書籍はほとんどみられなかったことから，いくつかの大学では教科書として採用いただき，本書が一定の役割を果たしていることを実感している。

　一方で，本書は執筆当初から，ある程度早い段階で改訂する必要性を感じながらの作成でもあった。その大きな理由が，初版が出版された後に，特別支援学校教諭免許状においてコアカリキュラムの策定が予定されていたからである。すでに周知のことではあるが，令和4年7月27日に，「特別支援学校教諭免許状コアカリキュラム」が策定され，同年7月28日に「教育職員免許法施行規則の一部を改正する省令（令和4年文部科学省令第24号）」が公布された。この改正は，令和3年1月4日の「新しい時代の特別支援教育の在り方に関する有識者会議」での報告，そして同年1月26日の中央教育審議会による「『令和の日本型学校教育』の構築を目指して～全ての子供たちの可能性を引き出す，個別最適な学びと，協働的な学びの実現～（答申）」を受けて実施された。教職課程コアカリキュラムとは，全国すべての大学における教職課程において，共通に修得すべき資質・能力を示したものであり，教職課程の質を担保・向上させる役割を担っている。

　本書の初版も，策定されたコアカリキュラムにはある程度対応した内容になっていたと編者自身は思っているが，「家庭や関係機関との連携」に関する内容については十分に触れられていなかったため，第2版で新たに章を設けることで，よりコアカリキュラムに対応したものに改訂している。また，これを機に，新しいてんかん分類法に則した内容に改訂するなど，全体にわたって

修正を施している。

　時間の経過とともに内容の訂正が必要になるのがテキストの宿命ではあるが，特別支援学校教諭の教職課程における質の担保とその向上に少しでも応えられるよう，必要に応じて今後も改訂を行っていきたい。

令和5年10月

編著者　勝二 博亮

はしがき

　知的障害特別支援学校に在籍する児童・生徒数は年々上昇しており，令和2年5月1日時点で133,308人に達している。その結果，知的障害特別支援学校では教室不足が深刻化するなど，これまでも教育環境の改善が叫ばれてきた。今から約10年前になるが，特別支援学校長経験者の有志により「知的障害特別支援学校大規模化の現状を憂える」とした緊急提言が行われたが（その際には編者も賛同者として名を連ねた），そこで求めていた特別支援学校設置基準がようやく制定され，令和3年9月に公布されることとなった。時を同じくして，たんの吸引や経管栄養の注入，そして人工呼吸器管理など医療的ケアを必要とする子どもたちやその家族のための支援を目的とした医療的ケア児支援法も施行された。このように特別支援教育を巡る課題は，時代背景の中で日々刻々と変化しており，常に新たな対応が求められている。未だ十分とは言えないが，それでも昔に比べれば，特別支援教育に関わる社会的関心の高まりを感じることができる。

　そのような中で，本書は知的障害者教育領域における「心理等に関する科目」のテキストとして出版されることとなる。特別支援学校教諭免許状を取得するにあたり，障害種別にかかわらず，「心身に障害のある幼児，児童又は生徒の心理，生理及び病理に関する科目（心理等に関する科目）」を1単位以上取得することが義務づけられている。しかし，知的障害領域に関して心理，生理および病理に関する内容がまとめられた書籍はほとんどなく，そのことが本書を作成するに至った動機の1つとなっている。「心理等に関する科目」の内容は多岐にわたるため，学ぶべき内容をできる限り網羅して解説するよう試みた。また，文字だけの説明にならないように，なるべく図や表，イラストなどを挿入し，理解しやすくなるように配慮している。

　まず序章では，教員となるうえで，なぜ「心理等に関する科目」を学ばなけ

ればならないのか，その意義について述べている。続けて第1章では，知的障害とは何か，その定義とアセスメント方法に関して解説している。第2章では，知的障害を理解するうえで必要な生理学的基礎知識を紹介しており，その理解には高等学校における生物基礎レベルが要求されるかもしれない。必要であれば，高校時代の教科書や参考書を手元に置きながらでも読み進めていただきたいが，理解が難しければ第3章以降を読みながら，適宜振り返っていただければよいと思う。第3章では，知的障害の発生要因について解説している。第4章から第8章までは，知的障害児における感覚，注意・記憶，学習，運動，言語機能について，心理，生理および病理に関する内容を扱っている。さらに，第9章では知的障害児における健康の維持増進のために必要な知識とともに，家庭・医療機関との連携についてもふれながら解説している。そして，最後の第10章には知的障害の周辺領域として扱われることの多い，いわゆる通常の学級に在籍する「発達障害」に関して，障害種ごとに簡単な説明を加えている。

　授業科目名としては「知的障害児の心理・生理・病理」，あるいは「知的障害児の心理」と「知的障害児の生理・病理」に分かれて開講されている場合もあるだろう。あえて，心理領域と生理・病理領域に分けるとすれば，第1，5，6，8章が心理領域，第2，3，4，7，9章が生理・病理領域に近いかもしれない。しかし，多くの章において心理，生理および病理に関する内容が含まれているため，各授業で展開されているシラバスの内容に合わせてご活用いただければと思う。

　最後に，本書の企画から執筆，校正に至るまでコロナ禍の中で行われたということ，そしてまだコロナ後の世界が見通せていないであろうと思われる中で出版を迎えるということを記しておきたい。さらに，簡単ではあるが，謝辞を述べておきたい。まず，私の恩師でもあり，同僚でもあった茨城大学名誉教授の尾﨑久記先生に対してである。本書の執筆にご協力いただいた先生方は，何らかの形で尾﨑先生からご指導を受けた同志の集まりでもある。人脈の少ない編者にとって，結果的に尾﨑先生が種をまき，育て，さらにそこから学んでいった者たちが執筆に関わったということは，"Ozaki Schule"の産物ともいえよう。そして，本書の企画段階では，北大路書房をすでにご退職された薄木敏之

氏にお世話になった。出版を悩んでいる私の背中を押していただき，その機会がなければ出版には至らなかったであろう。そして，薄木氏から引き継いで，ここでは記すことのできないほどのさまざまなご支援をいただき，編集・校正作業にご尽力くださった北大路書房の西端薫氏には，感謝以外の言葉が見つからない。本書が，特別支援教育に関わる教員を志す方々に役立てられればと願う。

令和 4 年 1 月

編著者　勝二 博亮

目 次

序　章

なぜ心理・生理・病理を
学ぶ必要があるのか？

　　知的障害児の心理・生理・病理を学ぶ際には，いったいどのようなことを期待するだろうか。読者の中には，学びたいのは指導方法であり，とりわけ医学的な内容に近い生理・病理分野に関しては，「難しいもの」「役に立たないもの」として敬遠する者も多いのではないだろうか。しかし，子どもをあずける保護者としては教師が最低限の障害に関わる基礎的な心理・生理・病理学的知識を有していないことに不安を感じることだろう。そうかといって，保護者を安心させるためだけに心理・生理・病理分野を学ぶ意味があるのではない。

　　本章では，特別支援学校の教員養成において心理・生理・病理分野を学ぶ意義やねらいについて，はじめに解説しておきたいと思う。すなわち，単位数として必要であるからといった受け身の態度から，教師となるために必要な知識であることを理解したうえで，モチベーションを維持しながら受講してもらえればと考えている。

　　では，「心理学」「生理学」「病理学」とはそれぞれ何を意味しているのであろうか？　まず，**心理学**であるが，行動を支える内的プロセスを科学的に明らかにする学問である。内的プロセスと書くと少し難しく感じるかもしれないが，知的障害児の行動においてどのような法則性があるのか，その行動に至った背景にはどのようなメカニズムがあるのか，行動の背景にある「なぜ？」に注目した学問であるといえば，少しは実感としてわかりやすくなるだろうか。

　　次に，**生理学**は生体の機能を明らかにする学問である。たとえば心理学的な用語である「ワーキングメモリ」は，これまでにもさまざまなモデルによって

説明されてきたが，その背景にある生体反応については触れられてこなかった。しかし，近年ではさまざまな生体計測技術が発展し，脳のどの領域が「ワーキングメモリ」という機能を担っているのかがわかるようになってきた。「生理学」も「心理学」と同様に，ヒトの機能を科学的に明らかにしていくという点で共通しており，ヒトの行動の背景にあるメカニズムを生体機能の側面から説明できるようにするのが「生理学」である。

　最後に，**病理学**は病気や障害がなぜ生じているのか，その原因とメカニズムを明らかにする学問である。当然，病気や障害に関して，その正常な生体機能を知らなければ何が障害を受けているのかを説明することは難しい。正常な生体機能の部分を「生理学」が扱うとすれば，障害特性や原因を説明するのは「病理学」となる。

　「心理・生理・病理」を学ぶことの大きな理由は，障害のある子どもたちの特性を理解するために必要な知識を得ることにある。もちろん子どもの指導方法を学ぶことは，特別支援学校の教員となるうえで必要である。しかし，実際に子どもを指導する際には，子どもがどこまで習得できていて何につまずきが生じているのかといった子どもの実態を把握していなければ，カリキュラムの中でなぜそれを扱うべきなのかを含めた指導内容の設定が難しいであろう（図序-1）。

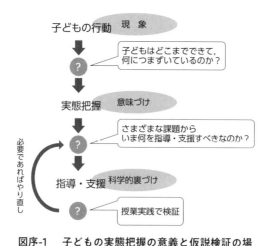

図序-1　子どもの実態把握の意義と仮説検証の場としての授業実践

子どもの実態を把握するには，子どもの視点になって想像してみることが重要であるが，そこで求められるものは教師により勝手につくり上げられた実態像ではない。まずは，子どもの行動である「現象」を日々の実践活動から観察・記録する**インフォーマルなアセスメント**が大切である。しかし，子どもの行動の背景を探るためには，心理検査（知能検査など）や生理検査（視力検査や聴力検査など）などの**フォーマルなアセスメント**の結果も活用しながら，総合的に子どもを見取り，行動の「意味づけ」を行わなければならない。そのためには，各種検査に関する心理・生理学的知識が必要不可欠となる。さらに，障害種別によって行動特性も異なってくることから，これらに関わる知識も必要となるだろう。ヒトの行動は，その時々の状況によっても変わってくることから，子どもの行動の原因を子ども自身の特性だけで捉えようとはせず，子どものまわりにある環境やそこに至ったプロセスにまで拡大して，行動の背景要因を探ることも忘れてはならない。つまり，子どもの実態を把握するということは，さまざまな知識を総動員して，子どもの目線に近づく努力をしているプロセスにほかならない。時に，実態把握が難しく，誤った「意味づけ」となってしまうこともあるだろう。たとえ十分な実態把握ができていなかったとしても，授業は待ってくれない。「科学的裏づけ」は，授業という実践の場での子どもとのやり取りを通して仮説の検証をしなくてはならないし，場合によっては仮説を修正する必要も出てくる。そのようなプロセスを繰り返していく中で，子どもの実態に徐々に近づいていけると筆者は考える。

　当然，一人ひとりの子どもたちは，障害名が同じであったとしても実態は異なる。「知識」を有することは，「知識に踊らされる」危険性もはらんでいる。たとえば，自閉スペクトラム症（Autism Spectrum Disorder: ASD）は視覚優位であることでよく知られているが，実際の子どもの中には聴覚優位な子どももいる。子どもの実態をよくみずに，障害名だけで判断してしまうのは「知識に踊らされている」状態であるといえよう。あくまでも知識は考えるための「軸」であり，その軸をしっかりと持ちながら子どもの実態に迫っていくことがより効率的である。そのためには，「知識の引き出し」を数多く持っていたほうがよい。「心理・生理・病理」に関わる知識は，子どもの実態に迫るうえでの１つの軸となり，正確でかつ効率的な見取りを実現するための助けとな

図序-2　子どもの行動の背景要因を探る（食べない子どもを例として）

るはずである。

　また，誤った知識や無知は子どもの生命を危険にさらす可能性もある。たとえば，給食の時間にあまり食べようとしない子どもがいたと仮定する。その場合，「なぜ食べようとしないのか」といった行動の背景を探ることになる（図序-2）。「食べない」という行動は同じでも，その背景にはさまざまな要因が考えられる。「食欲がない」だけと考えるかもしれないが，なぜ食欲がないのか，家で心配なことがあったのか，嫌なことがあったのか，あるいは給食の指導が厳しすぎたからかもしれない。さらに，知的障害の子どもの中には，睡眠覚醒リズムが安定しない子どもがおり，睡眠に問題が生じれば意欲や集中力の低下のみならず，食欲の低下を示す場合もある。あるいは，服薬がある場合には，その副作用である可能性もある。虫歯で痛みが生じている場合には，それを言葉で訴えることが難しく，痛みによって食べられないかもしれない。ASDでは極端な偏食を示す場合があり，それが原因である可能性もある。さらに，知的障害児は協調運動が得意ではないため，食器や箸の操作などに苦労し，食べるのが遅くなってしまうことも考えられる。逆に，急かすことによって丸のみや早食いを促し，窒息の危険性を助長してしまうこともあるだろう。このように1つの行動の背景にはさまざまな可能性が存在しており，知識を豊富に持っているからこそ，それらを背景の候補として想像できるようになるのである。

　本書では，知的障害児の行動の「なぜ」に迫るために，知的障害に関わる心

理・生理・病理学的知見を紹介していく。この分野は少々難しく感じることもあるかもしれない。また，極論をいえば，子どもの実態を正確に把握していなくても，授業を進めることができるだろう。しかし，**エビデンスに基づく教育**（Evidence-based Education）を行うためには，子どもの実態を把握することが重要であり，そのうえで実践内容を考えて指導・支援にあたり，その成果から科学的な裏づけをしていくことが，今求められているのである。

第1章
知的障害を理解するための心理学的基礎

第1節　知的障害の定義

　現在の日本において使用されている**知的障害**という呼称は，1998年に公布された「精神薄弱の用語の整理のための関係法律の一部を改正する法律」に基づき，「精神薄弱」から「知的障害」に変更された。また，アメリカにおいても米国精神遅滞協会（American Association on Mental Retardation: AAMR）は2007年に**米国知的・発達障害協会**（American Association on Intellectual and Developmental Disabilities: AAIDD）に改称された。このように用語は国内外において，「精神薄弱」もしくは「精神遅滞（Mental Retardation）」から「知的障害（Intellectual Disability）」へと変遷していることがうかがえる。本節では知的障害の定義において主導的な役割を果たしているAAIDDの定義を中心に，診断基準として使用されている**米国精神医学会**（American Psychiatric Association: APA）における『DSM-5-TR 精神疾患の診断・統計マニュアル（*Diagnostic and Statistical Manual of Mental Disorder, Fifth Edition Text Revision*）』（以下，**DSM-5-TR**）の定義ならびに文部科学省における定義について概観する。

1. AAIDD の定義

　知的障害という構成概念を定義する場合，以下に述べる2つのアプローチ

が考えられる。1つめは，知的障害という構成概念をどのように観察，測定するかに焦点を当てたものであり，この定義は知的障害の**操作的定義**に該当する。操作的定義は，知的障害の診断と分類を行ううえで不可欠となる。

2つめは，他の構成概念と関連させる中で知的障害の構成概念を定義するアプローチであり，この定義は知的障害の**構成的定義**に該当する。ここで述べられる構成的定義は，知的障害を人としてのはたらきの制約であるとして，環境的視点と多次元的視点から障害を概念化し，人としてのはたらきを高めるうえで個別支援が明確な役割を果たすことを強調している。

（1）知的障害の操作的定義

『知的障害―定義，分類および支援体系―（第 11 版）』（以下，『知的障害』）
(Schalock et al., 2010/ 太田ら訳，2012）では，知的障害を次のように定義している。

> 知的障害は，知的機能と適応行動（概念的，社会的および実用的な適応スキルによって表される）の双方の明らかな制約によって特徴づけられる能力障害である。この能力障害は，18 歳までに生じる※。
>
> ※ 改訂された最新版の定義 (Schalock et al., 2021) では，「22 歳までに生じる」と年齢が延長されている。

知的機能と適応行動については後に詳しく説明するが，定義の適用に際しては，①今ある機能の制約は，その人と同年齢の仲間と文化の中で考慮されなければならない，②評価が妥当であるためには，コミュニケーション，感覚，運動および行動要因の差はもちろんのこと，文化的，言語的な多様性が考慮されていなければならない，③個人の中には，制約と強さが共存していることが多い，④制約を記述することの重要な目的は，必要とされる支援のプロフィールをつくり出すことである，⑤長期にわたる適切な個別支援によって，知的障害のある人の生活機能は全般的に改善するであろう，という 5 つの前提が不可欠であるとされている。

（2）知的障害の構成的定義

『知的障害』(Schalock et al., 2010) で示されている人としてのはたらきの概念

的枠組み（図1-1）は，おもに人
としてのはたらきに影響を及ぼす
5つの次元と，そこで重要な役割
を果たす支援という2つの枠組
みで構成されている。5つの次元
には，操作的定義にも含まれる「知
的能力」と「適応行動」のほかに，
「健康」（身体的健康と精神的健康），「参
加」（社会における人の行動と人としての

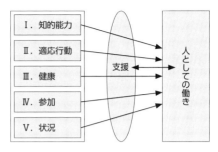

図1-1　人としての働きの概念的枠組み
(Schalock et al., 2010)

はたらき），「状況」（人々が日常生活を送っている環境）の3つが含まれる。このような
枠組みで人としてのはたらきを捉えることで，知的障害の発現が5つの次元
および個別支援の間に相互にダイナミックな影響を及ぼすことが理解できる。

2．DSM-5-TR および ICD-10 の定義

　DSM-5-TR において Intellectual Developmental Disorder（Intellectual
Disability）は，**知的発達症**（知的能力障害）と邦訳されている（American
Psychiatric Association, 2022/ 日本精神神経学会, 2023）。その診断基準は表1-1のとお
りであるが，知的機能の制約，環境条件に適応するときの行動上の制約，発達
期に発現するという3つの要素は，AAIDDの操作的定義と共通している。ま

表1-1　**DSM-5-TR における知的発達症（知的能力障害）の診断基準**（American Psychiatric
　　　Association, 2022/ 日本精神神経学会（日本語版用語監修）　髙橋三郎・大野裕（監訳）　DSM-5-TR
　　　精神疾患の診断・統計マニュアル，p. 37，医学書院，2023より一部転載）

知的発達症（知的能力障害）は，発達期に発症し，概念的，社会的，および実用的な領域における知的機能と適応機能両面の欠陥を含む障害である。以下の3つの基準を満たさなければならない。
A．臨床的評価および個別化，標準化された知能検査によって確かめられる，論理的思考，問題解決，計画，抽象的思考，判断，学校での学習，および経験からの学習など，知的機能の欠陥。
B．個人の自立や社会的責任において発達的および社会文化的な水準を満たすことができなくなるという適応機能の欠陥。継続的な支援がなければ，適応上の欠陥は，家庭，学校，職場，および地域社会といった多岐にわたる環境において，コミュニケーション，社会参加，および自立した生活といった複数の日常生活活動における機能を限定する。
C．知的および適応の欠陥は，発達期の間に発症する。

た，知的障害の重症度については，第4版（DSM-IV-TR）ではそれぞれの程度に該当する **IQ**（Intelligence Quotient）の値が規定されていたが，第5版（DSM-5）では削除され，適応機能との関連も含めた重症度が記載されている。

一方 ICD-10 において Mental Retardation は，精神遅滞（知的障害）と邦訳されている。その定義に関して『臨床記述と診断ガイドライン』(WHO, 1992) では以下のように記述されている。「精神遅滞は精神の発達停止あるいは発達不全の状態であり，発達期に明らかになる全体的な知能水準に寄与する能力，たとえば認知，言語，運動および社会的能力の障害によって特徴づけられる。」

さらに診断カテゴリーは「軽度」「中度（中等度)」「重度」「最重度」に分かれており，それぞれ IQ の範囲が規定されている。

なお，ICD については現在，ICD-11 が最新版となっているが，日本語版は未刊行である（2023年10月現在）。ICD-11 における知的障害に関する主な改訂としては，名称が Mental Retardation から Disorders of Intellectual Development に変更となっている。加えて重症度分類では IQ の数値による分類ではなく，知的機能および適応行動の平均水準から標準偏差の何倍程度下回っているか（パーセンタイル）に基づいて分類されている (小川・岡田, 2022)。

3. 文部科学省の定義

知的障害における説明として，文部科学省の『障害のある子供の教育支援の手引―子供たち一人一人の教育的ニーズを踏まえた学びの充実に向けて―』(文部科学省, 2021) によると，以下のように記述されている。

　　知的障害とは，一般に，同年齢の子供と比べて，「認知や言語などにかかわる知的機能」の発達に遅れが認められ，「他人との意思の交換，日常生活や社会生活，安全，仕事，余暇利用などについての適応能力」も不十分であり，特別な支援や配慮が必要な状態とされている。また，その状態は，環境的・社会的条件で変わり得る可能性があると言われている。

　　また，特別支援学校ならびに特別支援学級の対象となる障害の状態についても，単に「中度」「軽度」などの程度は規定せずに，日常生活および社会生活への適応能力の観点を含めて規定されている (文部科学省, 2021)。

第2節　知的機能とそのアセスメント

1. 知的機能とは

　知能とは何かという問いに対して，これまでに多くの専門家が知能の定義を試みてきた。その中でも普及している定義の1つとして，ウェクスラー (Wechsler, D.) は，「知能とは，目的的に行動し，合理的に思考し，能率的に環境を処理する，個人の総合的・全体的能力である」(松原, 2002) と述べている。この定義における総合的能力とは，知能が質的に異なった諸能力の多面的な構成体であることを意味し，全体的能力とは，知能が個人の全体的な行動の特質を示すことを意味している (松原, 2002)。

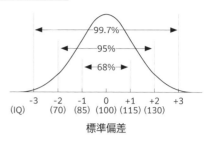

図 1-2　IQ における正規分布と標準偏差の関係

IQはウェクスラー式知能検査の標準偏差に基づく値を示す。

　また，『知的障害』(Schalock et al., 2010) では，知的機能は知的能力や知能よりも広義の用語であり，知的行動とみなされるものは図1-1 (前掲 p. 9) に示した知的能力以外の4つの次元に左右されるとしている。そのため，一般に使用されている知能の尺度／指数は，IQ 得点だけでなく，より広範な状況の中で解釈する必要があると述べている。そのうえで，『知的障害』では，操作的定義における「知的機能の明らかな制約」とは，使用する知能検査の標準測定誤差と，その検査の長所および制約を考慮して，平均より約2標準偏差以上低いことと定めている。

　IQ は統計学的に正規分布を示すことが前提となっている (図1-2)。正規分布は，平均と標準偏差によって分布が決まり，平均より±1標準偏差を示す人は，全体の約68％に相当する。また平均より±2標準偏差を示す人は，全体の約95％に該当する。たとえば，ウェクスラー式知能検査の場合，IQ の1標準偏差は15であるため，統計モデルで考えた場合，2標準偏差より低い IQ (70) を知的障害とするとその出現率は約2.5％となり，実際に報告されている知的障害の出現率と類似した結果となる (小池, 2001)。

2. 知能のアセスメント

　本節では，日本において用いられる代表的な知能検査として，田中ビネー知能検査Ⅴ（田中教育研究所，2003）ならびに日本版 WISC-Ⅴ 知能検査（日本版 WISC-Ⅴ 刊行委員会，2022a, 2022b）を紹介する。

(1) 田中ビネー知能検査Ⅴ

　ビネー式知能検査では一般知能の測定を目的としており，**精神年齢**（Mental Age: MA）と**生活年齢**（Chronological Age: CA）の比によって IQ を算出することができる。このような IQ の算出方法を**比率 IQ** という。なお，田中ビネー知能検査Ⅴにおいては，2～13 歳は従来通り MA から IQ を算出するが，14歳以上は原則として MA を算出せず，同年齢グループの中でどの程度の発達レベルに位置するのかを把握する**偏差 IQ** を算出する方法を採用している。加えて，1 歳以下の発達を捉える指標として「発達チェック」項目がある。

　田中ビネー知能検査Ⅴの特徴として**年齢尺度**が導入されており，1 歳級から13 歳級までの問題（96 問）と成人級の問題（17 問）が設定されている。各年齢級の問題は，言語，動作，記憶，数量，知覚，推理，構成など，さまざまな能力を評価する問題により構成されている（表 1-2）。基本的には子どもの CA と等しい年齢級の問題から検査を開始し，その年齢級で 1 つでも不合格の問題があれば年齢級を下げて実施し，すべての問題で合格となる年齢級を特定する。次に上の年齢級へ進み，すべての問題が不合格となる年齢級を特定する。これらの結果をもとに MA および IQ が算出される。

　知的障害児においては一般的に，経験に基づいた具体的・実際的な思考は得意である一方，抽象化や一般化の思考が苦手であることが指摘されている。そのため，田中ビネー知能検査Ⅴにおける知的障害児のプロフィールの特徴としては，具体物の操作

表 1-2　田中ビネー知能検査Ⅴの問題内容（3 歳級）（田中教育研究所，2003）

問題番号	問題名
25	語彙（絵）
26	小鳥の絵の完成
27	短文の復唱（A）
28	属性による物の指示
29	位置の記憶
30	数概念（2 個）
31	物の定義
32	絵の異同弁別
33	理解（基本的生活習慣）
34	円を描く
35	反対類推（A）
36	数概念（3 個）

を伴う問題の年齢級から，言語のみの手がかりによって解答する問題が含まれる年齢級へと進むにつれて，その正解率が低くなることが多い。さらに，同じ年齢級においてさまざまな問題内容が盛り込まれていることから，同じ年齢級の問題でも通過できる項目と不通過の項目に傾向がみられる場合がある。この傾向をみていくことが，支援を行う際にも有用である（小笠原，2014）。

(2) 日本版 WISC-Ⅴ知能検査（WISC-Ⅴ）

　WISC-Ⅴはウェクスラー式知能検査の児童版で，対象年齢は 5 〜 16 歳である。WISC-Ⅴでは，ビネー式知能検査に代表されるような一般知能だけでなく，個人の認知特性を測定することができる点が大きな特徴である。WISC-Ⅴは 16 の下位検査より構成され，それらの評価点から全般的な知的能力を示す合成得点である FSIQ（Full Scale IQ）のほか，10 の指標得点が算出される。さらに 10 の指標得点は 5 つの主要指標（言語理解，視空間，流動性推理，ワーキングメモリー，処理速度）と 5 つの補助指標（量的推理，聴覚ワーキングメモリー，非言語性能力，一般知的能力，認知熟達度）に分類される。表 1-3 に WISC-Ⅴの下位検査の概要を示す（日本版 WISC-Ⅴ刊行委員会，2022a）。

　指標得点のうち主要指標についてみていくと，**言語理解指標**は子どもが獲得した言葉の知識にアクセスし応用する能力を測定している。また**視空間指標**は，モデルから幾何学的デザインを構成するために視覚的詳細を評価し，視空間関係を理解する能力を測定する。**流動性推理指標**は，視覚対象間の根底にある概念的関係を検出し，推理を用いてルールを特定し応用する能力を測定する。一方，**ワーキングメモリー指標**は，視覚や聴覚の情報を意識的に登録し，保持し，操作する能力を測定する。さらに**処理速度指標**は，子どもの視覚的判断，意思決定，決定実行の速度と正確さを測定する（日本版 WISC-Ⅴ刊行委員会，2022a）。

　検査は下位検査ごとに設定された開始条件と中止条件に従い実施する。各下位検査から得られた粗点は評価点（平均 10）に換算され，それらの合計点より各指標得点ならびに FSIQ（いずれも平均 100）が算出される。これら各下位検査の評価点ならびに各指標得点から，同年齢の子どもの集団と個人の得点を比較する個人間差による解釈や，その子どもの強い能力ならびに弱い能力を評価する個人内差による解釈も可能となる。

表 1-3　WISC-Ⅴの検査内容（日本版 WISC-Ⅴ刊行委員会，2022b をもとに，日本文化科学社より許可を得て改変転載）

下位検査	検査内容	主要指標	補助指標
類似	共通のもの，あるいは共通の概念を持つ 2 つの言葉を口頭で提示し，それらのものや概念がどのように類似しているかを答えさせる	言語理解	一般知的能力
単語	絵の課題では検査冊子に描かれた絵の名称を答えさせ，語の課題では単語を読み上げてその意味を答えさせる		一般知的能力
積木模様	モデルとなる模様を提示し，2 色の積木を用いて制限時間内に同じ模様を作らせる	視空間	一般知的能力／非言語性能力
パズル	選択肢の中から，組み合わせると見本図版と同じになるもの 3 つを制限時間内に選ばせる		非言語性能力
行列推理	一部が空欄になっている行列または系列が描かれた図版を見せ，選択肢から行列や系列を完成させるのに最も適切なものを選ばせる	流動性推理	一般知的能力／非言語性能力
バランス	重りの一部が隠されているはかり（天秤ばかり）を見せ，その隠されている重りとして適切なものを選択肢の中から制限時間内に選ばせる		一般知的能力／非言語性能力／量的推理
数唱	一連の数字を読んで聞かせ，それと同じ順番（順唱），逆の順番（逆唱），昇順に並べ替えた順番（数整列）でその数字を言わせる	ワーキングメモリー	聴覚ワーキングメモリー／認知熟達度
絵のスパン	刺激ページに描かれた 1 つ以上の絵を決められた時間見せ，回答ページにある選択肢からその絵を選択させる		非言語性能力／認知熟達度
符号	見本を手がかりとして，幾何図形または数字と対になっている記号を制限時間内に書き写させる	処理速度	非言語性能力／認知熟達度
記号探し	左側の刺激記号が右側の記号グループ内にあるかどうかを制限時間内に判断させる		認知熟達度
知識	一般的な知識に関する質問をして，それに答えさせる	（二次下位検査）*	―
絵の概念	2〜3 段からなる複数の絵を提示し，それぞれの段から共通の特徴のある絵を 1 つずつ選ばせる	（二次下位検査）	―
語音整列	一連の数字と仮名を読んで聞かせ，数字は昇順に，仮名は五十音順に並べ替えて言わせる	（二次下位検査）	聴覚ワーキングメモリー
絵の抹消	不規則に配置した，あるいは規則的に配置したさまざまな絵の中から，制限時間内に動物の絵を探して線を引かせる	（二次下位検査）	―
理解	日常的な問題の解決や社会的ルールなどについての理解に関する一連の質問をして，答えさせる	（二次下位検査）	―
算数	算数の課題を提示し，制限時間内に暗算で答えさせる	（二次下位検査）	量的推理

* 二次下位検査は，FSIQ 下位検査の代替として用いることができる。

知的障害児に WISC-IV を実施した場合，各評価点にそれほど差がみられず，フラットに近い状態のプロフィールとなることが多い。つまり，その他の発達障害に比べ，認知機能における偏りは少ないといえる。他の評価点がフラットである中で，突出して高い評価点がみられた場合には学習効果や生活環境に依存することが大きい（小笠原，2014）。

(3) 知能検査の実施や解釈における留意点

特に低年齢の子どもや障害のある子どもに知能検査を実施する場合，検査者とのラポール形成や検査者の実施の習熟度などによって数値的な誤差が生じる可能性がある。そのため，子どもが安心して検査を受けることができるような環境づくりや，十分な研修を経たうえで検査を実施することが，正しい評価を行ううえで重要となる。また，検査の結果は同一対象者で常に同じとはならず，一定の範囲で数値は変動することが想定されている。そのため，算出された IQ は絶対的なものではないことに留意する必要がある。

知能検査の解釈にあたっては，その数値のみにとらわれることなく，検査中の子どもの行動観察をはじめ，日常生活での様子なども踏まえて仮説を立てていくことが大切となる。加えて，保護者や本人に IQ の数値結果のみを示すのではなく，検査結果をもとに具体的な支援の方向性や手立てについても併せて示していくことが求められる（井上，2014）。

(4) 知能検査が実施できない場合のアセスメント

ビネー式やウェクスラー式をはじめとする知能検査は，個別検査の手法で実施される。そのため，教示の理解や課題の遂行が困難である重度の知的障害児に対しては測定が困難となる。その際は，知能検査の代替として乳幼児で適用される**発達検査**を用いてアセスメントを行う場合もある。本項では代表的な発達検査として，新版 K 式発達検査 2020，遠城寺式乳幼児分析的発達検査法ならびに KIDS 乳幼児発達スケールについて紹介する。

新版 K 式発達検査 2020 は，0 歳 0 か月〜成人までを対象とした個別式検査である。検査の実施順序に従って子どもの様子を直接観察し，通過・不通過を判定することにより評価を行う。検査項目は「姿勢・運動領域」「認知・適応

領域」「言語・社会領域」の 3 領域に分けられており，各領域ならびに全領域における発達年齢 (Developmental Age: DA) から発達指数 (Developmental Quotient : DQ) を求める。なお，生活年齢が 14 歳を超え，認知・適応領域および言語・社会領域の発達年齢のいずれもが 14 歳を超える場合は，偏差 DQ を算出する (新版 K 式発達検査研究会, 2020)。

　遠城寺式乳幼児分析的発達検査法は，0 歳 0 か月〜 4 歳 8 か月までの乳幼児を対象としている。日常生活での様子や，実際に道具等を提示してその様子を直接観察することによって評価を行う。「運動」(移動運動・手の運動)，「社会性」(基本的習慣・対人関係)，「理解・言語」(発語・言語理解) の 3 領域 6 項目の発達状況について，項目ごとに相当年齢が示されることにより，対象児における発達傾向が把握できる。知的障害児の特徴としては，移動運動はあまり遅れず，手の運動や発語，言語理解の遅れが認められることが多い (遠城寺, 1977)。

　KIDS 乳幼児発達スケールは，0 歳 1 か月〜 6 歳 11 か月までの乳幼児を対象とした，質問紙式の発達検査である。質問紙は年齢によって 4 つのタイプに分かれており，その中でもタイプ T は発達の遅れが疑われる子ども向きの質問紙である。質問紙は「運動」「操作」「理解言語」「表出言語」「概念」「対子ども社会性」「対成人社会性」「しつけ」「食事」の 9 領域のプロフィールから構成され，各領域における**発達年齢** (DA) と**発達指数** (DQ)，ならびに総合発達年齢と総合発達指数が算出される (三宅, 1991)。

　これらの発達検査は，知能検査に比べて実施にかかる時間も短く，簡便に評価できることから，支援の現場においても比較的導入しやすい。また，質問項目が発達順序に沿って構成されていることから，養育者や支援者が発達の課題や今後の見通しを立てやすいことも利点としてあげられる。

第 3 節　適応機能とそのアセスメント

1. 適応機能とは

　適応機能とは，DSM-5-TR における知的発達症の診断基準に含まれる概念である。AAIDD では**適応行動**と表記されているが，適応機能とほぼ同義とし

て扱われている。

　『知的障害』(Schalock et al., 2010) では，適応行動を「日常生活において人々が学習し，発揮する概念的，社会的および実用的なスキルの集合である」としている。**概念的スキル**とは，言語 (読み書き)，金銭，時間および数の概念に関するスキルを指す。また，**社会的スキル**とは，対人的スキル，社会的責任，自尊心，騙されやすさ，無邪気さ (用心深さ)，規則／法律を守る，被害者にならないようにする，および社会的問題を解決するスキルを指す。さらに，**実用的スキル**とは，日常生活の活動 (身の回りの世話)，職業スキル，金銭の使用，安全，ヘルスケア，移動／交通機関，予定／ルーチン，電話の使用に関する内容を含む。

　これらの適応行動の概念は，以下にあげる 3 つの重要なポイントの基礎となる。

(a) 適応行動のアセスメントは，その人の通常の（最大ではない）実行能力に基づいている。
(b) 適応スキルの制約は強さと共存していることが多い。
(c) 適応スキルにおけるその人の強さと制約は，同年齢の仲間に典型的な地域社会と文化の状況の中で検討され，その人の個人的ニーズに結びつかなければならない。

　なお，問題行動と適応行動の関係については，概念上では異なるとされている。すなわち，ある人の日常活動やその人を取り巻く活動に差し障りがあるような行動は問題行動であり，それは適応行動がないこととイコールではなく，適応行動の獲得と遂行を妨げる要因として理解する必要がある。さらに，不適応にみえる行動が実はその人の要求を伝えていることがあり，場合によってはそれを「適応的」とみなすことがある。たとえば，重度の障害がある人にみられる問題行動を人は望ましくない行動であると判断するが，問題行動以外に自分の意思を伝える方法がないためにそのような行動をとる場合もあることについて留意する必要がある。

2. 適応機能のアセスメント

　本節では，適応機能を評価するための代表的な検査として，日本版

Vineland-II適応行動尺度（辻井・村上，2014）ならびにS-M社会生活能力検査第3版（上野ら，2016）を紹介する。

(1) 日本版Vineland-II適応行動尺度（Vineland-II）

Vineland-II適応行動尺度は，適応行動全般を評価するための標準化された尺度の中では最も国際的に用いられているものの1つであり，0～92歳までの対象者に実施される個別検査である。表1-4に示すように，Vineland-IIは4つの「領域」（コミュニケーション，日常生活スキル，社会性，運動スキル）と11の「下位領域」で構成される。なお，「運動スキル」領域は0～6歳までと50歳以上の対象者が評価対象となる。また「コミュニケーション」領域の下位領域である「読み書き」領域は3歳以上,「日常生活スキル」領域の下位領域である「家事」領域は1歳以上の対象者が評価可能となっている。

Vineland-IIは評価対象者の日常をよく知る保護者や支援者による**半構造化面接**によって実施される。質問紙法による検査のように，与えられた質問について順番通りにチェックを行うのではなく，検査者は下位領域ごとに項目を把握したうえで，なるべく自然な形で全体的な話題から詳細な情報へと移行していくことで，円滑な会話を維持することが求められる。この方法によって，回答者における潜在的なバイアスがかかりにくくなり，個々の日常における行動に関する記述がより正確となる。

Vineland-IIの標準化スコアは，各下位領域からはv評価点（平均15）が得られる。また,各下位領域のv評価点合計より,4つの領域ごとに**領域標準得点**（平均100）が得られる。適応行動の全般的指標としての**適応行動総合点**（平均100）は,上記の4つの領域標準得点の合計点を算出することで求められる。一方，これとは別に**不適応行動指標**があり，3つの下位尺度（内在化問題，外在化問題，その他）の粗点からv評価点（平均15）が得られる（なお，内在化問題および外在化問題は，それぞれの粗点からv評価点が得られる）。さらに，強度の不適応行動を評価する**不適応行動重要事項**では，それぞれの質問項目で行動の頻度と強度で評価するのみであり，標準スコア（v評価点）は得られない。

知的障害児・者にVineland-IIを適用した調査によれば（辻井・村上，2014），適応行動総合点において同じCAの定型発達児・者より2標準偏差を下回っ

表1-4　Vineland-Ⅱ の内容（辻井・村上，2014 をもとに，日本文化科学社より許可を得て改変転載）

領域および下位領域	項目数	内容
1．コミュニケーション領域（99 項目）		
受容言語	20	対象者がどのように話を聞き，注意を払い，理解しているのか。
表出言語	54	対象者が何を話し，情報を集めて提供するために，どのような単語や文を使うのか。
読み書き	25	対象者が文章の組み立て方について何を理解し，どのように読み書きするのか。
2．日常生活スキル領域（111 項目）		
身辺自立	43	対象者が食事，衣服の着脱，衛生に関する行動をどのように行うのか。
家事	24	対象者がどのような家事を行っているのか。
地域生活	44	対象者が時間，お金，電話，コンピューターおよび仕事のスキルをどのように使っているのか。
3．社会性領域（99 項目）		
対人関係	38	対象者が他の人とどのように関わっているか。
遊びと余暇	31	対象者がどのように遊び，余暇の時間を使っているのか。
コーピングスキル	30	対象者が他の人に対する責任と気配りをどのように示しているか。
4．運動スキル領域（76 項目）		
粗大運動	40	対象者が運動や協調運動のために腕と脚をどのように使っているか。
微細運動	36	対象者が物を操作するために手と指をどのように使っているのか。
不適応行動領域（オプショナル）		
不適応行動指標	36	対象者の適応機能を妨げるおそれのある内在化，外在化，その他の望ましくない行動の総合評価
不適応行動重要事項	14	臨床的に重要な情報であるより重度の不適応行動

ていた。加えて，学齢期の知的障害児の各領域得点は平坦なプロフィールを示した一方で，成人期になると，知的機能に基づいて分類された軽度または中等度のグループでは，「コミュニケーション」領域，「日常生活スキル」領域の下位領域である「地域生活」，そして「社会性」領域の下位領域である「対人関係」で相対的な得点の低下が認められた。このことは，学校卒業後に知的障害者が社会的に孤立していることを反映していると考えられている。

(2) S-M 社会生活能力検査第 3 版（S-M 社会能力検査）

　S-M 社会生活能力検査では，社会生活能力を「自立と社会参加に必要な生活への適応能力」と定義しており，『知的障害』（Schalock et al., 2010）において述べられている適応行動と同義であると捉えられている。「適応行動のアセスメントでは，その人の想定される能力や最大限の実行能力ではなく，通常の実行

表 1-5　S-M 社会生活能力検査の構成領域（上野ら，2016 をもとに，日本文化科学社より許可を得て改変転載）

領域	内容
身辺自立	衣服の着脱，食事，排せつなどの身辺自立に関する能力
移動	自分の行きたい所へ移動するための能力
作業	道具の扱いなどの作業遂行に関する能力
コミュニケーション	ことばや文字などによるコミュニケーション能力
集団参加	社会生活への参加の具合を示す能力
自己統制	わがままを抑え，自己の行動を責任を持って目的に方向づける能力

能力に焦点を当てる」(Schalock et al., 2010) とされていることからも，本検査では子どもの日常生活場面での行動が評価の対象となり，対象児の日常生活をよく知る大人が回答を行う方法を採用している。

　本検査は 1 〜 13 歳までの子どもを対象としているが，社会生活能力に遅れを伴う者については，年齢が 13 歳以上の場合も適用できる。また，検査実施にかかる時間は 15 分程度であり，かつ採点や結果の処理に関しても簡便に実施できる点がこの検査の長所でもある。そのため，S-M 社会生活能力検査は現在多くの知的障害児が在籍する特別支援学校等で活用されている。

　S-M 社会生活能力検査では，「身辺自立」「移動」「作業」「コミュニケーション」「集団参加」「自己統制」の 6 領域が設定されており（表 1-5），各領域別と全検査の**社会生活年齢**（SA），ならびに**社会生活指数**（SQ）が算出される。知的障害をはじめとする特別な教育的ニーズのある子どもたちは，能力や興味の偏りがあったり，幅広い経験をしていなかったりすることがめずらしくない。そのため，社会生活能力の発達の進度は領域によってばらつきやすいことから，全般的な社会生活能力だけでなく，各領域の発達をプロフィールとして見ることにより，その子どもの社会生活能力をよりよく把握することが可能となる。

(3) 適応機能のアセスメントにおける留意点

　上述した Vineland-II ならびに S-M 社会生活能力検査をはじめとする適応機能を評価するためのアセスメントは，おもに対象者の日常の様子をよく把握している者（保護者や支援者など）が回答する形式を採用している。このことは，対象者の日常生活の様子をより詳細に把握するのに適している一方で，対象者の「現在できていること」のみならず「できるであろう」という過大評価や「で

きないであろう」という過小評価がバイアスとなって結果に影響を及ぼす可能性もあるため留意する必要がある。また，検査で把握しきれない点やより詳しく評価することが必要な機能については，日常生活における観察などインフォーマルなアセスメントも含めることにより，子どもの実態をより的確に把握できるようになる。

第2章
知的障害を理解するための生理学的基礎

第1節　遺伝子と染色体

1. ヒト細胞の構造と機能

　私たちヒトを構成し機能させる基本単位は**細胞**である。この細胞説は，植物に関しては1838年にシュライデン（Schleiden, M. J.）によって，動物に関しては1839年にシュワン（Schwann, T.）によって報告された。ヒト細胞はいずれもリン脂質二重層からなる細胞膜で被われ，内部には二重膜で被われた**核（細胞核）**やミトコンドリア，一重膜で被われた小胞体やゴルジ体，エンドソーム，リソソーム，ペルオキシソーム，膜のないリボソームといった小器官を持ち（図2-1），それぞれヒトの構造をつくり機能させている。それらのはたらきを設計する**遺伝子**を含んでいるのが核である。

　核内には，糖（デオキシリボース）と塩基（アデニン：A，グアニン：G，シトシン：C，チミン：T）とリン酸で構成されるデオキシリボヌクレオチドが鎖状につながった**デオキシリボ核酸（DNA）**がある。DNAは塩基同士が水素結合した右巻きの二重らせん構造をとっており，ヒストンというタンパク質のまわりに巻き付いてクロマチンという構造をつくったうえで複雑に折りたたまれている。このまとまりを**染色体**と呼び，ヒトの場合は常染色体22組と性染色体1組の計23組46本からなる。なお，性染色体のX染色体2本で1組の場合は生物学上の女性，X染色体1本とY染色体1本で1組の場合は男性

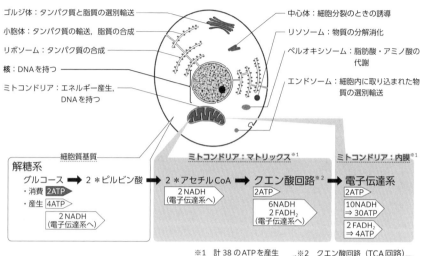

図 2-1　ヒト細胞のはたらき

細胞内の代謝によって，細胞質基質やミトコンドリアでは，エネルギーの受け渡しにはたらく ATP や，ATP を合成する NADH，FADH が生成される。ATP は，核酸塩基であるアデニンとリボース，3 分子のリン酸から成っているため，高エネルギー結合のリン酸が加水分解されるとエネルギーが得られる。

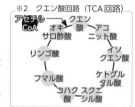

表 2-1　組織，器官系の種類

組織	例
上皮組織	皮膚，消化管，気道，血管の被膜
結合組織	骨，歯，軟骨，腱，靭帯，脂肪，血液
筋組織	平滑筋，横紋筋
神経組織	ニューロン，グリア細胞

器官	例
外皮系	表皮，真皮，皮下組織
運動器系	骨，筋
循環器系	心臓，血管，リンパ器官
消化器系	口，唾液腺，咽頭，食道，胃，膵臓，肝臓，小腸，大腸，直腸
呼吸器系	鼻腔，咽頭，喉頭，気管，気管支，肺
泌尿器系	腎臓，膀胱，尿道
生殖器系	精巣，前立腺，卵巣，子宮
内分泌系	松果体，下垂体，甲状腺，副甲状腺，副腎，膵臓
感覚器系	視覚器，聴覚器・平衡感覚器，嗅覚器，味覚器，体性感覚の受容器
神経系	中枢神経系（脳，脊髄），末梢神経系（脳神経，脊髄神経，自律神経）

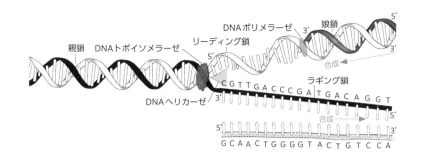

図 2-2　DNA の複製

とみなす。

　細胞の集まりは**組織**となる。組織を組み合わせて**器官**をつくり，それらを相互に機能させることによって個体が成り立っている（表 2-1）。すなわち，ヒトの身体を成長させるためには，この細胞が分裂して増殖する必要がある（**体細胞分裂**）。このとき，DNA もまったく同じ分子として増殖するため，2 つの娘細胞に分裂する前に親細胞内で複製して倍増する。まず二本鎖である DNA は，**DNA ヘリカーゼ**によって塩基間の結合が解かれる。解かれたそれぞれの親鎖の塩基配列を鋳型として，相補的な塩基（A と T，G と C の対）を持つヌクレオチドが結合して新しい鎖ができる（図 2-2）。このように DNA が複製される際には，鋳型である親鎖と新しく合成された娘鎖による二本鎖となるため，**半保存的複製**と呼ばれる。

2.　セントラルドグマ

　各細胞に含まれる DNA のセットを**ゲノム**と呼んでおり，ヒトの細胞は母方由来と父方由来のゲノムを 1 つずつ持っている。そして，DNA の中には，ヒトの身体の構造や機能を支えるタンパク質の設計図であるアミノ酸配列の情報と，タンパク質には翻訳されずに細胞内ではたらく非翻訳性リボ核酸（ncRNA）をつくり出す情報が含まれており，これらを**遺伝子**と呼ぶ。

　ここで DNA からタンパク質を合成する過程を説明しよう。DNA は直接タンパク質を合成することができないため，DNA の中にある遺伝子情報を**メッセンジャー RNA（mRNA）**に変換しなければならない。この過程を**転写**と呼ぶ。

転写を開始する部分には，制御するための塩基配列であるプロモーターがある。そこに転写を行う RNA ポリメラーゼとそれを誘導する基本転写因子が結合することで DNA の二本鎖が解かれ，タンパク質の合成が始まる。まず，一方の DNA（アンチセンス鎖）の塩基配列を鋳型に相補的な**リボヌクレオチド**（リボースと塩基，リン酸が結合したもの）が結合し，もう一方の DNA（センス鎖）と同じ塩基配列の mRNA をつくり出す。ただし，DNA の塩基とは異なり，RNA の塩基はアデニン（A）とグアニン（G），シトシン（C），ウラシル（U）の 4 種であるため，T の代わりに U を持つリボヌクレオチドが DNA の A の情報を読み取ることになる。

　その後，mRNA の情報をもとにタンパク質が合成される。これを**翻訳**と呼ぶ。遺伝子には，後にアミノ酸配列に翻訳される領域であるエキソンと，翻訳されない領域のイントロンがある。このイントロンを取り除いて（スプライシングと呼ぶ），エキソンの情報のみとなった mRNA に基づいてタンパク質が合成される。その際，重要な役割を担うのが**リボソーム**と**トランスファー RNA（tRNA）**である。mRNA にある 3 つ並んだ塩基配列（トリプレット）の中でも，特定の**塩基配列（コドン）**のみがアミノ酸を規定する。たとえば表 2-2 のコドン表に示すように，UUU の塩基配列であった場合はフェニルアラニンというアミノ酸に対応する。アミノ酸を運搬することができる tRNA は，mRNA の塩基配列に相補するように並び（mRNA が UCG の場合，tRNA は AGC），各 tRNA が運搬するアミノ酸をリボソームによって順に結合させてタンパク質を合成していく。なお，翻訳は，開始コドンである mRNA の AUG に UAC の塩基配列を持つ tRNA が結合することで始まり，終止コドン（UAA, UAG, UGA）を認識することで終了する。

　以上のように DNA の遺伝子を mRNA に転写し，翻訳してタンパク質をつくり出す流れを**セントラルドグマ**といい，この概念はすべての生物に共通するものである。合成されたタンパク質は，細胞小器官であるゴルジ体によって修飾・加工されて細胞の内外に移送され，細胞の形成・機能や酵素，免疫としてはたらいている。すなわち，遺伝子の異常がヒト身体の構造や機能の疾患や障害につながるのは，タンパク質の合成等に影響する所以である。

表 2-2　コドン表

1st base	2nd base								3rd base
	U	U	C	C	A	A	G	G	
U	UUU	フェニルア	UCU		UAU	チロシン	UGU	システイン	U
	UUC	ラニン	UCC		UAC		UGC		C
	UUA		UCA	セリン	UAA	終止	UGA	終止	A
	UUG	ロイシン	UCG		UAG	終止	UGG	トリプトファン	G
C	CUU	ロイシン	CCU		CAU	ヒスチジン	CGU		U
	CUC		CCC	プロリン	CAC		CGC	アルギニン	C
	CUA		CCA		CAA	グルタミン	CGA		A
	CUG		CCG		CAG		CGG		G
A	AUU	イソロイシン	ACU		AAU	アスパラギン	AGU	セリン	U
	AUC		ACC		AAC		AGC		C
	AUA		ACA	スレオニン	AAA	リシン	AGA	アルギニン	A
	AUG	メチオニン：開始	ACG		AAG		AGG		G
G	GUU		GCU		GAU	アスパラギン酸	GGU		U
	GUC	バリン	GCC	アラニン	GAC		GGC	グリシン	C
	GUA		GCA		GAA	グルタミン酸	GGA		A
	GUG		GCG		GAG		GGG		G

3.　遺伝のしくみ

　遺伝に法則があることを 1866 年に指摘したのが，メンデル（Mendel, G. J.）である。エンドウの表現型を観察したうえで掛け合わせ，子に伝わる形質をさらに観察することによって，現れやすい形質とそうでない形質があるという**顕性（優性）の法則**を見出した。たとえば，丸型の種子としわ型の種子を交配したところ，子の種子（F_1）はすべて丸型であったことから，前者の形質は**顕性（優性）の遺伝子**（A），後者の形質は**潜性（劣性）の遺伝子**（a）によるものとした。一方で，F_1 の種子同士を交配すると，F_1 の種子には現れなかったしわ型の形質が 4 分の 1 の割合で孫の種子（F_2）に発生したことから，丸型には AA，しわ型には aa というように 1 つの細胞には遺伝子が 1 対あり，そのうち 1 つが分配されて交配が起こると指摘した（**分離の法則**；図 2-3）。なお，これらの法則が種子の形だけでなく色などそれぞれの形質において生じていることを**独立の法則**という。

　メンデルの法則は当初，注目されることはなかったが，1900 年にその業績が再発見されたのを機に遺伝学は急速に発展した。1903 年にサットン（Sutton,

Aa Bb （丸・黄） × Aa Bb （丸・黄）	AB	Ab	aB	ab
AB	丸・黄 AA BB	丸・黄 AA Bb	丸・黄 Aa BB	丸・黄 Aa Bb
Ab	丸・黄 AA Bb	丸・緑 AA bb	丸・黄 Aa Bb	丸・緑 Aa bb
aB	丸・黄 Aa BB	丸・黄 Aa Bb	しわ・黄 aa BB	しわ・黄 aa Bb
ab	丸・黄 Aa Bb	丸・緑 Aa bb	しわ・黄 aa Bb	しわ・緑 aa bb

A：丸型，a：しわ型，B：黄色，b：緑色

図 2-3　遺伝の法則

W.) がバッタの観察から遺伝子が**染色体**にあることを発表したのを受け，遺伝と性染色体の関係も注目されるようになる。1910年にはモーガン（Morgan, T. H.）が，メンデルの法則の例外として性別によって形質の発現が異なるのは性染色体に遺伝子があるためとし，キイロショウジョウバエの観察から**X 連鎖性（伴性）遺伝**を発表した。さらに，染色体を形成する **DNA の二重らせん構造**がワトソン（Watson, J. D.）とクリック（Crick, F. H. C.）によって 1953 年に明らかにされると，この塩基配列こそが遺伝子の実体であると解釈された。これらの法則はヒト遺伝子疾患が発現する実態にも当てはまることが多く，親から子への遺伝の法則もさらに解明が進んだ。

　ヒトの交配には精子や卵子といった**配偶子**が用いられるが，このような生殖細胞は体細胞分裂ではなく**減数分裂**によって作られる。配偶子をつくり出す元となる原始生殖細胞には母由来の染色体と父由来の染色体があり，これらを**相同染色体**という。まず，相同染色体はそれぞれ DNA を複製し**姉妹染色体**をつくる。これらは平行に並んで密着するが（対合），第一分裂で相同染色体が分離し 2 つの細胞になる（図 2-4）。第二分裂では姉妹染色体とも分離してさらに 2 つの細胞となる。すなわち，父母由来のゲノムを持つ二倍体の原始生殖細胞 1 つから一倍体の生殖細胞である配偶子が 4 つ作られることになる。ただし，対合の過程ではしばしば相同染色体が交叉し，**乗り換え**が起こる。この

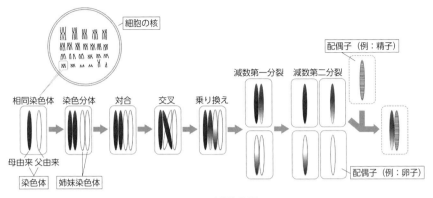

図 2-4　減数分裂

現象によって，母由来と父由来の染色体が混在した染色体がつくられるため，
配偶子は一倍体ではあるが父母両方の遺伝子を部分的に引き継ぐことができる。
　なお，減数分裂時には，まれに一部の相同染色体あるいは姉妹染色体がうま
く分かれずに，一方の細胞に偏って含まれてしまうことがある。これを**染色体
不分離**といい，一部の染色体が二倍体となった配偶子の受精が成立すると，1
つの受精卵における特定の染色体が 3 本（**トリソミー**）存在することになる（第
3 章第 2 節参照）。あるいは，一方の染色体が含まれずに受精が成立すると特定の
染色体が 1 本（**モノソミー**）となる。さらに，染色体異常症候群は，このよう
な染色体の数の異常だけでなく，染色体の部分的な構造の異常が原因となる場
合がある。たとえば，22q11.2 欠失症候群は，22 番染色体の長腕の 11.2 領
域が**微細欠失**となることにより遺伝子が欠失し，重篤な心疾患のほか，免疫疾
患やさまざまな発達の遅れを示す。
　染色体や遺伝子に関する病態については近年，ゲノム解析技術の発展により
責任遺伝子が部分的に特定されつつあるが，以前は，その個体に現れた形質を
観察することによって，遺伝子疾患の可能性が検討されてきた。そのような研
究手法には，遺伝子類似率に着目し，一卵性双生児同士や二卵性双生児同士，
親と実子・養子間の観察から明らかにしていくものもあった。一方で，遺伝子
の異常は，発生における突然変異によることも多く，親から子への遺伝だけが
原因ではない（**孤発性**）。すなわち，病態の解明には，ゲノムだけでなく，ヒ

ト身体の構造や機能として現れた形質の観察も重要な手がかりになる。

第2節 人体の発生

1. 受精から着床まで

　フィルヒョウ（Virchow, R. L. K.）が「すべての細胞は細胞から生まれる」（1855年）と唱えたように，ヒトは配偶子（卵子と精子）の**受精**によってできた細胞（**受精卵**）が分裂し，増殖することによって生み出される。まず，卵巣から排卵された卵子に，排卵後 12 ～ 24 時間で精子が侵入すると受精が成立する（図 2-5）。受精卵は卵管を通過する間に卵割を繰り返し，受精後約 30 時間で 2 細胞であったのが，受精後約 3 日には 16 細胞の**桑実胚**となる。受精後約 6 日には子宮内膜の絨毛に取り込まれ，受精後約 12 日までに子宮内膜に完全に埋没して**着床**が完了する。

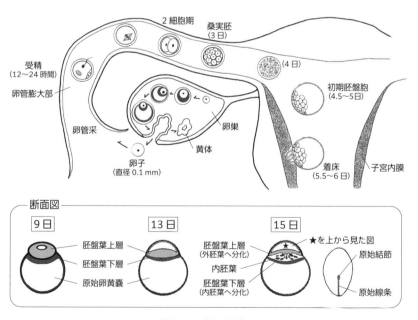

図 2-5　胚の発生

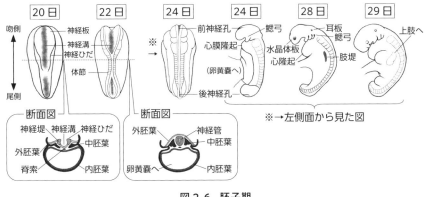

図 2-6　胚子期

　この間も受精卵は細胞分裂を繰り返し, 着床する頃には**胚盤胞（胞胚）**となっ
て, 中の内部細胞塊より胚盤葉上層と胚盤葉下層を形成する（図 2-5 下）。その
後, 胚盤葉上層は遊離し, 下層の一部の細胞と併せて**三胚葉**となり, これが
胎児へと成長する（図 2-6）。なお, さまざまな器官を形成する細胞へと分化
する過程には, 胚葉間・細胞間で誘導物質が作用し, 胚の各細胞が将来, どの
組織や器官になるかを設計する遺伝子がはたらいている。三胚葉のうち外胚葉
の細胞はおもに表皮（例, 皮膚, 歯のエナメル質）, 神経系（脳, 脊髄, 脳神経, 脊髄神経）,
感覚器に, 中胚葉の細胞はおもに運動器系（筋, 骨）, 循環器系（心臓, 血球）, 泌
尿器系, 生殖系に, 内胚葉の細胞はおもに消化器系（膵臓, 肝臓）, 呼吸器系（肺）
に**分化**する。

　すなわち, 受精直後の細胞には胚子の成長に関するすべての細胞へ分化する
全能性があり, 胚盤胞の内部細胞塊では胎児のさまざまな組織の細胞へ分化す
る**多能性**を有するが, 着床後は細胞の分化が進み, 特定の組織の細胞にしかな
れない。このような細胞の特性をふまえ, **再生医療**の生命技術が生まれた。た
とえば, 胞胚から分化前の内部細胞塊を取り出し, 培養して増殖させた**胚性幹
細胞（ES 細胞）**に特定の分化を誘導すると, 目的の組織となる細胞をつくる
ことができる。しかし, この技術はヒトとして発生する筈の受精卵を人為的に
操作することについての倫理的課題を抱えており, 研究開発には制限がある。
一方で, 胚ではなくすでに分化した細胞（体細胞）の中には, 軟骨や筋などに

なる骨髄の間葉系幹細胞のように，いくつかの細胞に分化できる多能性を持つ体性幹細胞もある。また，体細胞に特定の遺伝子を導入することによって，さまざまな組織の細胞へと分化して増殖する**人工多能性幹細胞**（iPS細胞）も2006年に発表され，これらが再生医療へ応用されつつある。なお，体細胞を利用した生命技術としては，1996年7月に核を取り除いた未受精卵にドナーの体細胞の核を移植して誕生させた**クローン動物**が有名である。しかし，このような生命技術もまた，生体組織の移植における拒絶反応等の課題を解決する再生医療として期待されているものの，依然として生命倫理や安全性に課題がある。今後は，技術的な課題と併せて解決することが求められているといえよう。

2. 胎児の発達

　発生3週から8週未満を**胚子期**（胎芽期）といい，重要な器官が形成される時期である。まず，心臓などの循環器系が形成され，神経系の形成が始まる。3〜4週には，鰓弓（さいきゅう）（咽頭弓）という顔や頸部を構成する器官となる構造体が隆起し，10週までに脳を除く器官の元が形成される。胎児の心拍は，最近では経腟超音波検査により4週頃から検出できるようになった。

　発生8週から出生までを**胎児期**といい，それぞれの器官が発達していく時期ともいえる。28週頃までに誕生した超低出生体重児は，NICUにおける重点的管理によって生存の可能性は高まりつつあるが，満期産に比べると依然として死亡率が高く，出生後に何らかの後遺症があることも多い。それ以降は，筋肉も発達し，肺も機能し始めるため生存率は上昇するが，32週以降の出生でも早産児では呼吸障害などを合併する例が報告されることから，低出生体重の新生児には長期的なフォローに留意する必要がある。

　したがって，胎児の発育を定期的に観察することは，発育障害の予防や出生後の支援を考えるのに役立つ。胎児の発育の様子は，超音波検査の胎児計測値から胎児体重を推測することで観察できる。発育には個人差があるものの，発育曲線から極端に外れる場合には胎児因子や母体因子，胎盤因子，臍帯因子を考慮することになる。また，発育の個人差は出生後もみられるが，一計測時点の値ではなく発達曲線の類似性に注目し，身長や体重，頭囲を指標として経時的に観察したうえで発育の状態を判断する必要がある（厚生労働省子ども家庭局，

2011)。

3. 神経系の形成

　知的機能を支える器官である脳の形成は，発生2週の初めに外胚葉の一部が厚くなることで始まり，19日までに**神経板**がみられるようになる（図2-6，前掲 p. 31）。神経板の両端は隆起して**神経ひだ**を形成し，正中部が陥没して**神経溝**をつくる。神経ひだは胚の中央部から融合し，吻側と尾側に向かって閉じていくことで**神経管**を形成していき，28日には神経管が閉じて神経系となる。後に，この神経系の吻側は脳に，尾側は脊髄に分化する。すなわち，神経管の閉鎖障害は，脳や脊髄等の形成を妨げて，**無脳症**や**二分脊椎**といった神経系の障害につながる。なお，28日頃の神経系は前脳，中脳，菱脳という3つの脳と内側に脳室を形成しているが，42日頃には前脳は終脳と間脳に，菱脳は後脳と髄脳に分化する。後に，終脳から大脳皮質，大脳基底核，辺縁系が，間脳から視床と視床下部が，後脳から小脳と橋が，髄脳から延髄がつくられる。

第3節　脳の構造と機能

1. 構造

　脳は，**脳幹**と**小脳**，**大脳**で構成され，軟膜とクモ膜，硬膜からなる**髄膜**と**頭蓋骨**で覆われ守られている。クモ膜下腔や脳室を満たしている**脳脊髄液**もまた，緩衝材として脳を保護し，代謝産物を運搬している（図2-7）。脳脊髄液は，おもに脳室内の脈絡叢で1日約500 ml 分泌され，側脳室からモンロー孔を通じて第三脳室，中脳水道，第四脳室に入り，脊髄の中心管やクモ膜下腔へ灌流する。その後，おもに静脈洞の内壁にあるクモ膜顆粒から吸収されることによって頭蓋内圧は一定に保たれているが，炎症によって分泌量が増えたり腫瘍等によって循環が妨げられたりすると，脳室が拡大し頭蓋内圧が亢進する水頭症となる。

　頭蓋内で最も大きな器官である大脳の表面には，隆起したところ（**脳回**）と折りたたまれたところ（**脳溝**）があり，特に大きな脳溝を**裂**という（図2-8）。

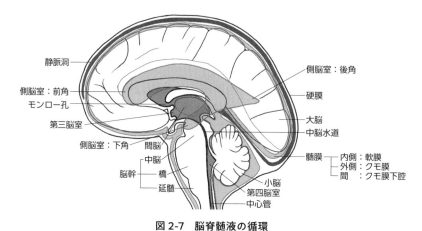

図 2-7　脳脊髄液の循環

███は髄液の循環を示す。第三脳室の手前に側脳室があるため，重なりをグレーの濃淡で区別している。また，第三脳室と第四脳室は直接つながっている。

断面図

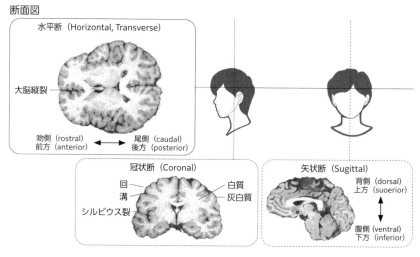

図 2-8　脳の構造

脳表に近いところには細胞体の密集する**灰白質**（かいはくしつ）が，その奥には神経線維の集合である**白質**が形成されている。すなわち，脳の「委縮」とは，細胞が変成したり減少したりした状態を表す。脳の構造を見る場合，どの方向の断面かによって見え方が異なり，解剖学では水平断，冠状断，矢状断の３方向からなる断面図で表現される。また，脳には末梢神経系である**脳神経**（表 2-3）が連結し，

表 2-3　脳神経

脳神経の種類	支配
第Ⅰ脳神経（嗅神経）	嗅覚
第Ⅱ脳神経（視神経）	視覚
第Ⅲ脳神経（動眼神経）	眼球運動，縮瞳
第Ⅳ脳神経（滑車神経）	眼球運動（上斜筋）
第Ⅴ脳神経（三叉神経）	咀嚼筋の運動，顔面の知覚，舌前 2/3 の知覚
第Ⅵ脳神経（外転神経）	眼球運動（外側直筋）
第Ⅶ脳神経（顔面神経）	表情筋の運動，茎突舌骨筋の運動，舌前 2/3 の味覚，外耳の知覚，舌下腺・涙腺
第Ⅷ脳神経（内耳神経）	聴覚，平衡覚
第Ⅸ脳神経（舌咽神経）	茎突咽頭筋の運動，舌後 1/3 の味覚と知覚，唾液の分泌，耳下腺
第Ⅹ脳神経（迷走神経）	咽頭収縮筋や内喉頭筋の運動，胸腹部臓器の運動と知覚，口蓋・喉頭蓋の味覚，各臓器，大動脈
第Ⅺ脳神経（副神経）	僧帽筋，胸鎖乳突筋の運動
第Ⅻ脳神経（舌下神経）	舌筋の運動

眼や耳等の末梢器官とは直接的に，体幹や手足等の末梢器官とは脊髄を介して情報をやり取りする伝導路を形成している。脊髄以下は，末梢神経系である**脊髄神経**を介して末梢器官の感覚や運動の情報をやり取りしている。

　脳の細胞の構造を維持し機能させる血液は，おもに脳底の脳幹周囲にあるウィリス動脈輪に連結した内頚動脈と脳底動脈を通じて供給される。**内頚動脈**は，大脳の内側面を通じて前頭葉と頭頂葉に供給する前大脳動脈と，シルビウス裂を中心とした側頭葉や前頭葉，頭頂葉へ供給する中大脳動脈に分岐している。脳底では，2 本の椎骨動脈が合流して**脳底動脈**を形成し，後大脳動脈を通じて後頭葉や側頭葉の底部，視床へ供給するほか，脳幹や小脳等にも供給している。すなわち，末端の細い動脈における閉塞や出血は，その血管が供給する脳領域で限定的に機能不全となるが，脳底に近い動脈の場合は脳の広い領域が虚血となり深刻な脳の障害を引き起こすことになる。

2．脳を構成する細胞

　脳の灰白質は，**ニューロン**（**神経細胞**）とその約 10 倍の数の**グリア細胞**（**神経膠細胞**）で形成されている。大脳に数百億，小脳に千億程あるニューロンは，神経回路をつくり，受け取った情報を伝達してヒトの行動を制御する。その突起の形状からおおまかに 3 つ（多極性，双極性，偽単極性）に分類され，複数の樹状

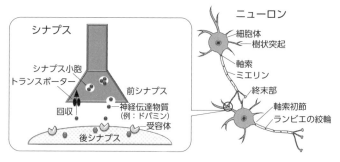

図 2-9 ニューロンの情報伝達

突起と 1 本の軸索がある**多極性ニューロン**は，6 つの層（第Ⅰ～Ⅵ層）からなる大脳皮質のうち第Ⅲ～Ⅴ層では錐体細胞として，小脳ではプルキンエ細胞として観察される。1 本の樹状突起と 1 本の軸索がある**双極性ニューロン**は，網膜や蝸牛神経節などの感覚系にみられる。細胞体から出た 1 本の突起が途中で 2 本に分岐する**偽単極性ニューロン**は，体性感覚系でみられる。一方で，グリア細胞は，ニューロンに栄養を供給したりその構造を支えたりして，ニューロンの発達と生存に重要な役割を担っている。たとえば，中枢神経系（脳，脊髄）では，グリア細胞のうちアストロサイトが血管からグルコース等の栄養を取り込んでニューロンの代謝を支援し，ミクログリアは侵入した異物への貪食や免疫応答を行っている。また，中枢神経系のオリゴデンドロサイトや末梢神経系（脳神経，脊髄神経，末梢の神経節）のシュワン細胞は，ニューロンの軸索に巻き付いて**ミエリン（髄鞘）**を作っている。

　ニューロン間の情報の媒体となるのが**神経伝達物質**である。ニューロンの接合部には**シナプス**が形成され，前シナプスの終末部から放出された神経伝達物質が後シナプスの**受容体**に結合すると（図 2-9），グルタミン酸やドパミン等の神経伝達物質の場合には後シナプスのニューロンに**興奮性シナプス後電位**が生じて膜電位が一過性に陽性へと変位する脱分極が起こる。一方で，GABA等の神経伝達物質が受容体に結合した場合は**抑制性シナプス後電位**が生じて過分極となる。細胞膜が興奮していない状態の静止膜電位では，通常，細胞膜の内側が K^+，外側が Na^+ の濃度が高く，内側の電位はおよそ -70 mV で陰性に安定しているが，脱分極によって細胞内が陽性へと変化すると，軸索へ影響し

表 2-4　有髄神経と無髄神経の伝導速度とおもなはたらき (Kandel et al., 2012; Siegel & Sapru, 2006/ 前田 (監訳)，2008 をもとに作成)

髄鞘の有無	直径 (μm)	伝導速度 (m/s)	神経線維の種類		例		
			数字	アルファベット	運動	知覚	自律神経
有髄神経	12~20	70~120	I a	A α	-	筋紡錘	-
			I b		-	腱の固有覚	-
					骨格筋	-	-
	6~12	30~70	II	A β		触圧覚，振動覚，筋紡錘	-
	2~10	10~50	-	A γ	筋紡錘	-	-
	1~6	5~30	III	A δ	-	温痛覚	-
	≦ 3	3~15	-	B	-	-	交感神経節前繊維
無髄神経	≦ 1.5	0.2~2	IV	C	-	温痛覚	交感神経節後繊維

ていく。特に起始部である軸索初節では，Na$^+$ を透過させる出入口であるチャネルの密度が高く，Na$^+$ が細胞内に流入して K$^+$ の流出を上回るため，細胞内は急激に陽性へと変化して大きな電位変化（**活動電位**）として捉えられるが，いずれ元の状態へと戻っていく。このように，後シナプスで生じた電位変化は軸索を通じて終末部へと伝えられ，シナプス小胞より神経伝達物質を放出し，次のニューロンへの伝達が成立する。

　なお，ミエリン下の軸索は Na$^+$ の流入がないためケーブル特性に従って伝導する電位は徐々に減衰するものの，ミエリンがなく軸索が剥き出しとなっているランビエの絞輪へ伝わると Na$^+$ チャネルがはたらいて，また陽性へとシフトする。この現象は，ランビエの絞輪から次のランビエの絞輪へと跳んで伝わっているようにみえることから，**跳躍伝導**と呼ばれている。ミエリンが元々ない無髄神経に比べて，ミエリンのある有髄神経の軸索では伝導の効率がよく速度も速い。たとえば，無髄神経である自律神経の節後ニューロンよりも有髄神経である感覚神経や運動神経のほうが伝導は早く伝わる。ただし，すべての感覚神経が有髄神経というわけではなく，たとえば，皮膚等の鈍痛をゆっくりと伝える求心性感覚神経の C 繊維は無髄神経である（表 2-4）。なお，有髄神経のミエリンが減少したり無くなったりする現象を**脱髄**といい，伝導障害の原因となる。

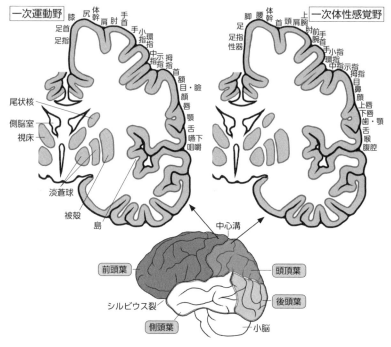

図 2-10　大脳皮質の体性地図

3. 機能局在

　大脳表層の**機能局在**は，比較的目立つ脳溝であるシルビウス裂，中心溝など
を目安に 4 つの領域に分けて考えることができる（図 2-10）。**側頭葉**には音波
などの振動の知覚が聴神経を通じて伝導される聴覚野や聴覚連合野，記憶を処
理する領域が，その後方にある**後頭葉**には光の知覚が視神経を通じて伝導され
る視覚野や視覚連合野が広がっている。**前頭葉**の外側面には，注意の状態や思
考，行動を制御する前頭前野，運動の企画をする運動前野，運動の指令をする
一次運動野が，内側面には複雑な運動の企画をする補足運動野が局在し，**頭頂
葉**には一次体性感覚野のほか，複数の感覚連合野が局在する。なお，シルビウ
ス裂の奥にも**島**という灰白質の領域があり，知覚や行動発現，情動などの認知
機能を司っている。

　このような脳の機能局在は，剖検のほか，術中に直接的に脳を刺激したとき

の行動反応や脳の損傷領域と行動の状態を比較し観察することによって明らかにされてきた。たとえば，ペンフィールド（Penfield, W. G.）は，開頭手術中に覚醒下で患者の大脳皮質を刺激しその行動反応を観察することによって，一次運動野と一次体性感覚野の機能局在を明らかにし，それに対応する**体部位局在（ホムンクルス）**の作成から，体表面積と脳の責任領域の面積が必ずしも相当するわけではないことを指摘した（Penfield & Boldrey, 1937）。同手法を用いて1952年には，側頭葉に記憶を処理する領域があることも指摘している。1861年にブローカ（Broca, P. P.）は，言語理解に障害はないものの発話が難しい失語症患者の剖検から，左半球の下前頭回を発話の運動性言語中枢であると確認した。この領域は**ブローカ野**と呼ばれており，1909年にブロードマン（Brodmann, K.）によって組織学的な観点から作成された脳地図のBA44とBA45の領域に相当する。続いて，ウェルニッケ（Wernicke, C. K.）は1874年に，発話は流暢であるが言語理解に障害のある脳損傷患者の研究から，上側頭回が感覚性言語中枢（**ウェルニッケ野**：BA22）であることを明らかにするとともに，こことブローカ野をつなぐ弓状束の損傷が**伝導失語**を引き起こすことを指摘した。

　近年では，**非侵襲的脳機能測定法**の技術的発展により，生存中にヒトの脳を傷つけることなく観察することが可能となった。非侵襲的脳機能測定法には，神経活動を電気生理学的に捉える脳波（EEG）や脳磁図（MEG），神経活動に伴う血流動態の変化を捉える近赤外線スペクトロスコピー（NIRS）や機能的磁気共鳴映像法（fMRI），静注した放射性同位元素の脳内の分布状況の計測から代謝の状態を観察する陽電子断層撮影法（PET）や単一光子放射断層撮影法（SPECT）などがある。なお，得られたデータは，核磁気共鳴画像法（MRI）やコンピュータ断層撮影法（CT）などの脳の構造画像上に重畳して局在を可視化して利用することが多い。

　次に，大脳深部の機能局在について述べる。

　側頭葉内側部に接した脳の深部には，学習や記憶を形成する海馬や，情動の処理やそれに伴う記憶を形成する扁桃体などで構成される**大脳辺縁系**がある。大脳の中心部には，線条体や淡蒼球で構成される**大脳基底核**があり，随意運動や姿勢の調整のほか，予測に基づく行動の選択や強化等にはたらいている。たとえば，大脳基底核の疾患であるパーキンソン病では動作の緩慢さや振戦，姿

勢調節障害が，ハンチントン病では不随意運動や衝動性運動がみられる。

　大脳基底核からの信号を大脳皮質へ伝えて運動の調整に貢献しているのが視床である。視床には，ニューロンの集まりである**核（神経核）**が多数局在しており，視覚や聴覚，体性感覚等の知覚に伴う信号も大脳皮質へ中継している。視床の下方には，自律神経系や内分泌，摂食や体温，水分の調整する**視床下部**がある。

　さらにその下方にある**中脳**には，動眼神経や滑車神経，一部の三叉神経の核があるため，視覚反射や聴覚反射，瞳孔反射にはたらくほか，視覚や聴覚，運動等さまざまな信号の中継を行っている（表 2-3，前掲 p. 35）。その下方の橋^{きょう}には，三叉神経や外転神経，顔面神経，内耳神経の核があり，小脳と共同して運動調節を行い，さらに下方の延髄を通じて脊髄へと連絡している。**延髄**には，舌咽神経や迷走神経，副神経，舌下神経の核があり，呼吸器系や循環器系の制御に関わっている。なお，中脳から延髄までを合わせて**脳幹**と呼び，その中央部の網様体は大脳へと投射して意識レベルを制御したり呼吸や循環等を調整したりしているため，生命維持に重要な部位といえる。

　脳幹の後方にある**小脳**も左右半球に分けられる。姿勢保持や熟練した運動，協調運動の制御を行っており，さらに最近では，運動の学習だけでなく言語や心的回転等さまざまな認知機能も支えていることがわかってきている。

第3章
知的障害の発生要因

第1節　知的障害の危険因子

　第1章で述べたように，知的障害は，知的機能の発達の遅れと適応行動の困難さの両面から捉え，同年齢の子どもと比べて特別な支援や配慮が必要な状態を指している。知的機能が遅れていれば適応行動も困難となる傾向はあるが，同じ知的機能の遅れがあるからといって，支援や配慮する内容が同じとは限らない。したがって，知的障害はかなり多様性のある概念であることがわかる。

　そのような知的障害を発生要因の点から考えた場合，遺伝子疾患や染色体異常のように発生初期から生じるものや胎生期の発生異常によるもの（出生前），分娩時の外傷や仮死など出生前後に生じるもの（周産期），感染や発作など出生後に生じるもの（出生後）まで，障害を受ける時期によってさまざまな危険因子がある。たとえ正常な遺伝子であったとしても，妊娠中に多量の飲酒をしたり，出生後に養育環境が不適切であったりすれば，知的障害となる可能性がある。表3-1はそれぞれの発症時

表 3-1　障害の発生要因

出生前	周産期	出生後
遺伝子疾患	低出生体重	脳髄膜炎
単一遺伝子疾患	仮死	低酸素血症
多因子遺伝子疾患	分娩損傷	頭部外傷
染色体異常		栄養不良
代謝異常		変性疾患
脳発生異常		発作性疾患
胎生期の環境		

期における発生要因をまとめたものである。

　知的障害はこれまで発生要因によって，生理型と病理型，そして心理・社会型に分けて考えられてきた。表 3-1 にあげたように，知的障害となる病因がはっきりとしているものは**病理型知的障害**に分類される。たとえば，**ダウン症候群**（Down syndrome; 以下，**ダウン症**）は，21 番目の染色体が 1 本多いトリソミーという**染色体異常**によって引き起こされ，その多くは知的障害を呈する。一方で，発生要因が明確にはわからない「原因不明の知的障害」も少なくない。その場合，さまざまな要因が考えられるものの，その多くは多因子遺伝によると推定され，**生理型知的障害**に分類される。そして，先述のように養育環境など明らかな脳障害がないにもかかわらず，心理・社会的要因によって知的障害が引き起こされれば，**心理・社会型知的障害**となる。

　しかし，実際には以上であげたように知的障害を明確に分けられないことが多い。たとえば，病理型の知的障害であっても，養育環境が悪ければ，さらに知的発達を阻害することになるであろう。すなわち，知的障害への危険因子はさまざまな要因が複雑に絡み合って影響し合うことがわかる。米国知的・発達障害協会（AAIDD）では，**生物医学的**（biomedical），**心理教育的**（psychoeducational），**社会文化的**（sociocultural），**公正性**（justice）という**4 つの観点**から知的障害に関与する危険因子を明らかにし，それらが互いに影響しながら知的障害をつくり出しているという包括的枠組みで状態像を捉えることを提唱している（Schalock et al., 2021）。先の表 3-1 に示したのは，遺伝子疾患，低出生体重，栄養不良などによって生じる生物学的側面からみた危険因子であり，生物医学的観点に相当する。一方で，心理教育的観点は，養育拒否や虐待，社会的剥奪など知的障害の原因となる親の行動に関わる問題であり，親になる準備や親自身への教育の欠如，社会福祉による支援情報の欠如，不適切な育児や診断の遅れに伴う介入時期の遅れなど，教育的な支援の活用に関わる問題である。社会文化的観点は，貧困やそれに伴う栄養不良，出生前あるいは周産期に実施されるスクリーニング検査や健診の未実施など，人とそのまわりにある社会との相互作用の中で生じる問題である。そして，公正性の観点とは，社会的不平等や差別などのように，障害があることを理由として権利や利益が侵害される問題である。

知的障害を説明する場合は，1つの観点のみから子どもをみるのではなく，上記4つの観点から評価していくことが重要である。なぜならば，ダウン症のように病理型の知的障害であっても，合併症への対応や早期支援への参加，親の養育態度いかんによっては，知的発達の促進や適応行動の獲得に影響を与えるからである。したがって，先述の生理型や病理型の知的障害は生物医学的観点の危険因子が優位な状態であることを示してはいるが，その他の観点からの危険因子がまったく関与しないことを意味しているのではない。同様に，心理・社会型の知的障害は心理教育的，社会文化的観点での危険因子が優位な状態を指す。

　ここで，胎児性アルコール症候群を例に4つの観点から危険因子を図式化してみる（図3-1）。**胎児性アルコール症候群**は，妊娠中における母親の飲酒によって生じ，低出生体重や顔面の小奇形，脳障害，先天性心疾患などを引き起こす可能性がある（**生物医学的**）。妊娠中における母親の飲酒は，その背景にアルコール依存であった可能性も考えられ，それは家族関係のみならず仕事にも影響を及ぼすため，経済的貧困（**社会文化的**）を引き起こしかねない。さらに，家庭の貧困は虐待や育児放棄（**心理教育的**）を助長し，子どもの発育に影響を及ぼす可能性がある。子どもに何らかの障害が生じたとしても，速やかに療育サービス（**心理教育的**）を受けて適切な育児を行うことで子どもの発達を促す

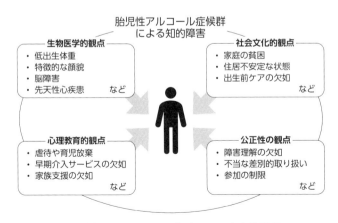

図 3-1　知的障害における 4 つの観点からみた危険因子 (Schalock et al., 2010 を参考に作成)

ことができるかもしれないが，地域によっては適した療育サービスが存在しなかったり，障害理解の欠如により保育の機会を得られなかったりすることも考えられるだろう（**公正性**）。胎児性アルコール症候群による知的障害の病因を探るうえでは，妊娠中のアルコール摂取による脳障害の程度だけではなく，育児放棄や不適切な育児環境がもたらす子どもの発育への影響，そして療育サービスの欠如といったさまざまな因子が影響した結果として，「いまここにある」知的障害の症状が生じた可能性もある。このように子どもの病態を探るうえでは，さまざまな視点から評価し，考えうる危険因子を排除するよう家庭や医療，福祉等と**連携**して支援を行う必要がある。次節以降では，知的障害の発生要因について，生物医学的観点による危険因子に注目して説明していく。

第2節　知的障害の発生要因：遺伝子と染色体疾患

1. 遺伝子疾患

　知的障害を引き起こす可能性のある遺伝子疾患には，大きく分けて**単一遺伝子疾患**と**多因子遺伝疾患**がある。細胞の核の中にはヒトの体をつくるための設計図である**デオキシリボ核酸**（**DNA**）が存在する。DNA の中にあるすべてが遺伝情報を持っているわけではなく，DNA には遺伝子とそうでない部分が混在している。遺伝子以外の部分にいかなる意味があるのかはまだよくわかってはいないが，ヒトの身体の設計図である遺伝情報を持っているのが遺伝子である。

　単一遺伝子疾患とは，疾患に関連するある1つの遺伝子異常により発症するものを指し，遺伝形式の違いによって，常染色体顕性（優性）遺伝，常染色体潜性（劣性）遺伝，X連鎖性遺伝に分けられる。母親と父親からそれぞれ遺伝子を受け継ぐために遺伝子はペアとなるが，特徴が表れやすいほうを**顕性（優性）遺伝子**と呼び，表れにくいほうを**潜性（劣性）遺伝子**と呼ぶ（第2章第1節も参照）。

　常染色体顕性（優性）遺伝では常染色体上にあるペアとなる遺伝子のうち，いずれかに変異があれば症状が現れる。図3-2には，父親から子に伝わる場

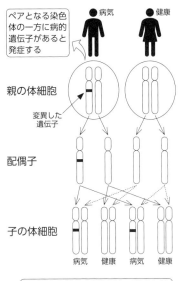

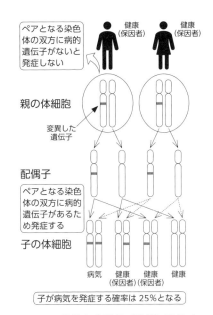

図 3-2 常染色体顕性（優性）遺伝（父
親の病気が子に伝わる場合）

図 3-3 常染色体潜性（劣性）遺伝（両
親ともに保因者の場合）

合を例示しているが，逆に母親に遺伝子異常があっても同じことになる。このように父母のいずれかが常染色体顕性遺伝病に罹患していると，その子には50％の確率で罹患する。また，両親に異常がなかったとしても，突然変異により子に発症することがある。さらには，病的遺伝子があったとしても発症しなかったり，発症したとしても軽度で気づかれなかったりする場合がある。このように，遺伝子異常によって症状が現れる確率は**浸透率**と呼ばれている。たとえば，常染色体顕性遺伝により生じる**結節性硬化症**は，皮膚，脳，腎臓，肺などさまざまな場所に良性の腫瘍を形成するだけでなく，症状として知的障害を引き起こす可能性のある疾患であり，その浸透率は90％以上とされている。

　一方，**常染色体潜性（劣性）遺伝**は，父親と母親から受け継いだ同じ場所の遺伝子がともに変異し，正常な遺伝子情報からつくられるはずのたんぱく質がつくられないことによって発症する。たとえば，図3-3は両親ともペアとなる片方のみに変異した遺伝子が存在する例を示している。この場合，両親ともペアとなる双方に病的遺伝子がないために発症しないが，異常な遺伝子を持つ

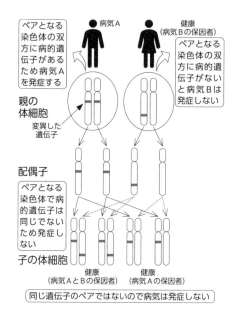

病気A

健康
（病気Bの保因者）

ペアとなる
染色体の双
方に病的遺伝
子があるため病
気A
を発症する

ペアとなる
染色体の双
方に病的遺伝
子がない
と病気Bは
発症しない

親の
体細胞

変異した
遺伝子

配偶子

ペアとなる
染色体で病
的遺伝子は
同じでない
ため発症し
ない

子の体細胞

健康
（病気AとBの保因者）

健康
（病気Aの保因者）

同じ遺伝子のペアではないので病気は発症しない

図 3-4　常染色体潜性（劣性）遺伝（父親が
　　　　病気で，母親は別の病気の保因者の場合）

ことになるため**保因者**と呼ばれる。なお，誰でも病的な遺伝子を数個は持っていると考えられており，すべての人は何らかの保因者であるといえる。図で示すケースの場合，両親ともに同じ染色体の位置にある遺伝子に異常があるため，ある病気の保因者であることを示しているが，配偶子の組み合わせから，その子が病気を発症する確率は 25％となる。あるいは，図 3-4 のように父親が病気 A を発症しており，母親はそれとは異なる病気 B の保因者であったとする。この場合には，子は双方の遺伝子に異常がないため発症しないが，病気 A については必ず保因者となり，病気 B の保因者となる確率は 50％となる。常染色体潜性遺伝により知的障害を引き起こす代表的なものとしては**フェニルケトン尿症**があげられるが，これは後述の先天性代謝異常の節で説明する。

　X 連鎖性潜性（劣性）遺伝は，X 染色体に潜性遺伝する病的遺伝子が存在することで生じ，原則的には X 染色体が 1 つしかない男児にのみ発症する。図 3-5 は父親が病気の場合を例示しているが，父親からの異常な遺伝子は息子（男児）に遺伝されず，娘（女児）に遺伝されることがわかる。ただし，女性の場合には，X 染色体がペアとなり，正常な遺伝子がもう片方に存在するため発症はせずに保因者となる（ただし，保因者である女性に何らかの症状が現れる場合もある）。一方で，図 3-6 は母親が保因者である場合を例示しているが，この場合には息子と娘に 50％の確率で異常な遺伝子が伝わる。したがって，病気は男児のみに発症することになる。X 連鎖性潜性遺伝で知的障害を引き起こす代表的なものとしては，脆弱 X 症候群があげられる。**脆弱 X 症候群**は，特徴的な顔貌（細長い顔，大きな耳）などの身体的異常に加え，多くの事例で知的障害を合併し，自閉スペ

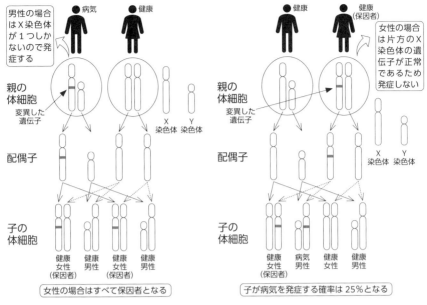

図 3-5　X 連鎖性潜性（劣性）遺伝
（父親が病気の場合）

図 3-6　X 連鎖性潜性（劣性）遺伝
（母親が保因者の場合）

クトラム症（Autism Spectrum Disorder: ASD）のような行動特徴が認められる場合もある。X 染色体上にある FMR1 遺伝子に原因があるとされるが，実際の発症には**トリプレットリピート病**という複雑なしくみが存在する。

　しかし，実際には，単一遺伝子疾患のように，遺伝子異常により引き起こされる知的障害は少なく，その多くは遺伝要因の関与が推定されるものの，原因はわかっていない。先述の生理型知的障害に分類されるような原因不明の知的障害や ASD は，その疾患に関連する遺伝子がいくつか存在し，その遺伝子の数が多いほど危険性が増す**多因子遺伝疾患**によるものと考えられている。たとえば，身長や体重・血圧などと同様に，知能指数も正規分布を示すが，このような性質のものは 1 つの遺伝子によって規定されるのではなく，関連する複数の遺伝子と環境要因が複雑に絡み合って症状が発現すると考えられている。今後のさらなる遺伝子解析によって，原因不明なものでも明らかにされる可能性はあるが，実際にはさまざまな環境要因が知的障害の発現に関与していくため，遺伝要因のみから知的障害の原因を説明することは困難であろう。

2. 染色体疾患

　ヒトの場合，44本の常染色体と2本の性染色体の計46本の染色体からなる（第2章第1節も参照）。父母から23本ずつ受け継がれるが，その染色体の数や構造に異常が生じることで，遺伝子の数に増減が生じたり，遺伝子が途中で切れたりする。結果として，遺伝子機能が変化し，症状を引き起こす。知的障害を引き起こす**染色体疾患**で代表的なものとしては，**ダウン症**があげられる。21番目の染色体が3本（トリソミー）であることに由来し（図3-7），おもに特徴的な顔貌と筋緊張の低下を示す。なお，近年では，ダウン症の症状は，21番染色体の全部というより，その長腕の一部（21q22.3とその近辺）の過剰によって引き起こされているのではないかと考えられている（諏訪, 2021）。

　ダウン症の95%は図3-7に示したような**標準型**と呼ばれるものであり，そのほかに**転座型**，**モザイク型**がそれぞれ1～3%を占める。標準型ダウン症では，生殖細胞である精子や卵子を形成する際の減数分裂時に，偶然生じる**不分離**（ペアとなる染色体が分離しない）が原因となる。発生頻度は700～1,000人に1人とされ，このような不分離を引き起こす要因は完全に明らかにされておらず，不分離は誰にでも起こりうるものと考えられている。一方で，母親の加齢に伴う卵子の老化によって不分離の確率が高まることは知られている（Morris et al., 2005）。図3-8は母親の年齢（出生時）ごとのダウン症の発生頻度を示している。たとえば，出生時に20歳であった場合，1,000人あたりの発生数は0.67人（1,476人に1人）であるが，50歳になると1,000人あたりの発生数は40人（25人に1人）になり，母親の年齢が増すにつれ確率が高くなる。

　このように標準型ダウン症は，遺伝によって生じるのではない。一方で，転座型ダウン症は，過剰

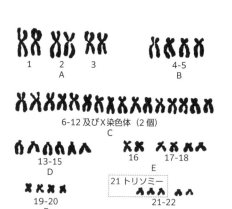

図3-7　標準型ダウン症における染色体構成（池田, 1985）

図中のラベル：
1　2　3　4-5
A　　　　　B
6-12及びX染色体（2個）
C
13-15　16　17-18
D　　　　E
21トリソミー
19-20　21-22
F　　G

な 21 番目の染色体が 13，14，15，21，あるいは 22 番染色体のいずれかに結合してしまう**ロバートソン転座**によって生じる。症状は標準型と変わることはないが，親が保因者（21 番染色体の数は 2 本で正常であるが，片方が別の染色体に転座してしまっている状態）である可能性があり，その場合にはダウン症の発生確率が異なってくる。たとえば，父母のいずれかが 14 番染色体と 21 番染色体が転座した保因者であった場合，生まれてくる

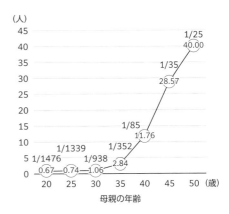

図 3-8　出生時における母親の年齢ごとのダウン症の発生頻度（Morris et al., 2005 をもとに作成）

マーカー（○）内の値は 1,000 人あたりの発生人数を示す。マーカー上部の値は発生率を示す。

子がダウン症になる確率は理論上 3 分の 1 となるが，実際にはそれより低い確率となる（図 3-9）。なお，21 番染色体同士が結合して転座した場合，その子は転座型ダウン症のみとなる。

　さらに，モザイク型ダウン症は，減数分裂時に生じた不分離によって 3 本（トリソミー）となった細胞が体細胞分裂を繰り返す中で，余剰の 1 本の 21 番染色体が排除されることによって生じると考えられている。あるいは，体細胞分裂を繰り返す中で不分離を引き起こした結果として生じる場合もある。いずれにせよ，モザイク型では，すべての体細胞がトリソミーを示す標準型，転座型とは異なり，21 番染色体は 2 本の正常な細胞と 3 本（トリソミー）の異常な細胞とが混ざり合った状態となる。したがって，それぞれの組織におけるトリソミーを示す細胞の比率によって症状が異なるため，多様な症状を引き起こすが，一般的には症状が軽くなることが多いと考えられている。

　ダウン症は上記にあげた特徴のほかに，さまざまな合併症が認められることで知られている。たとえば，**先天性心疾患**はダウン症において最も高い頻度で合併し，40％程度に認められる（諏訪，2021）。そのほか，**十二指腸閉鎖（狭窄）**や**鎖肛**といった消化器系疾患を合併する場合もある。このほか，易感染性や眼科や耳鼻咽喉科の疾患，首の関節がはずれる**環軸椎脱臼**など，さまざまな合併

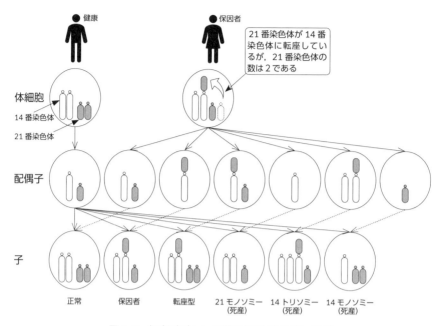

図 3-9 転座型ダウン症候群(母親が保因者の場合)

母親の 21 番染色体が 14 番染色体に転座している例を示している。理論上 1/3 の確率で転座型ダウン症となる。しかし，実際には流産するケースが多く，母親が保因者の場合で転座型ダウン症の確率は 10%，父親が保因者の場合は 2% 程度となる。

症を有する可能性があり，症状に応じて配慮する必要がある。

　なお，ダウン症のほかに染色体の数の異常によるものとして，13 番染色体のトリソミーに起因する**パトー症候群**（Patau syndrome），18 番染色体のトリソミーに起因する**エドワーズ症候群**（Edwards syndrome）がある。さらに，性染色体の不分離によるものとして**クラインフェルター症候群**（Klinefelter syndrome）（xxy あるいは xxxy など）があり，X 染色体の数が多くなると知的障害が重度化する。

　染色体の構造の異常としては，先に述べた転座のほか，染色体の一部が消失する**欠失**，切断された部分が逆向きに結合する**逆位**，部分的に同じものが重複する**重複**などがあげられる。たとえば，7 番染色体の部分欠失により生じる**ウィリアムズ症候群**（Williams syndrome）や 15 番染色体の部分欠失により生じる**プラダーウィリー症候群**（Prader-Willi syndrome）など，いずれも知的障害のほかさまざまな合併症を引き起こすことで知られている。

第3節　知的障害の発生要因：代謝異常

　ヒトの体は生命活動に必要なさまざまな物質を一定量に保つために，体内に物質を取り込み，消化・吸収して活動に必要な物質やエネルギーを生産する。その際，物質はエネルギーを使って別の物質へと合成され，逆にそれを分解することでエネルギーを得ることができる。体内で不要な物質が生じれば，それを外に排泄していくことで新しいものへと置き換えていく。このような活動全般を**代謝**と呼び，**代謝異常**とは代謝に関与するホルモンや酵素に異常が生じることで代謝が機能しなくなっている病態を指す。

　先天性代謝異常とは，遺伝疾患により生まれつき何らかの酵素の欠損があったり，はたらきが十分でなかったりするために発症する疾患である。遺伝形式の多くは常染色体潜性遺伝による。代謝異常があると，本来行われるべき代謝がうまくいかずに，余計なものが体内に蓄積されたり，必要なものが欠損したりし，各疾患によって知的障害や神経症状など，多様な症状が発現する。現在，数百種類もの先天性代謝異常による疾患が明らかにされており，発症する時期や症状が現れるスピード・重症度などは各疾患によって異なっているが，発生頻度は決して高くなく，多いものでも数万人に1人の割合である。

　先天性代謝異常は，物質代謝の面から大きく分類されているが，代表的なものとして，①アミノ酸代謝異常，②有機酸代謝異常，③脂肪酸代謝異常，④糖質代謝異常，⑤ミトコンドリア病，⑥ライソゾーム病などがあげられる（表3-2）。これらのうちで古くから知られる代表的な先天性代謝異常として，フェニルケトン尿症を例に説明する。**フェニルケトン尿症**は，食べ物に含まれるフェニルアラニンというアミノ酸をチロシンへと代謝するのに必要なフェニルアラニン水酸化酵素が欠如することで生じるアミノ酸代謝異常症である（図3-10）。そのため，フェニルアラニンが代謝されずに体に蓄積され，ひいては脳の発育に影響を及ぼす。生後すぐに症状はみられないが，生後1か月から低フェニルアラニンミルクを飲用するなどの食事療法を始めないと知的障害を引き起こす。

　治療や予防が可能なものについては，早期に発見することが重要となる。日

表 3-2 先天性代謝異常のおもな分類とそのしくみ，代表的疾患

分類	しくみ	代表的疾患
アミノ酸代謝異常	アミノ酸が代謝される過程で必要な酵素が正常に働かず，有害物質が体内に蓄積，あるいは必要なアミノ酸が欠乏する	フェニルケトン尿症 メープルシロップ尿症
有機酸代謝異常	アミノ酸や脂肪酸など，代謝する過程でできる有機酸という酸性物質が体内に蓄積して障害を起こす	メチルマロン酸血症 プロピオン酸血症
脂肪酸代謝異常	ブドウ糖が少なくなると，脂肪が分解され代替エネルギーとなるが，そのエネルギー生成の過程で障害が起こり症状が生じる	中鎖アシル CoA 脱水素酵素（MCAD）欠損症 極長鎖アシル CoA 脱水素酵素（VLCAD）欠損症
糖質代謝異常	炭水化物は糖質と食物繊維に分かれ，糖質がエネルギー源となるが，そのエネルギー生成の過程で障害が起こり症状が生じる	糖原病 ガラクトース血症
ミトコンドリア病	細胞内にあるミトコンドリアはエネルギー産出に関わるが，正常に働かないことで障害が起こり症状が生じる	MELAS（メラス） Leigh（リー）脳症
ライソゾーム病	ライソゾームには細胞内で不要になったタンパク質，脂肪，糖を破壊する酵素が含まれているが，これが働かないことで不要物が蓄積して障害を起こす	ムコ多糖症 ニーマンピック病

図 3-10 フェニルケトン尿症における代謝異常

本では 1977 年から生後 4 〜 6 日のすべての乳児を対象として**新生児マススクリーニング検査**が導入されており，ほぼ 100％の受検率となっている。図 3-11 に示す 6 つの疾患がその対象であるが，近年，従来のガスリー法に代わって**タンデム質量分析法**が開発されたことにより，これまで測定できなかった有機酸代謝異常や脂肪酸代謝異常も判定可能となった。治療の難しい疾患もあるが，過剰物質が生成されないように摂取制限を行う食事療法，過剰物質の体外への除去や欠乏する物質の補充などを行う薬物療法，必要な酵素を補充する酵素補充療法など治療法の開発によって改善や予防ができる疾患もあるため，適切な時期に正確に診断し，治療を始めることが重要である。

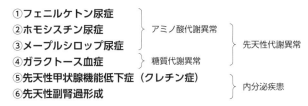

①フェニルケトン尿症
②ホモシスチン尿症 　アミノ酸代謝異常
③メープルシロップ尿症 　　　　　　　　　　先天性代謝異常
④ガラクトース血症 　糖質代謝異常
⑤先天性甲状腺機能低下症（クレチン症）
⑥先天性副腎過形成 　内分泌疾患

図 3-11　新生児マススクリーニング検査の 6 疾患

新生児マススクリーニング検査は 1977 年に①〜④とヒスチジン血症の 5 疾患で行われた。1979 年には⑤，1989 年には⑥が追加され，1993 年にはヒスチジン血症は治療が必要でないことが判明したために検査から除外された。

第 4 節　知的障害の発生要因：脳発生異常

　中枢神経系を構成する脳・脊髄のもととなる神経板は受精後 18 日頃には形成され，次第に左右両端が隆起して 2 〜 3 日以内に癒着することで筒状の神経管ができていく（第 2 章第 2 節参照）。神経管は将来の頸部にあたる部分から癒着し始め，吻側（頭部）と尾側の方向に向かって閉じていく。頭部は厚みを増していき，脳を形成することになる。残りの神経管は脊髄となるが，神経管の形成過程で閉じ切らずに神経管閉鎖不全が生じると中枢神経系の形態異常を引き起こす。吻側が閉じ切らなければ，大脳皮質が欠損する**無脳症**となり，多くは死産あるいは 1 週間以内に死亡する（図 3-12 左）。一方で，尾側が閉じ切らない場合は，脊髄の膜や神経組織が腰部付近に脱出して瘤をつくったり，脊髄が露出したりして，癒着や損傷により神経障害を引き起こす**二分脊椎**となる（図 3-12 右）。二分脊椎ではおもに腰髄や仙髄で障害を受けるため，上肢機能は障害されず，下肢の感覚運動障害を引き起こす場合が多い。仙髄に近いほど下肢機能の障害は軽くなるが，仙髄は排便や排尿に関わる神経があるため，多くは**膀胱直腸障害**を生じる。さらに，二分脊椎では，脳室などの頭蓋内に脳脊髄液が溜まってしまい，脳を

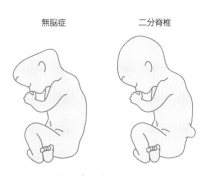

無脳症　　　　　二分脊椎

図 3-12 脳発生異常（無脳症と二分脊椎）

圧迫してしまう**水頭症**の合併率が高いことで知られている。治療が遅れた場合，脳は破壊されてしまうため，知的障害や死に至ることがある。したがって，それが起こらないうちに脳脊髄液を腹腔内（あるいは心房内）に逃がす**シャント手術**が行われる。

　その後，受精後 5 週までには大脳，間脳，中脳，橋・小脳，延髄，脊髄のもととなる脳の基本的な構造ができあがり，神経細胞が増殖して脳室側（内側）から脳表（外側）に向かって細胞移動が行われる。これによって，脳は大きく厚くなり，層構造が形成される。脳表面積も増えていくため次第に溝を作って脳回が現れることになるが，神経細胞移動に障害が生じると，脳回が形成されずに**滑脳症**になる。

第 5 節　知的障害の発生要因：その他

1. 胎生期の環境要因

　胎生期には，受精後 3 週以降に中枢神経をはじめとして，心臓や眼，耳などさまざまな器官が作られていく（第 2 章第 2 節参照）。それ以前に何らかの環境要因によって障害が生じれば，生存できずに流産してしまう。中枢神経系であれば，受精後 3 〜 16 週までは有害因子に対して敏感に影響を受けやすい期間とされている。たとえば，薬剤，アルコール，胎内感染，母体の栄養状態，放射線などの環境要因は発育に影響し，先天異常の原因となる可能性がある。なお，それ以降の時期でも影響を受けないわけではないが，異常の程度は比較的低くなると考えられる。

　たとえば，薬剤による影響では，妊婦に対してつわりの緩和や睡眠を目的として使用された**サリドマイド**が歴史的に有名であり，多くの奇形児が生まれて社会問題となった。その他，妊婦にてんかんがある場合，抗てんかん薬を服用するが，薬剤によっては知的障害や神経管閉鎖不全などの先天異常を引き起こす可能性がある。一方で，抗てんかん薬の服薬中止はてんかん発作を誘発することとなるため，薬剤による影響を考慮したうえで服薬量を調整するなど主治医に相談することが重要になる。

妊娠中にウイルスや細菌に感染することで，胎児に先天異常が発生することも知られている。身近なものとしては風疹ウイルスへの感染があげられるが，感染によって胎児に白内障，難聴，先天性心疾患などの先天異常が生じる。知的障害を引き起こしやすいものとしては，サイトメガロウイルスやジカウイルスなどがあげられ，**小頭症**など脳の発育障害が生じる場合がある。

2．周産期の異常

周産期とは妊娠 22 週（受精後 20 週）から出生後 7 日間未満までを指し，出産前後の期間のことをいう。周産期の異常として，胎児が産道を通る際に物理的な圧迫を受けるなどの分娩異常は想像しやすいが，そのほかに新生児仮死や低出生体重などの異常があげられる。

出生時に低酸素と虚血の状態が生じる場合を**新生児仮死**と呼ぶ。その原因には，妊娠合併症による胎盤機能低下，胎盤や臍帯の異常，胎児の先天異常などがある。仮死の評価には**アプガースコア**（Apgar score）が用いられ，皮膚の色（<u>A</u>ppearance）・心拍数（<u>P</u>alus）・刺激に対する反射（<u>G</u>rimace）・筋緊張（<u>A</u>ctivity）・呼吸（<u>R</u>espiration）の 5 つの観察項目を 0 〜 2 点の 3 段階で評価する（表 3-3）。その合計が 10 〜 7 点であれば正常となり，6 〜 4 点を軽症仮死，3 〜 0 点を重症仮死と判定する。通常は出生 1 分後と 5 分後に評価し，7 点未満の場合には 7 点以上になるまで 5 分ごとに最大 20 分まで評価を続けていく。新生児仮死の場合は速やかに蘇生処置を行っていくが，**低酸素性虚血性脳症**による重度な脳障害などさまざまな後遺症を引き起こす可能性がある。

表 3-3　アプガースコア

観察項目	スコア		
	0 点	1 点	2 点
皮膚の色	蒼白またはチアノーゼ	体幹ピンク，四肢はチアノーゼ	全身ピンク
心拍数	なし	100 bpm 未満	100 bpm 以上
刺激に対する反射	なし	顔をしかめる	泣くまたは咳・くしゃみが出る
筋緊張	だらんとしている	四肢をやや屈曲	四肢を活発に動かす
呼吸	なし	泣き声が弱い，不規則な浅い呼吸	強く泣く，規則的な呼吸

さらに，周産期の異常として，予定より早く出産して低体重で生まれる低出生体重児の問題があげられる。通常，在胎 37 週以上 42 週未満で出生すれば正期産児となるが，それより早く生まれると**早産児**となり，さらに在胎 32 週未満の子どもは**極早産児**，在胎 28 週未満では**超早産児**と呼ばれる。一方，出生児体重が 2,500 g 未満の場合は**低出生体重児**と呼び，さらに 1,500 g 未満を**極低出生体重児**，1,000 g 未満を**超低出生体重児**に分類される。日本において，在胎 22，23 週の超早産児や出生体重 500 g 未満の超低出生体重児でも生存率が向上しているが，たとえ生存したとしても障害やさまざまな合併症を生じる割合は高く，周産期医療の課題となっている。新生児臨床研究ネットワーク（Neonatal Research Network of Japan: NRNJ）によるデータベースによれば，在胎 22 〜 34 週の極低出生体重児において，3 歳児時点での発達の遅れ（新版 K 式発達検査 DQ<70 あるいは主治医の診断による）および脳性まひの合併率は，在胎期間が短いほど高くなることが明らかとされている（河野，2020）。さらに，早産低出生体重児の場合には，脳室周囲の虚血性疾患である**脳室周囲白質軟化症**（periventricular leukomalacia: PVL）や**脳室内出血**（intraventricular hemorrhage: IVH）が起こりやすく，その場合には知的障害や脳性まひなどの後遺症を発症する確率が高くなることが報告されている（劔持ら，2021）。

3. 出生後の異常

　出生後，細菌やウイルスへの感染により，脳およびその周囲を覆う髄膜に炎症が生じ，後遺症として知的障害を引き起こす場合がある。さらに，何らかの事故によって窒息が起これば，低酸素状態が続いて虚血性脳症による後遺症を引き起こす。転倒や転落，交通事故などで頭部を打撲することによる脳挫傷も出生後の要因の 1 つである。出生後に重度の低栄養状態が続けば，成長障害とともに知的障害が生じる。**変性疾患**は，一度できあがった中枢神経の細胞や組織が徐々に破壊される病気の総称であり，障害される部位によって大脳白質変性症や脊髄小脳変性症などに分けられる。近年では，研究の進歩により原因遺伝子が明らかにされたものもあり，代謝異常や脱髄疾患などに置き換えられつつある。発作性疾患としては，**難治性てんかん**のように発作を繰り返すことで二次的に知的障害が生じるものがある。

第4章
知的障害児の感覚機能

第1節　感覚機能の生理学的基礎

1. 視覚情報の認知

(1) 視覚情報の処理経路

　視覚情報は光として角膜に入り，最終的には網膜に達する（図4-1a）。角膜を通過した光は屈折し，瞳孔を通り水晶体へと導かれる。瞳孔は光を通す穴であり，虹彩の伸縮によってその大きさを変化させることで光の量を調整する。瞳孔はいわゆる黒目の部分にあたる。瞳孔を通過した光は水晶体を通ることでさらに屈折し，網膜に焦点が合うように調節される。水晶体は，近くの対象を見る際は分厚くなることで屈折率を高め，遠くの対象を見る際は薄くなることで屈折率を下げる。このように，角膜と水晶体によって光は屈折して網膜上に焦点が結ばれるが，屈折力や眼の大きさ（眼軸の長さ）により焦点が網膜よりも手前にあって不鮮明になる状態を**近視**，反対に焦点が網膜よりも遠い位置に結ばれるために不鮮明になる状態を**遠視**と呼ぶ。このほか，角膜や水晶体に歪みがあることで，対象物がぼやけたり二重に見えたりしてしまう**乱視**がある。

　網膜上には明るい場所での形や色の認識に関わる錐体細胞と，暗い場所での明暗の認識に関わる桿体細胞が分布しており，いずれも光を受けることで活動電位が生じる。**錐体細胞**は網膜の中心窩に位置しており，赤・青・緑の色（光の波長）のいずれかに対して高い感受性を有するものがそれぞれ存在する。一

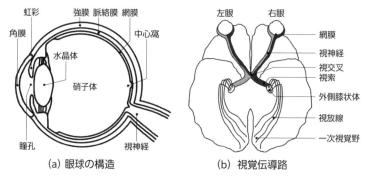

図 4-1　視覚情報の処理経路

(b) に薄い灰色の経路で示したとおり，右眼の網膜左側の情報は左脳に送られる。

方で，**桿体細胞**は中心窩の周囲に分布しており，光に関しては高い感受性を有するが色を感じることはできない。視野の中心では対象が鮮明に見え，中心から外れると明確な像が確認できなくなる現象や，暗いところでは全体的に視力が低下するという現象は，これらの視細胞のはたらきが関係している。

　視細胞で生じた活動電位は，視神経を上行して大脳皮質視覚中枢へと至る。その際，**視交叉**において鼻側の情報は対側に送られることで（図 4-1b），視界の右側の情報は左脳に，左側の情報は右脳に送られ，これらが両眼視や立体視にも関係している。視交叉を経て，左右が整理された情報は，視索，外側膝状体を通り，視放線を経て後頭葉の**一次視覚野**へと到達する。

(2) 視機能

　入力された視覚情報を正確に処理するためにはさまざまな能力が求められ，それらは**視機能**と呼ばれる。代表的な視機能としては，どれだけ細かく見分けることができるかを表す能力である**視力**があげられる。視力は，かろうじて見えるランドルト環の切れ目が，眼に対してなす角度の逆数を算出することで求められる（図 4-2）。たとえば，5 m の距離で切れ目が 1.5 mm のランドルト環が見える場合，眼とランドルト環のなす視角は 1 分 (1/60度) なので，視力は 1.0 となる。同じ距離でかろうじて見える切れ目が 3.0 mm の場合は，視角が 2 分となるので視力は 0.5 となる。このように，数値が高いほうが細か

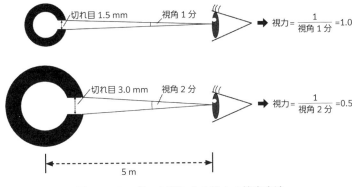

切れ目 1.5 mm　　　視角 1 分　　　　　　視力 = $\dfrac{1}{視角\,1\,分}$ =1.0

切れ目 3.0 mm　　　視角 2 分　　　　　　視力 = $\dfrac{1}{視角\,2\,分}$ =0.5

5 m

図 4-2　ランドルト環による視力の算出方法

いものが見える状態にあり，「視力が良い」と表現される。学校場面を想定すると，一般的には，黒板の文字が見えるのに必要な視力は最前列で 0.3，最後列で 0.7 程度であるとされる。

　視力のほかにも，視覚的な情報が処理できる範囲である視野，光の強弱を感じる光覚，色を感じ取る色覚，両眼から入力される情報を統合する両眼視なども視覚情報を正確に捉えるための視機能として重要である。そのうち，両眼視に影響を与えるものとして斜視があげられる。**斜視**とは，片眼は視線が正しく対象に向いているが，もう片方の眼が内側や外側，あるいは上方や下方にずれてしまっている状態を意味する。その症状は個々で異なるが，立体視が困難になったり，斜視のある側の視力の発達が制限されたりする場合もあるため，早期からの対応が重要である。斜視の原因については不明なものが多いが，強度の遠視がある場合，ピントを合わせるために眼を過度に内側に寄せるようになる**調節性内斜視**が，小児に多い代表的な斜視の 1 つである。

（3）視知覚を支える眼球運動

　対象を効率よく正確に捉えるためには，対象が眼の中心に来るように視線を向け，その視線を固定させるなど，眼球を随意的に動かす必要がある。随意的な眼球運動はおもに衝動性眼球運動と滑動性眼球運動に分けられる。**衝動性眼球運動**は目標物を中心窩で捉える際に生じる高速な眼球運動であり，視覚情報

を正確にすばやく取り入れるために重要となる。たとえば私たちが文章を読んでいる際には，連続して一文字ずつ滑らかに追っていくのではなく，一定の文字のまとまりごとにすばやく注視点へと移動することを繰り返しており，その移動の際に衝動性眼球運動が生じる。そのため，眼球運動がうまく制御できない場合は，読み戻りや読み飛ばし等が生じ，これらが読みの問題の一因にもなり得る。一方で，**滑動性眼球運動**は，空を飛んでいる飛行機を目で追う際など，ゆっくりと動く対象を中心窩で捉え続ける際に生じるものである。日常生活場面でみられる眼球運動のほとんどは衝動性眼球運動で占められている。

　他にも，私たちは近くの対象を見る際には視線を内側に動かし（**輻輳**），遠くの対象を見る際には視線が平行になるように動かす（開散）。このような調整にも眼球運動が関与しており，これらに問題が生じると視対象が二重に見える複視などの問題が生じる。

（4）視覚中枢での処理

　入力された情報は基本的に点と線や色によってできているため，これを認識するには何らかの形であるという分析（**形態知覚**）や，見ているものの位置や方向の分析（**空間知覚**）が求められる。これらはおもに一次視覚野に到達した以降の経路で処理が行われるが，前者は一次視覚野から側頭葉へ向かう**腹側経路**，後者は頭頂葉へ向かう**背側経路**にて処理される。たとえ視力や視野が正常であっても，これらの処理に問題が生じた場合は，視覚情報を正確に捉えることに困難が生じる。そのため，末梢から中枢に至るまでの総合的なシステムとして視覚情報の処理経路を捉える必要がある。

2. 聴覚情報の認知

（1）音響特性および聴力

　色や形，大きさなどの概念をイメージしやすい視覚情報と比べ，聴覚情報の特性を客観的に捉えることにはあまり馴染みがないと思われる。そのため，ここでは聴覚情報の特性を示す指標である音圧と周波数について簡単に説明する。**音圧**は音の大きさに関係する指標であり，**dB**（**デシベル**）という単位で表される。数値が高くなるにつれて音を大きく感じるようになり，ヒトは0〜

120 dB の範囲の音を聴取することができる。音声を目安にすると，ささやき声は 30 dB，一般的な距離での会話音圧が 50 ～ 60 dB である。さらに，怒鳴り声や叫び声は 90 dB 以上の音圧を示し，一般的にはうるさく不快に感じ始める。

周波数は音の高さに関連する指標であり，Hz（ヘルツ）という単位で表される。数値が高くなるにつれて音が高くなるように感じ，ヒトは 20 ～ 20,000 Hz（20 kHz）の範囲の音を聴取することが可能である。音声と周波数の関係をみると，日本語の母音は 500 ～ 2,000 Hz の帯域に情報が集中している一方で，子音に関しては低い周波数成分を含むもの（例，マ行やガ行）から，高い周波数成分を含むもの（例，サ行やタ行）までさまざまである。

(2) 聴覚情報の処理経路

聴覚情報は外耳，中耳，内耳，および聴覚伝導路（後迷路とも呼ぶ）を経て聴覚中枢にて認知される。聴覚器官はその機能によって 2 つに分類することができ，音を物理的な振動として伝える外耳・中耳は**伝音系**，振動を活動電位に変換して伝える内耳・聴覚伝導路は**感音系**に分類される（図 4-3a）。

外耳は耳介と外耳道からなる。耳介によって集められた音は，空気の振動として外耳道を通じて鼓膜へと導かれる。この間，外耳道では共鳴効果が生じ，2,500 ～ 4,000 Hz の音が約 10 ～ 20 dB 程度増幅される。

中耳は鼓膜の内側にある鼓室と呼ばれる空洞と，3 つの耳小骨からなる。外耳道より届けられた空気の振動を鼓膜が受けることで，鼓膜に付着しているツチ骨にはじまり，キヌタ骨，アブミ骨の順にその振動が伝搬する。その際，ツチ骨とキヌタ骨の長さのテコの比（1.3：1.0）や，鼓膜とアブミ骨底板の面積比（17：1）によって，振動が約 30 dB 程度増強され，内耳のリンパ液へと効率よく伝搬される。また，これらの耳小骨が位置する鼓室は空気によって満たされている。鼻腔につながった耳管を介して適宜換気を行うことで，外気と鼓室内の気圧を均一にし，鼓膜が振動しやすくなるように張力を維持している。

内耳は前庭，半規管，蝸牛からなるが，それらのうち前庭および半規管は平衡感覚に関する器官であり，聴覚情報の処理には蝸牛が関係する。**蝸牛**はアブミ骨底と接続し，中身はリンパ液で満たされている。外耳・中耳を経て増幅さ

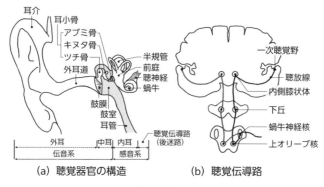

図 4-3　聴覚情報の処理経路

れた振動が蝸牛に伝わると，蝸牛内のリンパ液に進行波が生じる。それらの進行波を受け，蝸牛内の**有毛細胞**が興奮することで活動電位が生じ，聴神経を通じて中枢へと情報が送られていく。入力される音の高さに応じて進行波の振幅が最大となる地点が異なるために，入口（基底回転）付近の有毛細胞は高い音に，奥（蝸牛頂方向）に進むに連れて有毛細胞は低い音に反応するという周波数局在性を有する。たとえば，基底回転付近の有毛細胞が機能しない場合は高い周波数帯域の音が聞こえづらくなるなど，蝸牛での周波数局在性が聞こえづらさにも影響を及ぼしている。

　蝸牛で生じた活動電位は，聴神経（蝸牛神経）を上行し，蝸牛神経核，上オリーブ核，下丘，内側膝状体などを中継したあとに，聴放線を経て上側頭回の**一次聴覚野**に至る（図 4-3b）。これらの経路は**聴覚伝導路**，あるいは**後迷路**と呼ばれる。聴覚伝導路を上行する過程においても聴覚情報の分析は行われており，たとえば蝸牛神経核を経過した後に神経交叉が生じ，両側からの情報を受ける上オリーブ核では，両耳に到達する音の時間差や音圧差に関する解析が行われている。ここでの情報が，音源の位置を推測する能力である音源定位に関連している。

（3）聴力とオージオグラム

　聞こえづらさを表す指標として**聴力**が用いられる。聴力は音を認識することができる最も小さい音圧レベルである**最小可聴閾値**を示しており，たとえば聴

力レベルが 60 dB の者は，60 dB の
音圧レベルの音がようやく聞こえ，そ
れよりも小さな音には気づくことがで
きない。聴力の数値が高いほど障害の
程度が重くなるという点で，視力とは
捉え方が異なるために注意が必要であ
る。

　聴力は周波数によって異なるという
特徴があり，それを図にプロットした
ものを**オージオグラム**と呼ぶ（図 4-4）。
オージオグラムでは横軸に周波数，縦
軸に聴力レベルが示されており，右耳

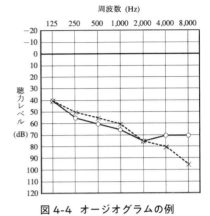

図 4-4　オージオグラムの例

〇は右耳の聴力，×は左耳の聴力を示している。右
は実線で，左は破線で各周波数の値を結ぶ。

（〇で記載し実線で結ぶ）と左耳（×で記載し破線で結ぶ）の聴力がそれぞれ記される。色
が使える場合は，右耳は赤，左耳は青が用いられる。オージオグラムをみると，
どの周波数域において聴力低下が生じているのかという点がわかり，個々の聞
こえづらさを把握するうえで重要な情報となる。たとえば，図 4-4 の事例の
場合には，右耳・左耳ともに高域にいくにつれて聴力が低下しているために，
会話時には子音の聞き取りに困難が生じる様子などがうかがえる。一方で，単
に障害の程度について言及する際には，500 Hz の聴力レベルと，1000 Hz の
聴力レベルを 2 倍した数値，2000 Hz の聴力レベルを足し，4 で除すという
4 分法によって求めた**平均聴力レベル**が用いられることが多い。図 4-4 の例で
あれば，右耳は ｛60 dB ＋（65 dB ×2）＋ 75 dB｝/4＝67 dB（小数点は切り上げ），
左耳は ｛55 dB ＋（65 dB ×2）＋ 75 dB｝/4＝65 dB となる。なお，WHO は
難聴の程度について，聴力レベルが 60 dB 以上になると会話など困難さが顕
著になるとしており，国内においても就学先として特別支援学校を選択する際
の基準値となっている。

（4）聴覚中枢での処理

　聴覚情報の意味を捉えるためには，その情報の音響特性を正確に把握する必
要がある。その中でも，言語音の理解に関しては，周波数情報および時間情報

をどの程度細かく分解できるのかという分解能が重要であるとされる。これらの分析は聴覚伝導路においてもある程度行われている。たとえば，聴神経に何らかの障害が生じ，これらの能力が低下している場合，明瞭な聴覚情報が入力されたとしても「音は聞こえるものの何と言っているのかわからない」という状況に陥る。

　末梢から伝えられた情報は**一次聴覚野**に送られ，その音がどこから聞こえてきたかという分析や，その音が何を意味するかという分析が行われる。前者は頭頂葉へ至る**背側経路**にて，後者は側頭葉前部へ至る**腹側経路**にて処理が行われる。さらに，言語音の処理に関しては上側頭回に位置する**ウェルニッケ野**や，下前頭回に位置する**ブローカ野**を中心とした領域も関連している。たとえ聴力に問題がなくとも，これらの聴覚中枢に問題が生じると音声の理解が困難となる。視覚と同様に，聴覚においても末梢から中枢に至るまでの総合的なシステムとして，聴覚認知全般を広く捉える必要がある。

第2節　知的障害児における視覚機能の問題

1. 知的障害児と屈折異常

(1) 早期発見の重要性

　知的障害児は眼疾患や何らかの視機能の問題を有している割合が高く，その中でも特に**屈折異常**が生じやすい。屈折異常とは入力された光が網膜上で焦点を結ぶことができず，ぼやけて見えるために視力低下を引き起こす状態であり，近視，遠視，乱視がある。知的障害児の屈折異常に関する報告をまとめた佐島 (1999) によると，知的障害児の約40％に屈折異常がみられ，その中でも特にダウン症児における屈折異常の割合が非常に高く，強度の近視・遠視が多いとされる。実際に，0〜6歳のダウン症児に対してスクリーニング検査を実施した釣井ら (2000) では，ダウン症児120例のうち93例 (77.5%) において精密検査を要する屈折異常が確認されている。

　新生児の視覚と聴覚を比較した場合，聴覚に関してはある程度完成した状態で産まれてくるのに対し，新生児の視力は0.02程度しかなく，その後徐々に

発達し，8 〜 10 歳頃に完成するといわれている。したがって，視覚の発達に対する感受性の高い時期に何らかの阻害要因が生じた場合，視覚機能の発達にも大きな影響を及ぼすために，屈折異常等の早期発見は非常に重要である。

　しかしながら，発達初期の知的障害児においては，運動発達や知的発達のための療育などが優先され，眼科的健診が遅れる傾向や，眼科を受診したとしても検査の実施が困難であり，対応が遅れるという傾向もある (久保, 2009)。実際に，佐島 (2008) の報告では，屈折異常が指摘された知的障害児のうち，眼科への通院経験があった児童は全体の約 39.6％のみであった。斜視や視機能全般の問題も含め，知的障害児の療育・支援に携わる専門家と眼科領域の専門家との**連携**を通して，視覚機能の発達を早期から支える必要がある。

（2）視力および屈折異常の評価

　視力を評価する代表的な手法としては，第 1 節でも述べたように，さまざまな大きさの**ランドルト環**が印字された視力表を用いた検査がある。健康診断などでも行われることが多く，比較的身近な検査であるが，知的障害特別支援学校で検査が実施できた児童生徒の割合は，小学部ではほぼおらず，高等部でも約 30％にとどまっていたとの報告がある (板谷・尾崎, 1999)。知的障害児においては，たとえ視力に問題がなくとも，検査の教示の理解や，注意・集中の維持などの問題が，検査の実施に大きく影響を及ぼすと考えられる。

　これらの問題を解決するためには，発達段階の低い幼児に対する実践が適応できる。具体的には，①ランドルト環が複数記載されている試視力表ではなく，ランドルト環が 1 つだけ記載されている**単独指標**を用いる，あるいは②通常は 5 ｍに設定されている検査距離を短くする，といった方法でランドルト環への注意が向きやすいような環境調整を行うことが有効であろう。またランドルト環を用いた検査の実施が困難な児童生徒に対しては，**絵指標**による検査が有効である。指定された距離で「魚」や「蝶々」などの絵を見せ，その絵の名称について口頭で答えさせる，あるいは言語による応答が困難な場合には，同じ形のものを手元の見本から選ばせることで実施ができる。より発達年齢が低い場合には，カードに書かれているクマやウサギの絵の中にある目の位置を答える**森実式ドットカード**や，「無地のものよりも縞模様のほうを好んでみる」とい

う特性（**選好注視**）を利用した検査である Teller Acuity Cards Ⅱ（TAC Ⅱ）を用いることもある。

　以上のように，対象となる知的障害児の発達段階に応じてさまざまな検査を用いることで視力測定の可能性が高まる。これらを実施する際には，一度の検査で済ませるのではなく，事前に練習を行ったうえで本番に臨むといった配慮も含め，本人の特性や好みに合わせた手段も工夫する必要があるだろう。

　全国の知的障害特別支援学校における視機能評価の実態について調査を行った石川と鳥山（2002）では，多くの学校が先に述べたようなさまざまな方法を工夫しながら視機能評価を実施している一方で，全体の90％において「測定困難者がいる」との回答がみられた。このような問題に対し，レフラクトメーターによる**他覚的検査**を実施した報告が散見される。**レフラクトメーター**は，目に光を当てその反射光を分析することで屈折異常の程度を客観的に分析する機器である。対象児の応答能力に左右されないという特性を有し，0〜6歳の知的障害児を対象にレフラクトメーターを用いて屈折スクリーニングを実施した釣井ら（2000）の報告では，400例中の391例（98％）で再現性のある結果が得られている。この結果からも，視力検査の実施が困難な知的障害児に対して非常に有用な測定方法であるといえるが，光学系の機能を評価する検査であり，視機能や視覚中枢の問題に関しては，別途検討すべき点に留意する必要がある。

（3）屈折異常に対する支援

　これまで述べてきた屈折異常への治療として，適切な屈折度数の眼鏡が処方される。まずは適切な評価が実施できていることが前提となるが，知的障害児においては，眼鏡をすぐに外すので壊れやすいといった問題や，ダウン症児においては鼻根部の低さなどの問題もあり，フレームの選択などにもより専門的な意見が求められるであろう。また，眼鏡の装用を嫌がるなど，装用初期には常用が難しい事例も少なくないと思われる。眼鏡の装用には保護者の長期的な協力が欠かせず，対象児のみでなく，保護者にも寄り添いながら，眼鏡の装用を促す手段についてともに考えることが重要である。知的障害児における眼鏡の装用効果について調査した佐島（1997）では，眼鏡を装用後に「他者のこと

をよく視るようになった」「動きが目的的になった」「課題場面で落ち着きが出てきた」といった行動の変化が確認されている。このような変化が本人の発達のみならず，保護者の動機を高めることにもつながるであろう。

2. 知的障害児の眼球運動および視覚探索

　私たちは対象を正確に捉えるために，視力が最も高いとされる**中心窩**に対象が映る（中心視）ように眼球を随意的に動かしている。知的障害児における随意的な眼球運動機能は，同年齢の定型発達児に比べて劣るという結果が得られている。たとえば，高橋ら（1987）は方向の異なる 8 か所に白色光点を呈示した際の衝動性眼球運動について検討し，知的障害児の約半数は光点に視線を向けることが可能であったが，定型発達児に比べるとその正確さを欠き（指標まで到達しない場合が多い），眼球運動を開始するまでの潜時も遅れたことを報告している。また，知的な遅れが同程度であっても，**実行機能**に問題のある群とない群では眼球運動の様相も異なるとされる（葉石ら，2014；実行機能については，第 5 章第 1 節参照）。具体的には，実行機能に問題があると注意操作や運動制御にも問題が生じるため，試行ごとにパフォーマンスが大きく異なり，眼球運動の変動性が高くなっていた。さらに，一般的には指差しなどの外的な援助によって眼球運動がより正確になるとされるが，実行機能に問題のある群ではそれらの援助の効果があまりみられておらず，IQ 以外の視点からも眼球運動野の困難さや支援方法を検討する必要性がうかがえる。

　一方で，私たちが何か物を探す際など，視覚探索を行う際には中心視のみならず**周辺視野**の情報も積極的に活用している。中心視に比べると大まかな像しか捉えることができないが，視線の移動に先立って取り込まれる周辺視情報は，次に視線を向ける位置を効率よく決めるために重要となる。このように，視覚認知を行ううえで有効に活用されている視野範囲のことを**有効視野**と呼ぶ。知的障害児の有効視野について検討した勝二と堅田（1998）では，有効視野を一定程度活用している事例がみられたものの，全般的に知的障害児の有効視野は定型発達児に比べて狭いことが明らかとなった。さらに，知的障害児の視覚探索に関しては有効視野の活用のみならず，注意や記憶といった内的要因の影響も受けるとされる。斎藤ら（2020）は，記憶の負荷が低い条件では自身の視覚

認知能力を最大限に活かした効率的な視覚探索が可能な一方で，記憶の負荷が高くなると，精神年齢（MA）が上昇しても視覚探索の効率性に変化はみられなかったと報告している。有効視野の狭さや認知機能の問題が影響し，知的障害児の視覚探索行動が非効率的になっていると推察される。

以上のように，知的障害児においては眼球運動や視覚探索に困難を伴うことは少なくない。たとえば，眼球運動の困難さは読み困難にも影響を及ぼすとされ（例，奥村ら，2006），学習時や作業時の効率にも大きく影響する問題となりうる。知的障害児に対する支援方法は確立されていない現状であるが，**ビジョントレーニング**に代表されるような個人へのアプローチを行いつつ，これらの困難さを考慮した教材などを作成および提示するといった環境面の整備も求められるであろう。

3. 知的障害児と視覚認知

私たちが物を見る際には，網膜に投影された情報が視覚中枢に送られ，視覚中枢でそれらの情報が処理されることで，入力された情報の形態や空間情報を理解している。すなわち，ここまで述べてきたような視力や眼球運動が正常であっても，視覚中枢機能に何らかの問題が生じている場合，対象を正確に見ることが難しくなる。

知的障害児の中でも，ウィリアムズ症候群は**視覚認知**に困難を示す事例が多いことで知られている。ウィリアムズ症候群においては，物の位置などの空間情報を処理する背側経路の機能が，物の色や形などを処理する腹側経路に比べて障害されている。そのため，図4-5 で示したように，アルファベットの「Y」から構成された「D」の見本を模写させた場合，「Y」という要素は模写できてもそれを適切に配置して「D」にすることができないといった問題が生じる（Bellugi et al., 2000）。また，

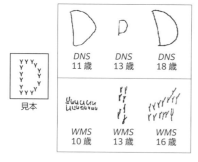

図 4-5　ウィリアムズ症候群における模写の特徴（Bellugi et al., 2000 を改変）

DNS：ダウン症候群，WMS：ウィリアムズ症候群。

日本語においても「森」という漢字を視写させた際に，「木」が3本で構成されていることは理解できているが，それをうまく配置できないといった問題が生じる（中村，2009）。構成要素は正確に抽出できていることから，視力などの視機能が影響した問題ではないことがわかるであろう。なお，これらの特性はウィリアムズ症候群に限らず，学習障害児等にも確認されることが少なくない。

　視覚認知を評価する方法として，積み木を使って見本と同じ模様を作成する課題など，知能検査や心理検査での視覚情報処理を扱った課題があげられる。より詳細を検討する場合は，①視覚と運動の協応，②図と地の弁別，③形の向上性，④空間における位置，⑤点つなぎによる空間関係をみる**フロスティッグ視知覚発達検査**（Developmental Test of Visual Perception: DTVP）や，34本の線分と内部に3つの点を持つ円からなる無意味で複雑な図形を模写させ，一定時間が経過したあとに再生させる**レイの複雑図形**（Rey-Osterrieth Complex Figure: ROCF）が用いられる。これらの検査は教示が難しくなく，比較的簡便に利用できるものの，その多くにおいて「書く」といった作業が求められるため，視覚認知の問題と運筆技能の問題とを分けて解釈する必要がある。なお，**DTVP-3**では選択式の課題も用意されており，今後臨床現場への適応が期待されている。

　これらの視覚認知における困難さは，特に書字の場面で問題が生じることが多い。書きに関しては，一般的には「見本を見ながら繰り返し書いて覚える」という方法が用いられるが，視覚認知に困難さを有する事例においては有効でないこともあり，障害特性に応じた何らかの支援を検討する必要がある。たとえば，中村ら（2010）はウィリアムズ症候群に対し，腹側経路の機能の1つである色情報を有効活用する目的で，4分割して下地をそれぞれ彩色した枠を用いて漢字を提示し，同様に彩色した枠内に模写させたところ，改善が認められている（第6章第2節も参照）。他にも，ひもや粘土，モールを使用して線の交差などを意識させる取り組みや，言語能力が高い場合には語呂合わせ（例，「親」の場合は，たつ［立］き［木］の横でみ［見］ている）などを用いる方法もある（水田，2010）。「何度も繰り返し書く」という方法を強いるのではなく，個々の特性も踏まえながら本人が達成感を得ることができる支援方法について検討し，書字への苦手意識を減らしていくことが重要となる。

第3節　知的障害児における聴覚機能の問題

1. 知的障害と難聴

　知的障害児が有する聴覚機能の代表的な問題として**難聴**がある。外耳から内耳に至る聴覚末梢のうちに何らかの問題が生じると，聴力が低下し難聴と呼ばれる状態になる。難聴は中耳炎に代表されるような**伝音難聴**，蝸牛の有毛細胞の問題に代表されるような**感音難聴**に大きく分類できる。前者については比較的軽度の聴力低下を示し，治療による改善が見込めるものも少なくない一方で，後者については軽度から重度の聴力低下までさまざまな状態を示し，基本的に治療は困難である。

　難聴幼児通園施設に通う幼児 202 名の発達状況を調査した内山ら（2011）では，全体の 17％が知的障害を有していたと報告されている。また約 30 年間にわたり難聴の合併症について調査した力武ら（2012）の報告をみると，難聴が生じやすい合併症の内容は年代によって異なる一方で，染色体異常と知的障害はどの年代においても一定数存在していた。その中でも特に染色体異常の症例数が多く，ダウン症児においては症例の約半数（48％）において難聴が確認されている。昨今の高齢出産傾向に伴い，染色体異常の出生数は今後も増加する可能性が予想される。さらに，近年ではサイトメガロウイルス等の先天性ウイルス感染症や，低体重出生と難聴の合併例が増加している傾向にあった。これらは知的障害のリスクファクターでもあるために，さまざまな面からの支援が求められるであろう。

　このように知的障害児が難聴を有する率は低くないものの，合併する知的障害や発達そのものの遅れと判断され，難聴の発見が遅れる事例も少なくない（玉井・加我，1990）。保護者や支援者の立場に立つと，より重篤な障害への対応を優先してしまう傾向にあると思われるが，難聴はコミュニケーション不全のみならず，その後の言語発達にも影響を及ぼしかねない。そのため，聴覚面についても早期からの評価・支援を行うことが，子どもの全般的な発達を促すことにもつながるであろう。

2. ダウン症児と中耳炎

　先述のとおり，ダウン症児の多くが難聴になりやすいとされる。難聴の種類としては，感音難聴よりも伝音難聴の頻度が多く，伝音難聴の中でも特に**滲出性中耳炎**に罹患する割合が非常に高い。実際に飯野ら（1996）では，言語発達の遅れを主訴として来院したダウン症児 154 例のうち，94 例（60%）において滲出性中耳炎の症状が確認されている。

　中耳炎というと，発熱と鼓膜の痛みを伴う症状を思い浮かべるが，これらの症状は鼻や喉にいた細菌・ウイルスが耳管を通じて鼓室へと侵入し，中耳に炎症を起こす急性中耳炎によくみられる。小児の場合は，成人と比べて耳管が太く，短く，さらに咽頭との角度が水平に近いことから，急性中耳炎になりやすい。一方で，滲出性中耳炎とは発熱や痛みが生じない種類の中耳炎である。滲出性中耳炎では，副鼻腔炎やアレルギー性の鼻炎や，耳管機能の弱さなどのために鼓室の換気が十分に行われず，鼓室に滲出液が貯留し，鼓膜や耳小骨の振動が妨げられるために聴力低下が生じる。滲出性中耳炎も小児に生じやすいとされ，ダウン症児の場合はさらに，①風邪や鼻炎にかかりやすい，②頭蓋骨が短形で鼻咽腔が狭い，③耳管機能が著しく不良であることなども影響し，治癒が難しく，遷延や再発を繰り返すことが多い（飯野，2020）。

　滲出性中耳炎に罹患すると，耳閉感があるものの，急性中耳炎のような発熱や痛みがないため，子どもからの訴えは基本的に少ないという問題がある。さらに，難聴が生じても軽度から中等度であるために，周囲もその聞こえづらさを把握しづらい疾患である。「テレビの音量がいつもよりも大きい」や「いつもに比べて返事をしない」といったささいな行動変化にも着目しながら，その可能性を疑うことが重要である。

　滲出性中耳炎の治療としては，鼓膜に穴を開けてチューブを通し，滲出液の排出を常時促すチューブ留置術が一般的である。しかし，ダウン症児の場合は外耳道が非常に狭いことに加え，全身麻酔を要するために，手術が簡単には実施できないという問題がある。さらに，術後も定型発達児に比べて治癒率は良好でない事例も少なくない。そのため，滲出性中耳炎によって中等度以上の難聴を示す事例に対しては，補聴器の装用も視野に入れた支援が求められる（森

本ら, 2018)。

3. 知的障害児における聴力の評価

聴力は**純音聴力検査**によって評価される。検査の手続きとしては「音が聞こえたらボタンを押したり手をあげたりして反応する」という単純なものであり,これをさまざまな高さの純音で繰り返し,オージオグラムを作成する。定型発達児であれば3歳頃より実施可能な検査ではあるが,知的障害児の場合は,検査の教示理解や,注意・集中の維持の難しさ,検査室への入室や気導受話器の装着を拒むといったことが影響し,検査の実施が困難な場合も少なくない。しかしながら「計測不能」として評価を諦めることなく,他の方法を試すという姿勢が重要となる。

発達段階が低く,純音聴力検査の実施が困難な幼児・児童に対しては,さまざまな種類の音に対する反射や振り向き等の行動を観察する**行動反応聴力検査**(behavioral observation audiometry: **BOA**)や,音への振り向き等の反応に対して光る玩具などの強化子を与えることで条件づけを行う検査が適応される。条件づけを用いたものとしては,左右2つの音源に対する定位反応を強化する**条件詮索反応聴力検査**(conditioned orientation response audiometry: **COR**, 図4-6)と,それをより簡素化させ,1つの音源に対する振り向き反応を強化する**視覚強化式聴力検査**(visual reinforcement audiometry: **VRA**)があ

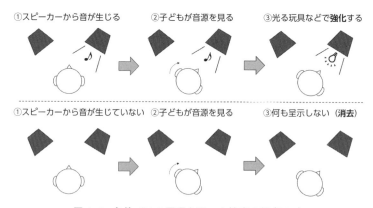

図4-6 条件づけの原理を用いた検査の例(COR)

り，それぞれ発達段階や子どもの状態によって使い分けられている。

　より発達段階が高い幼児・児童に対しては，ボタン押しや挙手に対して何らかの強化子を与える**ピープショウテスト**（peep show test）などへ段階的に移行させることもある。細かな手法は各々で異なるものの，子どもが反応したら強化を行い，それ以外では強化を行わないという**条件づけ**の原理が共通しており，この考え方はルールの理解が困難な知的障害児へも応用可能であろう。また，聴力評価に先立ち，ルールを学習させることを目的とした練習を重ねたり，既存の手法にとらわれず，検査の対象となる子どもの特性や好みに応じて手続きを応用させたりする工夫が求められる。

　これらの行動的な検査に加え，**他覚的検査**によっても聴力閾値は測定できる。他覚的聴覚検査として，鼓膜の動きをみる検査である**ティンパノメトリー**，蝸牛までの機能に異常がないかをみる**耳音響放射**（otoacoustic emission: **OAE**），脳波を用いた検査である**聴性脳幹反応**（auditory brainstem response: **ABR**），**聴性定常反応**（auditory steady-state response: **ASSR**）があげられ，ABR を簡易化した**自動 ABR**（Automated ABR: **AABR**）と OAE は新生児聴覚スクリーニングの手法として，生後数日の新生児にも適応されている。これらの検査のうち，聴力測定と関係があるのはおもに ABR と ASSR であり，いずれも聴覚障害の有無を精査する際に用いられる。一例として ABR の波形を図4-7 に示した。ABR では刺激呈示から 10 ms の間にさまざまな波が発生する

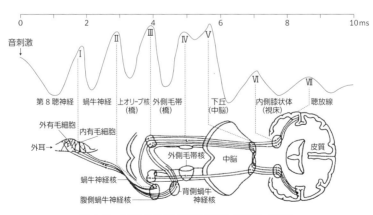

図 4-7　ABR の波形と発生期限（今塩屋，1997）

が，その中でも下丘由来である V 波の出現を指標として閾値を計測する。

　他覚的検査を用いることで，自覚的な検査の実施が困難な知的障害児の聴力を評価することが可能であるが，障害が重い児童においては，BOA や COR 等の行動による聴力検査の結果が良くとも，ABR での反応が見られないといった乖離例も存在する。その原因としては，聴覚伝導路の発達の未熟性などが考えられており，発達とともに ABR の閾値が改善したとの報告もみられる（北川ら，2003）。そのため，1 種類の検査のみで評価を済ませるのではなく，たとえば COR と ABR を重ねて実施しつつ，日常の聴性行動を観察したうえでの評価を行うといった**クロスチェック**が欠かせない。

　また，知的障害児においては新生児聴覚スクリーニングや健診において問題がみられなかったとしても，サイトメガロウイルス感染による進行性の難聴が生じる可能性や，滲出性中耳炎の問題も生じうる。聴力の評価を一度の検査のみで終わらせるのではなく，日常の様子の観察を中心に，発達とともに経過を追う必要がある。

4．難聴を有する知的障害児の支援

　難聴の治療が困難な事例に対しては，補聴器や人工内耳などの聴覚補償機器を適応し，聴覚情報の入力を補う必要がある。**補聴器**は入力された音を大きくすることで，聴覚器官に伝わる振動を増強させる機器である。そのため，何らかの原因で振動の伝搬が弱まっている伝音難聴に対しては非常に有効な手段である。しかし，感音難聴では，補聴器によって振動を増強しても，それを受け取る有毛細胞の問題は改善されないために，重度の難聴を中心として，その効果が限定的であることも少なくない。そのような事例に対しては，人工内耳も有効な選択肢となる。**人工内耳**は蝸牛内に電極を埋め込み，聴神経を直接刺激することで，有毛細胞を中心とした内耳の機能を代替する人工臓器である。電極の移植等の手術を必要とし，いくつかの適応基準が存在するものの，90 dB を超えるような重度感音難聴者に対しては，補聴器よりも効果が高いとされている。これらの聴覚補償機器に共通して，本人の聴覚の状態を正確に把握したうえで，一人ひとりの特性に応じて機器の調整を行うこと，機器を装用した状態で自身の聴覚を最大限に活用できるように一定期間の指導・支援を受けるこ

とが求められる。すなわち、機器の装用のみでは有効利用につながらず、アセスメントから支援に至るまでの一連の支援計画が重要となる。

　知的障害児がこれらの補聴機器を利用する際には、①装用前の正確な聴力閾値の測定が困難である、②聴力測定の困難さに伴い補聴機器の調整に必要な資料が得られにくく、結果としてうるさすぎる状態や、音が小さい状態となっている可能性がある、③うるさがったり違和感を感じたりして補聴器を外すなど、常用に至るまでに子どもの協力が得られづらい、④これらの機器の効果の評価が困難である、といった問題が生じる (沖津, 2010)。しかし、これらの問題について長期的に支援を行った結果、コミュニケーション能力や言語能力の発達が確認されたとの報告もある (玉井ら, 2000)。その一方で、中には目覚ましい変化が見られないことなどから補聴機器の効果を疑う保護者もいることが予想されるが、保護者の気持ちにも寄り添いながら、その必要性について説明を続け、忍耐強く支援を継続する必要がある。

5. 知的障害児と聴覚的理解

　聴覚情報の認知過程に関しては、①検出、②弁別、③同定、④理解の4段階に分けられる (Erber, 1978)。これまでに述べてきた聴力は、おもに検出に関連する能力であり、どれだけ小さな音圧の音を検出できるのかという能力と、どの程度聴覚情報を正確に理解できるのかという能力は異なる点に注意する必要がある。また、聴覚的理解には聴覚末梢のみならず、聴覚中枢での意味処理や、言語的な理解、さらには注意・記憶といった認知機能全般が複合的に影響する。

　聴覚的理解を評価する手法として、「ア」や「キ」などの単音節を聞き取り、回答する**語音弁別検査**などが用いられる。また、発達段階の低い幼児に対しては「からす」や「さかな」などの幼児にとって馴染みの高い単語を用いた**67式20単語了解度検査**がある。これら語音を使った検査を知的障害児に適応する際には、語彙や知識の不足、さらには音韻意識の弱さも影響しうるという点に留意する必要がある。たとえば、「テンキ（天気）」を「デンキ（電気）」と聞き誤った場合、聴覚的な弱さによるものなのか、1つひとつの音に対する意識の弱さによるものか、そもそも単語を理解しているのかなど、さまざまな原

因を考える必要がある。その際は，他の語音の聞こえの様子や，誤り方の一貫性の有無，さらには日常場面の観察などを考慮した総合的な評価が求められるであろう。

　聴覚情報は視覚情報と異なり，空間にとどまることはできず，時間の経過とともに失われていく情報である。そのため，正確に情報を理解するためには，話者が話すタイミングに注意を向け，話された内容を自身で記憶しておくという高い認知的負荷を要する。最近では聴力に問題がみられずとも，「聞き誤りが多い」や「聞いたことをすぐに忘れてしまう」「ざわざわした環境では聞き取れなくなる」といった聴覚面の問題を示す事例が存在することが明らかとなっている（詳しくは第10章第5節を参照）。これらの問題の背景にもさまざまな要因が影響しているとされ，それらの1つとして注意やワーキングメモリなどの認知機能があげられている。知的障害児における聴覚理解の困難さを取り上げた報告は少ないものの，知能検査や心理検査において注意・ワーキングメモリ，あるいは継次処理に困難さを示す知的障害児は少なくないため，それらの児童の中には，聴覚的理解が低下している者も一定数存在すると予想される。久保ら（2018）が指摘するように，「指示通りに動いてくれない」といった主訴の背景にも，聴覚的理解の弱さが影響している可能性があり，聴覚面の問題を支援することがその他の問題の解決にもつながる可能性が考えられる。

第5章
知的障害児の注意・記憶

第1節　注意と記憶のしくみ

　教室の中で，教師が子どもたちに向かって「今から大事なことを言いますよ，聞いてください」というような場面がある。これは，子どもの注意を引くための教師による発話である。では，なぜ重要な情報に注意を向ける必要があるのだろうか。それは，情報に注意が向けられていなければ，たとえ耳から音声情報が入力され，その音声情報が脳に到達していたとしても，記憶として残らないためである。このことから，注意はさまざまな認知活動のベースとなりうるものであるとともに，記憶との関連が深いものであることがわかる。ここでは，注意と記憶の基本的なしくみについて概説する。

1. 注意

(1) 注意機能の種類

　注意とは，感覚受容器に入力された情報から必要な情報を選択し，その状態を維持する認知機能である。注意は，意図性の観点から「外発的注意」と「内発的注意」に分けられる (Posner & Dehaene, 1994)。**外発的注意**（exogenous attention）とは，たとえば勉強をしているときにスマートフォンが光ると，意志に関係なく，思わずスマートフォンに気がとられてしまうようなボトムアップの情報処理である。それに対して，**内発的注意**（endogenous attention）は，

自分自身の意志によって注意を向ける対象を決めるトップダウンの情報処理であり，特に学習や目的志向的活動においては重要な機能となる。

　また，内発的注意は，その性質から「選択的注意」「持続的注意」「分割的注意」といった3つのはたらきに分けられる。**選択的注意**（selective attention）は，必要な情報処理を促進させ，不必要な情報処理を抑制する役割がある。たとえば，私たちは，駅のホームや混み合ったショッピングモールなど，周囲が騒がしいところであっても，隣にいる友人や家族と会話ができる。これは，電車が入線する際の大きな音や，電車を待っている他の人の話し声などの雑音に対する情報処理を抑制し，隣にいる友人や家族の話し声の情報処理を促進させる選択的注意のはたらきによるものである。このように注意を向けた特定の情報が選択的に意識にのぼる状況は，**カクテルパーティ現象**（Cherry, 1953）と呼ばれる。**持続的注意**（sustained attention）は，一定時間集中して受験勉強に取り組むなど，特定の刺激に一定程度，注意を向け続ける状態を指す。そして，**分割的注意**（divided attention）は，一人で複数の子どもの学習の様子を見るときなど，複数の刺激や，やるべきことに対して注意資源を配分し，同時に行うような場合に必要とされる。これらの注意機能はいずれも前頭前野のはたらきと関連が深いことが示されている（Rueckert & Grafman, 1996; Godefroy et al., 1996）。

（2）注意機能のシステムとそれを支える神経基盤

　ポズナーとピーターソン（Posner & Petersen, 1990）は，注意には，「警告（alerting）」「定位（orienting）」「実行制御（executive control）」といった3つの機能が含まれており，それらはそれぞれ異なる脳内ネットワークで構成され，かつ相互作用的にはたらくといった注意システムを提案した（図5-1）。**警告ネットワーク**（alerting network）は，うまく行動するために警戒状態を維持することで，反応準備性を高めるといった機能を含む。これは，持続的注意に類似した概念である。このネットワークでは，覚醒状態を維持する脳幹網様体や視床，右半球の前頭葉，頭頂葉の関与が認められている。また，**定位ネットワーク**（orienting network）は，必要な情報に感覚を集中させる注意力のことで，選択的注意に類似した概念である。これは，上頭頂葉，側頭頭頂接合部，前頭眼野，視床枕，上丘などが関与する。また，頭頂葉後部では注意の解

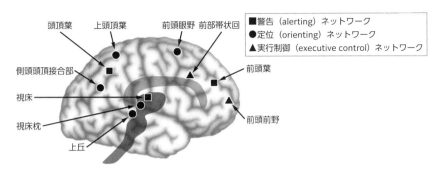

図5-1　3つの注意のネットワークと解剖学的責任領域 (Posner & Rothbart, 2007)

放，上丘では注意の移動，視床枕では注意の増幅に関与することも報告されている。そして，**実行制御ネットワーク**（executive control network）は，多様なネットワークの情報処理をモニターし，必要に応じて注意配分を行うなど，トップダウン的に注意の調整や制御を行う。外側前頭前野，前部帯状回，基底核がそれに関わる部位とされる (Posner & Petersen, 1990; Posner & Raichle, 1994; Fan et al., 2005)。

2. 記憶

(1) 記憶の種類としくみ

　記憶は，①情報を覚える（記銘，符号化），②情報を覚えておく（保持，貯蔵），③思い出す（想起，検索）の3つのプロセスからなる情報処理過程を指す。

　記憶のシステムについて，アトキンソンとシフリン (Atkinson & Shiffrin, 1968) は，短期記憶と長期記憶を中心とした**二重貯蔵モデル**を提案した（図5-2）。このモデルでは，外界からの情報が，**感覚登録器**（sensory registers）に入力され，注意を向けられたものが**短期貯蔵庫**（short-term store）に送られる。さらに短期貯蔵庫の情報は，**リハーサル**（繰り返し反復すること）などの符号化処理によって，**長期貯蔵庫**（long-term store）に転送されるといった情報処理が仮定されている (Atkinson & Shiffrin, 1971)。

　それぞれの構成要素について詳しくみていくと，まず，感覚登録器に入力された情報は，**感覚記憶**（sensory memory）として保持される。感覚記憶は，

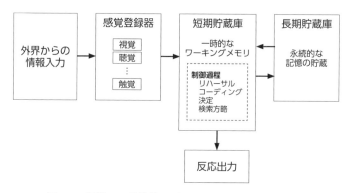

図 5-2　記憶の二重貯蔵モデル (Atkinson & Shiffrin, 1971)

目や耳など感覚受容器からの情報が符号化されて，瞬間的にそのままの形で保持された記憶である。たとえば，みんなで旅行に行って写真を撮っている場面を想像してみてほしい。写真には，背景を含めたすべてが鮮明に記録されている。かたや人の記憶では，撮影時にその場にいて，その情景を見ているはずなのに，写真に映りこんでいるような，背景にどんな花が咲いていて，まわりに何人の人がいたかまで覚えている人はいない。これは，感覚記憶のうち，注意が向けられた情報のみが，感覚記憶の転送先である短期記憶に選択的に送られるためである。短期貯蔵庫では，**短期記憶**（short-term memory）として情報が一時的に保持されるが，一度に保持できる量は，4 アイテム程度に限定される (Cowan, 2001)。ただし，短期記憶は，いくつかの情報を意味のある 1 つのまとまりにして整理することで，1 アイテムあたりの情報量が増え，結果として，より多くの情報を保持できるようになる。これは**チャンキング**と呼ばれる記憶方略の 1 つである。短期記憶は，制御過程のはたらきであるリハーサルなどの符号化処理によって，長期貯蔵庫に転送され，**長期記憶**（long-term memory）として永続的に保持される。また，リハーサル以外にも，記憶する情報の共通点や相違点，因果関係といった情報の関係性を整理する**体制化**（たとえば，単語をグループ分けして覚えるなど），既知の情報と結びつけてイメージ化して覚える**精緻化**（たとえば，複数の単語を，一連のお話にして覚えるなど）といった記憶方略によって，長期記憶に転送しやすい情報に加工することができる。二重貯蔵モデルにおける短期記憶の概念は，制御過程によって情報を意識的に制御し，意

思決定や問題解決，情報の流れを方向づけるといった役割を持つことも想定され，「一時的なワーキングメモリ」として位置づけられた（Atkinson & Shiffrin, 1971）。

　ワーキングメモリ（working memory）は，一時的な記憶の保持のみならず，意識的に保持した情報を活かしながら処理するような（たとえば，相手の話を聞きながら，一時的に記憶し，その内容をふまえて発言するといった一連の処理）能動的な認知機能であり，学習や生活と密接に関連する目的志向的な高次の精神機能でもある。バドリー（Baddeley, 2000）によるワーキングメモリのモデルでは，注意制御を担う中心的な役割を持つ**中央実行系**（central executive）と，そのサブコンポーネントとしての「視空間スケッチパッド」「音韻ループ」「エピソードバッファ」が位置づけられ，それぞれが目的志向的に相互作用しながら機能する（図5-3）。**視空間スケッチパッド**（visuo-spatial sketchpad）は，色や形などの視覚情報や空間的位置といった情報を視覚イメージとして保持し，視覚情報を保持する視覚キャッシュ（visual cashe），保持された情報の操作やリハーサルを行うインナースクライブ（inner scribe）から構成される。それに対して，**音韻ループ**（phonological loop）は，聴覚情報を保持する音韻ストア（phonological store）と，文字情報を音声情報として再生する構音リハーサル（articulatory rehearsal）から構成され，言語情報を保持する。**エピソードバッファ**（episodic buffer）は，視空間スケッチパッドや音韻ループ，長期

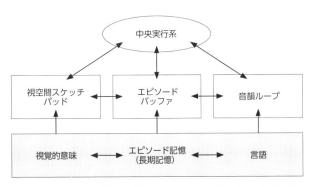

図 5-3　ワーキングメモリのマルチコンポーネントモデル
(Baddeley, 2000)

記憶からの情報を統合して保持する役割を持つ (Baddeley, 2007)。

　長期記憶は，その内容によって，陳述記憶と非陳述記憶に大別される (Squire, 1992)。**陳述記憶**（declarative memory）は，意識的に想起され，言葉で表現できる記憶を指す。さらに，陳述記憶には，「昨日何を食べたか」あるいは「いつどこに旅行に行ったか」というような個人の経験に基づく具体的な記憶である**エピソード記憶**（episodic memory）と，本から得られた知識など学習によって蓄積された記憶である**意味記憶**（semantic memory）とに分けられる (Tulving, 1972)。一方，**非陳述記憶**（non-declarative memory）には，自転車に乗ることや泳ぐことなど，練習を重ねて体で習得した運動技能といった**手続き記憶**（procedural memory）などが含まれる (太田, 2008)。

(2) 記憶に関わる神経基盤

　陳述記憶における短期記憶から長期記憶への情報の転送にあたって，海馬が重要な役割を持つ。海馬は，日常の出来事や学習によって得られた知識などのエピソード記憶や意味記憶に関連する情報を一時的に保持するとともに，重要な情報を大脳皮質に転送し，長期記憶として保存することに関連した機能を持つ。長期記憶に情報を保存するためには，上記で説明したように，リハーサルなどを通して何度も繰り返して反復される必要がある。これは，情報が反復されて伝わるとシナプス間の伝達効率が持続的に向上する**長期増強**（long-term potentiation: LTP）が生じ，その結果として，神経ネットワークが変容することで，記憶が定着するためであると考えられている (池谷, 2001)。一方で，怖い思いをした経験や，友人から聞いたおもしろい話などは，何度もリハーサルしなくてもよく覚えていることがある。これは，情動を司る扁桃体の活動を伴う情報伝達が，LTP を生じさせやすくするためであると考えられる (中園ら, 2013)。

　一方で，非陳述記憶の 1 つである手続き記憶に関連する神経基盤として，大脳基底核と小脳が中心的に関与することが知られている (Squire & Zola, 1996)。ここで自転車に乗る練習をするときのことを想像してみてほしい。初めは何度も失敗を繰り返しながら，次第に乗れるようになっていく。これは，意図した運動と実際の運動とのずれがエラー信号として小脳に伝わると，動きのずれを

伝えた回路からの情報伝達効率を弱めて，信号を受け取りにくくすることで正しい運動の回路を残していくことと関連する。このはたらきは，**長期抑圧**(long-term depression: LTD) と呼ばれる (Ito et al., 1982)。このようなプロセスを経ると，最終的に正しい運動の回路のみが残るため，一度獲得された手続き記憶は忘却されにくい。一度自転車に乗れるようになると，時間をおいても自転車の乗り方を体が覚えているのはこのためである。

　また，ワーキングメモリの神経基盤については，代表的なワーキングメモリ課題である**リーディングスパンテスト**（複数の文章を音読しながら，指定された文中の単語を記憶することが求められる課題）遂行中の脳活動から，背外側前頭前野 (dorsolateral prefrontal cortex: DLPFC)，前部帯状回 (anterior cingulate cortex: ACC)，上頭頂小葉 (Superior parietal lobe: SPL) のネットワークの関与が明らかとなっている (苧阪, 2008)。具体的には，SPL では必要な情報に注意を切り替える役割を持ち，それをきっかけとして，ACC では必要な情報とそうでない情報があるかどうかを検出し，DLPFC において必要な情報に対する注意の維持がなされると考えられている。ACC と前頭前野 (prefrontal cortex: PFC) の機能結合が強い場合には，このネットワークが効率良くはたらくことが示され，これがワーキングメモリの個人差に関連するものと考えられている (苧阪, 2008)。さらに，音韻ループに含まれる音韻ストアは縁上回，構音リハーサルは下前頭回 (Paulesu et al., 1993)，そして視空間スケッチパッドは右前頭部，右運動前野，右頭頂部が関与することが指摘されている (Jonides et al., 1993)。

第 2 節　知的障害児の注意

1. 知的障害の注意機能における特徴

　コーニッシュら (Cornish et al., 2012) は，ダウン症とウィリアムズ症候群といった病理型知的障害児における注意機能と言語学習の発達との関係性について縦断的に検討した。いずれの群も質問紙評価により注意機能の低下が認められたが，とりわけダウン症では，注意機能が読み書きの発達を予測する因子となりうることが指摘されており，注意機能と学習との関連性が高いことが示唆され

る。

　学校生活では，さまざまな活動において，必要なところに注意を向け，そうでないものに注意を向けないことを一定程度継続することが求められる。これらは選択的注意や持続的注意といった認知機能に関連するものである。知的障害児における選択的注意に関しては，メリルとオデカーク（Merrill & O'Dekirk, 1994）が，病理型の知的障害者（ダウン症）8 名（IQ 50），生理型の知的障害者 8 名（IQ 61），定型発達者を対象に検討している。この研究では**フランカー課題**が用いられており，たとえば「222」「323」「V2V」などのように，3 つの数字とアルファベットで構成された刺激を呈示し，中央位置の刺激が 2 あるいは K（ターゲット刺激）であった場合にボタン押し反応を求めた。この場合，両端の刺激がターゲット刺激と異なると，ボタン押し反応へのフランカー（妨害刺激）となるため，両端にある刺激の処理を抑制しながら中央にあるターゲット刺激の処理を促進させることが必要とされる。実際に，ターゲット刺激が 2 で，「222」のようにターゲット刺激と両端の刺激が一致している場合（同一刺激）に比べて，「323」（カテゴリ同一刺激：両端が数字刺激）や「V2V」（カテゴリ相違刺激：両端がアルファベット刺激）のようにターゲット刺激と不一致であるときのほうがボタン押し反応にかかる時間が延長してしまう。そして，このことは知的障害の有無にかかわらず生じることがわかっている（図 5-4，各群の刺激間距離 0 を参照）。しかし，ターゲット刺激と両端の妨害刺激間の距離を次第に離していき，定型発達者群では刺激間距離が 5 になると，ターゲット刺激のみが呈示されるとき（図 5-4，刺激間距離 Alone を参照）と同程度の反応時間となり，妨害刺激による影響を受けなくなる。一方で，生理型および病理型の知的障害者群では，妨害刺激による影響を排除するのに刺激間距離が 10 も要することが明らかとなった（図 5-4，知的障害群の刺激間距離 10 を参照）。したがって，知的障害者の注意プロセスにおいて，注意を妨害する刺激の範囲が定型発達者とは異なる可能性を示唆している。

　さらに，知的障害の持続的注意について，シャレヴら（Shalev et al., 2019）は，ダウン症児（平均生活年齢［CA］7 歳，平均精神年齢［MA］3 歳）とウィリアムズ症候群児（平均 CA 6 歳，平均 MA 5 歳；以下，WS 児）を対象に，動物や道具などの絵を連続呈示し，動物の絵に対してのみボタン押し反応を行う**連続遂行課題**（The

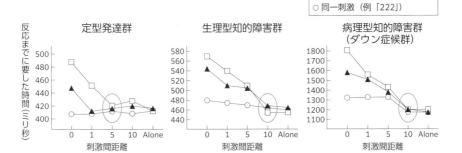

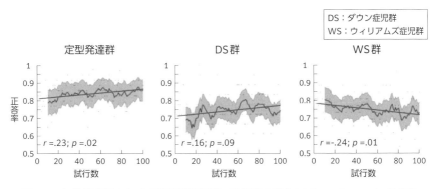

凡例（右上）:
□ カテゴリ相違刺激（例「V2V」）
▲ カテゴリ同一刺激（例「323」）
○ 同一刺激（例「222」）

図 5-4　知的障害者群におけるフランカー課題の成績（Merrill & O'Dekirk, 1994）

DS：ダウン症児群
WS：ウィリアムズ症児群

図 5-5　知的障害児における連続遂行課題の正答率の変化（Shalev et al., 2019 を一部引用）

グラフ中の細かい点は，各群内における 1 試行あたりの平均正答率を示す。黒線は，10 試行分の正答率を平均したデータ（移動平均）であり，灰色の部分は，そのデータがどのくらいばらついているか（標準誤差）を表している。これらのデータに基づき，正答率と試行数との関連性が直線（灰色線）によって示されている。

Continuous Performance Task: CPT）を実施し，その遂行成績の変化を調査した。知的障害児の MA に近い定型発達児（平均 CA 4 歳，平均 MA 4 歳）と比較して（図 5-5，定型発達群のグラフを参照），いずれの群も全体的な遂行成績は低下していたが，WS 児群ではダウン症児群（図 5-5，DS 群のグラフを参照）に比べて，課題が進むにつれてパフォーマンスが低下する傾向にあった（図 5-5，WS 群のグラフを参照）。このことは，WS 児では持続的注意の弱さがあることを示しており，注意特性が知的障害の背景要因によって異なる可能性を示唆するものである。

教師の話を聞きながらメモをとる，といった複数の行為を同時に行う場合においては，**分割的注意**が必要となる。分割的注意は，注意資源の総量を示す指標としても用いられる。オカとミウラ（Oka & Miura, 2008）は，知的障害者に注意配分の困難さがみられるか，そして，練習を繰り返すことでその機能を促進させることができるかについて検討した。課題として，**Tracking 課題**（線つなぎ）と **Memory Span 課題**（数字の順唱）を用い，それぞれ単独で課題を行う単一課題条件と，数唱しながら線つなぎを行うような同時に課題を行う二重課題条件について，1日にそれぞれ1回ずつ練習したときの成績を CA でマッチングした定型発達者群と比較した。その結果，いずれの条件においても，定型発達者群と比べて，知的障害者群では成績が低下しているものの，いずれの群も単一課題条件の成績と二重課題条件の成績に違いはみられなかった（図 5-6，各群における単一課題と二重課題のデータを参照）。また，1日目の成績と3日目の成績を比較すると，いずれの群も1日目の成績に比べて，3日目の成績が向上した（図 5-6，各群における1日目と3日目のデータを参照）。この結果は，特にこの研究で用いられている課題のように，認知的負荷が比較的少ないと考えられる課題を実施した場合に生じ，そのような条件下においては，知的障害者の注意配分が十分に機能するとともに，練習を繰り返すことで成績が向上することも期待できるものと考えられる。

近年では，認知機能の促進を目的としたさまざまなトレーニングプログラムが開発され，知的障害児への適用例も増加している。たとえば，生理心理学的な手法を用いたトレーニング方法の1つとして，ニューロフィードバックがある。**ニューロフィードバック**は，脳波などの生態信号を用いて，そのデータを対象者にフィードバックすることで，自身の感覚を頼りに自己調整のプロセスを学習する方法である。スルメリとエルテム（Surmeli & Ertem, 2010）は，軽度〜中度の知的障害と診

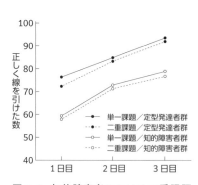

図 5-6　知的障害者における二重課題遂行時のトラッキング課題の成績とその変化（Oka & Miura, 2008）

断された 7 ～ 16 歳の子ども 23 名を対象に，80 ～ 160 回のニューロフィードバックによる介入を行った結果，約 80％の子どもに注意機能の向上が認められたことを明らかにした。一方で，脳波測定のような一定時間，身体の動きを制約するトレーニングは，知的障害児にとって困難さが伴うことが予想される。このことから，介入前にニューロフィードバックを受けるための手続きを学習する，応用行動分析を併用した研究も進められている (LaMarca et al., 2018)。

2. 知的障害児の注意機能特性からみた教育的支援のためのヒント

注意機能は，あらゆる認知機能の基礎的役割を果たし，協働的に作用する。そのため，知的障害児の学校生活や学習において，注意機能の果たす役割は大きいと考えられる。一方で，実際に学校現場にいる子どもたちの行動をみて，それぞれの注意機能を評価する際には，注意機能が単一の認知機能としてはたらくのではなく，目的志向的活動の中でさまざまな要因が相互的に機能することを忘れてはならない。

選択的注意という視点で考えてみると，子どもの近くに学習を妨げるようなものを置かず，見えないようにしておくことで，注意のプロセスを妨害せずに必要な課題に従事することができる可能性がある。しかし，子どもにとって何が妨害となりうるのかは，個々の子どもの興味や関心によって異なるため，必ずしも教師が想定したものとは一致しないことがある。また，**持続的注意**という視点で考えてみると，知的障害の背景要因によっては集中して作業し続ける時間が異なるかもしれないが，作業そのものに対する動機づけを高めることで注意を持続できる時間が向上することはあるだろう。さらに，**分割的注意**のように同時に複数の作業を遂行することの難しさを示す子どもがいるかもしれないが，課題の難易度や組み合わせによっては遂行可能な場合もある。

すなわち，これまでの先行研究から，知的障害があることで注意機能がさまざまな制約を受けることは明らかである。しかし，その支援にあたっては，子どもの注意機能の弱さのみに注目するのではなく，子ども自身が課題に対して主体的に取り組むような態度を形成できるように支援したり，適切に注意を向けられるように課題を工夫したり，環境を調整したりすることで，注意機能の向上はもたらされるはずである。注意機能の側面から子どもの支援を考える際

には，多面的な視点で考えることが重要であろう。

第3節　知的障害児の記憶

1.　知的障害の記憶における特徴

　知的障害における短期記憶について，エリスとウールドリッジ (Ellis & Wooldridge, 1985) は，平均 CA が 20 歳で，平均 IQ が 60 の知的障害者に対して，記銘材料として，絵と単語をそれぞれ呈示した。その結果，いずれの刺激に対しても，MA を統制した健常（定型発達）者群と比べて，記憶を保持できる時間が短く，記憶の減衰が顕著であることが報告された（図 5-7）。特に，知的障害群では，単語刺激よりも絵刺激のほうが記憶の減衰を生じさせにくいことが示されている。このことは，知的障害者の短期記憶容量は定型発達者よりも小さいものの，文字のような抽象的刺激よりも，具体的でイメージ化しやすい絵刺激を用いるほうが短期記憶として保持されやすい可能性が推察される。

　一方で，指定された刺激の位置を順に記憶していくような視空間的な短期記憶課題においては，MA を合わせた対照群に比べて，知的障害児は低い成績を示すとする研究と (Van der Molen et al., 2009)，対照群と同等の成績を示すとする研究があり (Henry & Winfield, 2010)，結果が必ずしも一貫していない。このような背景には，持続的注意のような学習の基盤となる注意機能の困難さ，対象者

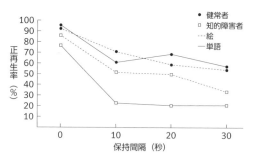

図 5-7　知的障害者における刺激の違いによる記憶保持時間 (梅谷，2004)

本人にとっての提示された刺激に対する意味づけのしやすさ，記憶方略の使用
などといったさまざまな要因がパフォーマンスのばらつきに関係していること
が推察される。

　上記のような短期記憶を長期記憶に転送するためには，リハーサルや体制化，
精緻化といった符号化が必要となる。しかし，知的障害児では，これらの記憶
方略の使用頻度が少ないことが指摘されている。たとえば堂山ら (2012) は，
知的障害児 (CA 6〜13 歳，MA 2〜6 歳) と定型発達幼児 (CA 3〜5 歳) を対象に，カー
ドの位置を記憶して再生させる**カード位置記憶課題**を実施した。その際，実験
条件として，下記の条件を設定した。

① 対象児に動物と果物の絵カードの位置を自由に配置させる。
② ①と合わせてカードの絵のカテゴリごとに仲間分けをさせて記憶の体制
　 化を促す教示を行う。
③ ①と合わせて動物と果物のカードを組み合わせて，「〇〇（動物）は，△
　 △（果物）が好き」というように，カードの関係性をイメージ化するよ
　 うな精緻化を促す教示を行う。
④ 体制化や精緻化ができないように実験者がカードを配置する。

　その結果，知的障害児でも体制化や精緻化を促す教示があることで，体制化
方略や精緻化方略を使用した人数は増加したが，定型発達幼児とは異なり，そ
れぞれの方略を使用しても課題の成績に違いがみられなかったことを報告した。
そもそも知的障害児は記憶方略についての知識はあるものの，自発的に使用す
ることが少ないことは指摘されているが (Brown, 1978)，彼らが方略を使用しな
い理由については**メタ認知**（自分自身の思考などの認知を理解したり調整したりする，より高
次の認知機能）の観点から説明がなされている。そこでは，方略についての知識
がない**媒介欠如**（mediation deficiency），方略を知っていても使用しない**産
出欠如**（production deficiency），方略を使用するもののそれが有効に機能し
ない**利用欠如**（utilization deficiency）といった 3 つの段階が想定されており，
方略使用にあたっては，その方略が自分にとって有効であるという記憶に関す
るメタ認知（メタ記憶）が必要であるとされている (三宮, 2008)。すなわち，「こ
のようなやり方をするとうまくいく」といった教示を行うだけではむしろ負荷

がかかってしまい，成績の向上には結びつきにくいことを意味している。そのため，「このようなやり方をしてうまくいった」という具体的な体験として，方略使用の有効性を子ども自身が確認できる機会を設定することで，効果的に方略を使用することにつながるかもしれない。

　さらに，マッカートニー（McCartney, 1987）は，平均 CA 16.2 歳，平均 IQ 62.2 の知的障害児に対して，人物顔の写真を提示して記銘させ，90 秒後，1 日後，1 週間後，6 か月後に再認する課題（人物顔の写真を見て，2 つの選択肢から事前に記銘した人物を選ぶ課題）を実施し，知的障害児の長期記憶に関して検討している。その結果，90 秒後，1 日後，1 週間後の再認課題では，いずれも定型発達児より成績が低く，その背景には知的障害児における短期記憶の制約があると推定された。しかし，6 か月後の再認課題成績をみると，定型発達児と同等のパフォーマンスを示したことから，人物顔を記銘するような課題における長期記憶は，知的障害があっても比較的保たれているのではないかと考えられている。

　上記で示した短期記憶や長期記憶を目的志向的活動において利用するための概念として，先述したワーキングメモリがあげられる。リフシッツら（Lifshitz et al., 2016）によれば，生理型の知的障害では視空間性ワーキングメモリは比較的保たれているものの，言語性ワーキングメモリにおいては困難さがみられることが指摘されている。一方で，病理型の知的障害のうち，ダウン症やウィリアムズ症候群では，扱う情報の種類（言語情報あるいは視空間情報）によって，生理型の知的障害よりもアンバランスさが大きくなることが報告されている。具体的には，ダウン症では，ワーキングメモリの音韻ループが関与する**数唱課題**（数を呈示された順に言う）の成績が顕著に低下するのに対して（図 5-8，数唱課題のグラフを参照），ウィリアムズ症候群では，視空間スケッチパッドが関与する**Corsi のブロック課題**（マトリクスに示された順にその場所を答える）の成績が低下する（図5-8，Corsi のブロック課題のグラフを参照）といった知見が得られている。これにより，ダウン症では，**言語性ワーキングメモリ**が，ウィリアムズ症候群では**視空間性ワーキングメモリ**が，それぞれ障害されていると想定される（Jarrold et al., 1999）。

　第 4 章でも述べたように，ウィリアムズ症候群は，視覚認知において色や形の情報伝達を行う腹側経路よりも，視空間認識に関わる情報伝達を行う背側

経路が障害されており，絵や漢字を
バランスよく書くのが難しいことで
知られている。視空間認知の困難さ
に起因した符号化のしにくさも，
ウィリアムズ症候群における視空間
性ワーキングメモリのパフォーマン
ス低下に関係している可能性が推察
される。

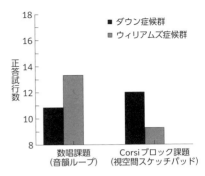

図5-8　ダウン症候群とウィリアムズ症
候群におけるワーキングメモリ
に関連した課題の成績（Jarrold
et al., 1999 をもとに改変）

　近年では，知的障害児に対して，
ワーキングメモリのトレーニングが
行われており，一定の効果がみられ
ることが報告されている（Danielsson et al., 2015）。たとえば，プリナら（Pulina et
al., 2015）は，ダウン症児（平均CA 11歳，平均MA 5～6歳）を対象に視空間性ワー
キングメモリのトレーニングを行った。対象児は専門家がトレーニングを実施
する群と保護者が家庭で実施する群に分けられた。トレーニングは1回30分
程度を週2回，全部で8回実施した。セッション全体の前後に，プレテスト，
ポストテストを実施し，さらにすべてのセッション終了後1か月後にフォロー
アップテストを実施した。その結果，いずれの群も，視空間性ワーキングメモ
リの成績向上がみられ，その効果が1か月後も維持していたことを明らかに
した。さらに，検証に実施した課題だけでなく，幾何学パズル課題（2つのピー
スを当てはまるところに配置する）や日常生活における記憶に関する質問紙調査（たと
えば「絵など細部まで詳細に覚えていることができるか？」）などの視空間ワーキングメモ
リに含まれる要素に関連した，トレーニング課題とは別の課題においても効果
が認められた。今後は，トレーニングの長期的な効果の検証や教育現場での実
装など，実用化が望まれる。一方で，知的障害児においては障害の背景や記憶
特性による個人差が大きいことから，個々の子どもの記憶特性に応じてトレー
ニングすることが効果的であると考えられている。

　このほかにも，自己調整やメタ認知の発達を促すことを目的とした自己教示
訓練による効果も報告されている。ボルコフスキーとファルンハーゲン
（Borkowski & Varnhagen, 1984）は，12人の知的障害児を対象に，絵の系列再生課

題を用いて，手続きや方略を子ども自身で言語化させる自己教示訓練を行った。その結果，課題の成績が向上するとともに，他の場面でも方略を利用することができたことを報告している。このような自己教示は，記憶方略や手続きを含め，やるべきことや実施したことを自分自身で**モニタリング**（振り返り）したことが，自己調整やメタ認知の促進につながったものと考えられる。このように，ワーキングメモリの容量が小さいことが想定される知的障害児にとっては，自己調整スキルや方略使用のメタ認知を身につけることが，ワーキングメモリの制限を補うための補償的な役割として機能すると考えられる。

2. 知的障害児の記憶特性からみた教育的支援のためのヒント

これまでの研究を概観し，教育的な支援について考えてみると，知的障害児における短期記憶やワーキングメモリは，年齢相応の子どもと比べて制約されている。教育の中では，知的障害の背景要因によって，ワーキングメモリ特性

表 5-1　ワーキングメモリの介入の原則（Gathercole & Alloway, 2008 を一部改変）

	基本原則	補足
1	ワーキングメモリエラーに気づく	ワーキングメモリエラーは，負荷が高すぎることによって，情報が流出している状態を示す。子どもの行動としては，指示を完全に覚えていない，指示通りにできない，進行状況を把握できない，課題を途中で投げ出すなどがある。この場合，負荷を減らして活動を繰り返すとよい。
2	子どもをモニターする	上に示した行動が出ていないか，観察する。
3	ワーキングメモリの負荷を評価する	長すぎる情報や，なじみがなく意味的なつながりのない内容は，ワーキングメモリの負荷が高くなりがちである。複数の作業や活動があるときは，そのつながりがわかるようにすることも必要。
4	必要ならばワーキングメモリの負荷を減じる	覚えなくてはならない情報の量を減らす，情報に意味を持たせ慣れ親しませる，心的処理を単純化し複雑な課題の構造を変えるなど，課題を修正する。
5	重要な情報を繰り返す	情報の繰り返しを行うのは，必ずしも教師でなくてよい。教師が教室全体に対して，「今やるべきことは何？」と聞いて，他のクラスメイトが回答することで，ワーキングメモリの小さい子どもが情報を繰り返し聞ける。
6	記憶補助ツールの使用を促す	記憶補助ツールとして，ポスター，単語帳，個人用辞書，ブロック，計算版，算盤，ユニットブロック，数直線，九九表，計算機，メモリカード，録音装置，コンピューターソフトウェアなどがある。
7	ワーキングメモリを支える子ども自身の方略を発達させる	具体的な方略として，リハーサルする，ノートをとる，長期記憶を利用する，進行状況を把握し課題を構造化するなどがある。また，必要に応じて支援を求めることもスキルとして必要。

が異なる可能性があることを考慮に入れつつ，学習の中で扱う情報量を調整する必要があるだろう。また，記憶の保持の観点から，子どもが意味づけしやすい刺激を使用すると記憶に残りやすい可能性がある。

　知的障害児のような短期記憶やワーキングメモリ容量に制約のある子どもには，それらを考慮した指示の出し方や環境セッティングが必要となる。こうした教育的支援にあたって，とりわけワーキングメモリの観点から注意すべきポイントについて表5-1に示した。あわせて，制約のある中でどのように工夫すればよりたくさん覚えられるかといった，メタ認知を促進させるようなはたらきかけも効果があるものと考えられる。方略使用を促す場合には，「方略の有無によって自身のパフォーマンスがどのように変化したか」について確認する機会を設けるなど，方略使用の有効性を理解させ，自分にとって方略使用がどのような意味を持つのか，知的障害児が自分自身で知ることも重要な視点であると考えられる。

第**6**章
知的障害児の学習

　心理学において，学習は，経験によって生じる持続的な行動の変化と定義される。そして2つ以上の刺激や事象の関係を学習することを**連合学習**と呼び，連合学習には古典的条件づけ，オペラント条件づけ，観察学習といった学習理論がある。短期記憶や長期記憶に障害を示す知的障害では，連合学習に問題があるともいえる。本章では，知的障害児の学習を概観し，特に読み書き等のアカデミック・スキルや望ましい行動の獲得を理解することを目的とする。

第1節　学習に関するおもな理論
　　　：古典的条件づけとオペラント条件づけ

1.　古典的条件づけ

　古典的条件づけ（classical conditioning）は，ある刺激によって特定の反応が生じるようになることを学習するため，**レスポンデント条件づけ**（respondent conditioning）ともいわれる。たとえば，古典的条件づけで有名なパブロフの犬の実験では，唾液分泌（無条件反応）を引き起こす餌（無条件刺激）と，本来，唾液分泌とは関係のないベルの音（中立刺激）を同時に繰り返し示すことで（連合学習の形成期），やがてベルの音の呈示だけでも唾液が分泌されるようになる（連合学習の成立）ことを明らかにした。連合学習の成立後は，ベルの音は唾液分泌を引き起こす**条件刺激**，ベルの音による唾液分泌は**条件反応**と呼ば

れ，その意味が変わる。さらに，条件づけ成立後，条件刺激だけを繰り返し呈示し続けると，次第に条件反応は生じなくなる（**消去**）。

　日常生活や学校場面において問題となる古典的条件づけは，恐怖条件づけである。**恐怖条件づけ**は条件刺激に恐怖反応が連合したものである。心理学者ワトソン（Watson, J. B.）は白ネズミを怖がっていない乳児に対して，白ネズミと大きな音を対呈示することで，白ネズミに対しておびえ泣き出す恐怖反応を条件づけた。生存可能性を高めるため，恐怖条件づけは条件刺激を連想させるものでも反応が生じやすく（**汎化**），また反応が消去しにくい特徴がある。たとえば，教師からの過剰な叱責やいじめ等の体験を恐怖条件づけられ，学校や教室，教師や同年代の子どもにも恐怖反応が生じ，登校が難しくなるケースもみられる。

2. オペラント条件づけ

　オペラント条件づけ（operant conditioning）は，ある行動に伴う結果の影響を受け，その行動が増えたり減ったりする学習のことである。スキナー（Skinner, B. F.）はラットのレバー押し行動に餌を与えることでレバー押しの頻度が高まることを明らかにした（図6-1）。このように行動に影響を与えるもの（餌）を**強化子**，強化子によって影響を受ける行動（レバー押し）を**オペラント行動**という。

　オペラント条件づけは，人が新しい行動を獲得したり，特定の行動を続けたりする背景をよく説明できる。たとえば，読書習慣が形成される背景には，「本を手に取る（先行事象）」→「本を読む（行動）」→「おもしろい（結果事象）」といっ

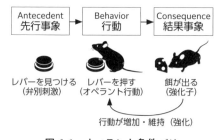

図 6-1　オペラント条件づけ

た体験によって，「本を読む」行動が再び生じ（強化），その繰り返しで読書活動が維持されていると考えられる。

3. 行動分析学：オペラント条件づけを用いた行動の理解

　オペラント条件づけの理論に基づいて人の行動と環境の関係を理解する考え方を**行動分析学**（Behavior Analysis）という。行動分析学では，先行事象→行動→結果事象の関係性を**三項随伴性**といい，注目している行動が生じる前後の文脈を踏まえて，行動が生じる理由を理解する。その際，報酬や賞賛，承認のようなポジティブな強化子と，罰のように不快や痛み等を伴うネガティブな強化子がある。強化子を与えたり取り除いたりと操作することによって生じる行動の変化を表 6-1 にまとめた。行動分析学では，強化子を与えることを「正の」，取り除くことを「負の」と表現し，強化子の操作によって行動が増加・維持することを**強化**，減少することを**弱化**と表現する。

　表 6-1 のように，多くの教育活動はオペラント条件づけと関連している。たとえば，現在（2023 年），学習指導要領では子どもの学びにおける「主体性」や「対話的態度」の育成が掲げられている。教室において子どもの主体的な行動，対話的態度を増やすためには，それらの行動に随伴させる形で教師が子どもにポジティブな強化子をフィードバックしなければならない。

　ここで読者に考えてほしい問題がある。子どもの望ましくない行動を減らすとき，しばしば体罰問題が起きる。体罰を用いた正の弱化は，直ちに子どもの望ましくない行動を減少させる効果があるが，子どもの人権を侵害し，心身に危害を与えるため，決して許されるものではない。それでも，体罰が跡を絶た

表 6-1　4種類の三項随伴性

強化子の操作例	先行事象（A）	行動（B）	結果事象（C）	生じる行動の変化
①報酬を与える	授業中	意見を発表する	発表の賞賛	行動の増加 ↗ （正の強化）
②報酬を取り除く	授業中	私語をする	休憩時間の短縮	行動の減少 ↘ （負の弱化）
③罰を与える	授業中	私語をする	宿題の追加	行動の減少 ↘ （正の弱化）
④罰を取り除く	授業中	作業を終える	宿題の減少	行動の増加 ↗ （負の強化）

ないのはなぜだろうか。行動分析学の観点でいえば，体罰を行った結果，教師の思い通りになったり（正の強化），子どもの望ましくない行動が中断・減少して教師の不快感が減ったり（負の強化）することで，教師自身に体罰を行うことが強化される**随伴性**が生じているからである。そして，体罰を行うことを強化された教師は，より多く，より強い体罰へとエスカレートしていく。

　しかし，体罰が与えられなくなると，その望ましくない行動が再び生じてしまうことが多く，正の弱化の効果は一時的で本質的な解決には至らない。むしろ体罰により心身両面の健康を損なうため，悪影響のほうが大きい。日本行動分析学会が体罰に関する問題点を明らかにし，反対声明を出しているのでぜひ参照してほしい（日本行動分析学会ホームページ https://j-aba.jp/）。

第 2 節　知的障害児の読み書き

　本節では定型的な読み書き発達を紹介しながら，知的障害における読み書きについて概観する。なお，知的障害がないにもかかわらず読み書きに困難を示す**学習障害**（Learning Disabilities: **LD**）については，第 10 章で紹介する。

1.　定型発達における読み書きの発達過程

　定型発達児は就学前より，ひらがなの読み書きを習得し始める。村石と天野（1972）の調査によれば，読字では清音・濁音・半濁音・撥音の 71 文字中 60 文字以上読むことができる幼児は年中児で 36.3 %，年長児で 63.9 % に上り，1 字も読めない幼児は年長児で 1.1 % と非常に少なかった。一方，書字は読字よりも遅れて発達し，71 文字中 60 文字以上で形態・筆順ともに正しく書くことのできる幼児は年中児で 0.4 %，年長児で 3.6 % しかいなかった。

　しかし，現在では幼児期に絵本やテレビなどで文字に触れる機会が増えたことから，ひらがなの習得度は向上している。たとえば，近年の調査（太田ら，2018）では，年長児で 71 文字における平均読字数は 64.9 文字，平均書字数は43.0 文字と報告されており，村石と天野（1972）の調査結果（平均読字数：53.0 文字，平均書字数26.0 文字）を上回っていた。したがって現在では，多くの子どもが就

学前に大部分のかな文字を習得できていると考えられる。

　日本語の読み書き習得に必要な認知機能については，多くの先行研究から明らかになっている（東俣, 2019）。音と文字が対応するひらがな・カタカナの場合，読みの習得には下記の 4 つの認知機能の発達が必要となる。

① **音韻意識**：単語を構成する音韻を正確に弁別する力（りんごという音声を/ri//n//go/ の 3 つの音からなるとわかる）

② **音韻操作**：しりとりなど，単語を構成する音韻を抽出・操作する力

③ **視覚認知**：図形や文字の違いを弁別する力

④ **符号化・自動化**：図形が意味する名称や文字が持つ音を流暢に音声化する力

　特に天野（1999）は，ひらがなの読み習得に音韻意識の発達が必須条件としている。さらに，ひらがな・カタカナの書きの習得では，⑤**手指の巧緻性**が必要となる（河野, 2014）。

2．知的障害児の読みスキル

　6 〜 12 歳までの知的障害児の場合，ひらがなの清音・濁音・半濁音・撥音の 71 文字について，ほとんど読むことができる子どもは全体の 10 〜 20％しかいなかったと報告されている（天野, 1977）。しかし，実際には読みスキルは知的障害児の知的発達水準や認知特性，文字に親しむ環境，文字に関する教育経験の有無，家庭等での読書活動など，さまざまな要因から影響を受ける。

　知的発達水準との関連では，歌代と橋本（2015）が定型発達児とダウン症を中心とする知的障害児（生活年齢［CA］6 歳 5 か月〜 16 歳 9 か月，IQ 13 〜 68）を対象に，ひらがなの 1 文字音読や音声に対応するひらがな 1 文字を選択する課題を実施している。その結果，精神年齢（MA）3 歳段階の知的障害児において正答率 85％以上を示す子どもが 40 〜 60％，MA 4 歳段階で 80 〜 100％，MA 6 歳段階で 100％になることを明らかにしている（図 6-2）。このように，MA が高い知的障害児では，ひらがなを安定して正確に読むことができる傾向があると考えられる。

　また，図 6-2 に示すとおり，知的障害児では，1 文字の音読や選択ができる

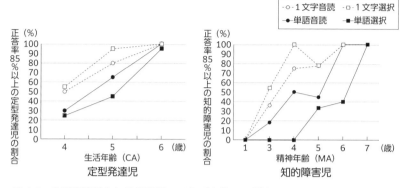

図6-2　定型発達児と知的障害児のひらがな読みの発達（歌代・橋本, 2015 をもとに作成）

ようになっても，単語レベルでの音読や文字列の選択は誤る子どもが多い。単語レベルでの誤りの背景には，音韻意識の弱さ，選択肢を注視しない不注意の強さ，細かい表記の違いへの気づきにくさなどの理由があげられる。さらに，音韻意識の中でも，韻を踏む音の理解や拗音のように**音韻の混成**（「に」と「や」を混ぜて「にゃ」と発音するなど）に関わる発達が定型発達児と比較して 2 年程度遅れる傾向があり（Sermier Dessemontet et al., 2017），このことが特殊音節における読み獲得への困難さと関連することが考えられる。

3. 知的障害児の書きスキル

　文字・書き言葉の獲得段階を次の 4 段階に分類し，知的障害児における獲得段階を調査した研究がある（渡辺, 2010）。

① 書字技能習得前段階：筆記具を持ち，なぐり書きしたり，文字をなぞり書きしたりできる。
② 自筆で文字が書ける段階：視写や自筆で名前や単語，文を書くことができる。
③ 書き言葉文を自筆で作成できる段階：主部や述部を含む 20 ～ 150 字程度の文章を書くことができる。
④ 自己イメージの書き言葉表記段階：表現したいイメージを 100 ～ 400 字程度の文章で統語的・論理的に正しく書くことができる。

グッドイナフ人物画知能検査（DAM）から推定された精神年齢（月齢換算）と書き言葉の獲得段階を図 6-3 に示す。

　図 6-3 をみると，MA 4 歳（48 か月）前後からなぞり書きができる段階に到達し，MA 4 歳 6 か月（54 か月）前後から単語や自分の名前を視写できる段階に到達することがわかる（※1）。さらに MA 5 歳（60 か月）前後から「〜しました」という述部のある書き言葉の短文作成が，MA 6 歳（72 か月）前後から自分に関するテーマについて，自己イメージに沿った文章作成ができるようになるといえる（※2）。しかし，ASD を伴う場合には，たとえ MA が高かったとしても第 3 段階にとどまる子どももおり，自分に関するテーマで文章表現することに困難さを示す事例がある点に注意する必要があるだろう。

　書字速度に注目した研究では，特別支援学校高等部に在籍する IQ 50 〜 70 程度の知的障害児を対象に，小学校 3 年生および 6 年生用の漢字かな交じり文を用いて**視写**を求めたところ，3 年生用で平均 28.63 文字 / 分，6 年生用で平均 23.81 文字 / 分であった（江田ら，2012）。これらを定型発達児のデータと比べてみると（河野ら，2008），おおむね小学校 4 年生程度の書字速度であることが推定される。また，視写課題における誤りが少ない知的障害児ほど書字速度が遅いことが指摘されている。複写の正確性を優先する知的障害児は文を見てその意味を記憶しノートに再生するというよりは，1 文字ずつ文字の形態を転写する傾向があると考えられる。

　一方，**なぞり書き**に関しては，ダウン症児を対象とした研究において，書字速度をコントロールできずに書き急いでしまい，モデルとなる線を正確にトレースできない事例が報告されている（勝二ら，2018）。また，CA が高い事例では，書字速度を抑制してなぞり書きができる者がみられたことから，さまざまな学習経験の積み重ねが運筆コントロールに寄与していることが推察される。したがって，知的障害児の書きスキルの評価にあたっては，知能検査や発達検査などによる知的発達の側面のみに注目するのではなく，それまでの学校や家庭での運筆経験やそれに伴う手指巧緻性の向上，実施する課題の特徴などから総合的に判断していくことが重要であると考えられる。

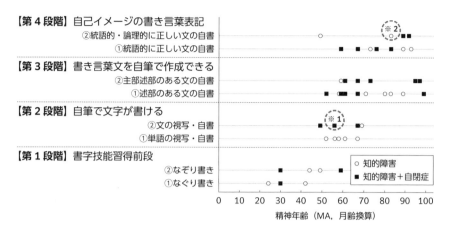

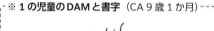

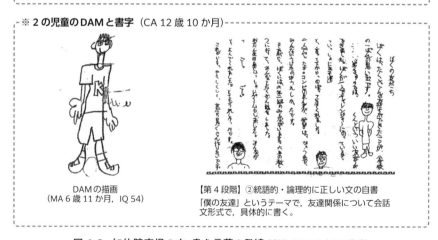

※1の児童のDAMと書字（CA 9歳1か月）

DAMの描画
（MA 4歳8か月, IQ 51）

【第2段階】②文の複写・自書
担任が児童の発言をもとに，マス目の横にお手本を
書き，複写する。

※2の児童のDAMと書字（CA 12歳10か月）

DAMの描画
（MA 6歳11か月, IQ 54）

【第4段階】②統語的・論理的に正しい文の自書
「僕の友達」というテーマで，友達関係について会話
文形式で，具体的に書く。

図6-3　知的障害児の文・書き言葉の発達（渡辺，2010 をもとに作成）

4. 知的障害児における読み書きの指導

　一般的には，話すことや聞くことと比較すると，読むことや書くことは知的障害児にとって難しさがある。しかし，上述してきたとおり，知的障害児は個々の知的水準や発達段階，認知機能の特徴等が異なっており，それらを踏まえた指導をすることで，全員ではないものの，文字の読み書きを獲得することができるのも事実であろう。

(1) 知的障害児の読み書きと音韻意識

　読み書きを獲得している知的障害児の知的水準や認知機能との関係について，次のことが指摘されている (河野・嶋, 2015)。

① 読み書きの獲得には MA 4 ～ 6 歳程度の発達が必要とされるが，IQ による知的水準で読み書きの獲得を予測することは難しいこと (たとえば，中度知的障害児の読み書きが，軽度知的障害児よりも発達しているケースもある)。

② 読み書きスキルに差がある知的障害児を比較すると，音韻意識の発達にも差がみられること。

　このことから，天野 (1999) が指摘するように，読み書きの獲得には知的水準以上に**音韻意識の発達**が影響すると考えられる。したがって，ひらがなの読み書き指導を行う前には，子どもの音韻意識や音韻操作に関わる評価とそれに基づく指導が必要である (大城・笠原, 2005)。

　音韻意識や音韻操作を行う活動の代表例は**言葉遊び**である。たとえば，単語を音節ごとに分解して，手を叩いてリズムをとる，音節数分の積み木を並べる，任意の音韻から始まる単語を想起する (**言葉集め**)，単語の語尾音の音韻を弁別し，記憶し，その音韻から始まる単語を想起する (**しりとり**)，任意の音韻を探し削除する (**タ抜き言葉**) などがある。このように音韻意識の発達を促す目的で，言葉集め，しりとり，音の抽出などの指導を読み書き指導と合わせて行うことで，読み書きの習得が促されることが報告されている (岡村・半田, 2021)。特殊音節の指導においても，音のイメージを**視覚化** (促音は小さな丸で示すなど) したり，**動作化** (発声の際に促音部では両手を握る動作をするなど) したりすると効

果的であるとの報告がある（大城，2012）。

（2）読み書きの行動分析学的アプローチ：刺激等価性と見本合わせ課題

　単語の場合，言葉が示す事物・概念，音声，文字のそれぞれの刺激間に等価関係があり，これを**刺激等価性**という。単語の持つ刺激等価性を図 6-4 に示す（山本，2009）。まず音声言語として，「事物・概念－音声」の二者関係の学習があり，「りんご」の実物や絵を見て「ri n go」と呼称したり，「ri n go」という音声を聞いて「りんご」のイメージを想起したりできるようになる。続いて，文字を獲得する場合には，この二者関係に音や事物・概念から「りんご」という書記素（文字の視覚的形態）の想起や，反対に「りんご」という書記素から音や事物・概念を想起することが加わる。このように，ある単語の等価関係が成立することが学習の成立といえる。

　ひらがなの読み書きは 1 文字 1 音の指導と並行して，行動分析学的アプローチに基づいた**見本合わせ課題**（Matching to Sample Procedure）が行われることが多い（丹治・野呂，2012; 平田・米山，2010; 片岡・鶴巻，1992）。見本合わせ課題とは，見本刺激が呈示されたあとに，複数の選択肢から見本刺激に合う正反応を求める課題である。たとえば，見本として「りんご」の絵を呈示し，知的障害児が「ri n go」と発声したのち，「りんご」「みかん」と書かれた単語文字カードのどちらかを選択させるといったものである。そして正反応が生じた際に即

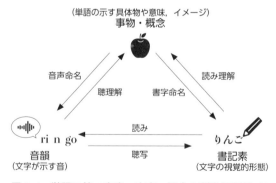

図 6-4　単語の持つ音声・文字・概念の刺激等価性（山本，2009 をもとに作成）

座に賞賛等の強化子を与えることで，正反応の出現率を高める。

　見本合わせ課題を文字学習に活用する利点の 1 つに，単語の持つ刺激等価性による関係性の発達があげられる。たとえば，知的障害児に対して，ある単語を示す絵カードを呈示し，それに対応するひらがなや漢字で書かれた単語カードを指差しするマッチング課題を指導すると，指導していない音声から単語カードをマッチングする課題成績もあわせて上昇する（菊地，1985）。同様に，音声から単語カードのマッチング課題を練習すると，練習していない絵カードから単語カードをマッチングする課題成績も上昇する。さらに，直接的に単語の読み上げ指導をしていなくても，見本合わせ課題を行ったあとには単語カードの読み上げ成績が上昇する。このように見本合わせ課題は単に指導している刺激間の関係性だけでなく，単語の刺激等価性の理解が進みやすくなること（**学習の転移**）が知られている。

　また，見本合わせ課題はその実施法に多くのバリエーションがあるため（中島，1995），近年ではさまざまな見本合わせ課題による効果が報告されている。たとえば，音声と文字を同時に呈示し，その直後に絵を呈示するといったように，各刺激を時間的・空間的に近接させて呈示する**刺激ペアリング**の手続き（Omori & Yamamoto, 2013; 野田・豊永, 2017），刺激等価性の枠組みを利用した学習アプリ（丹治ら，2020）による指導が，知的障害児のひらがなや漢字の読みスキルの獲得に効果的であったことが報告されている。

（3）合併する疾患・発達障害に由来する認知特性

　知的障害という診断は，知的水準と生活上の適応水準の困難を表す状態像を示すものであり，何らかの原因疾患を示しているわけではない。たとえば，ダウン症や ASD といった疾患がある知的障害児は，そうでない知的障害児とは異なる特徴を示す。特に，読み書きに関連して特徴的な認知特性を示す疾患として**ウィリアムズ症候群**（Williams syndrome）があげられる。ウィリアムズ症候群は 7 番染色体の長腕部にある 7q11.23 の欠損による疾患で，軽度から中度の知的障害を示す。ウィリアムズ症候群は多弁で過剰な社会性，感覚過敏といった特徴に加え，言語表出に優れる一方，視空間認知能力が低い認知特性が共通してみられる（Bellugi et al., 2000）。細部の構成要素は理解できるが全体

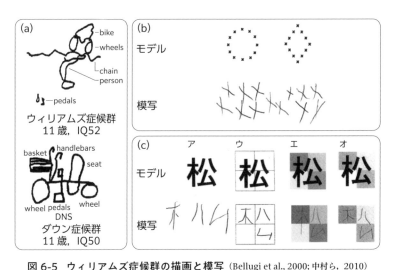

図 6-5 ウィリアムズ症候群の描画と模写 (Bellugi et al., 2000; 中村ら，2010)

(c) エのマス目ノートは，左上：赤，右上：水色，左下：黄，右下：青で彩色している。オのマス目ノートは，エの彩色をグレースケールに変換している。

像としてのまとまりを捉えることが難しく，描画や書字をする際に影響を及ぼす（第4章を参照）。たとえば，自転車や図形を模写した際には個々の要素は書けるものの，全体的な空間配置に問題が生じる（図 6-5a, b）。このような特徴は漢字の視写にも表れ，「松」の文字が「木」「八」「ム」と横並びになってしまう（図 6-5c）。しかし，マス目ノートを彩色し，構成要素をどこに配置しているかが理解しやすい工夫をすると漢字の配置が改善する（図 6-5c のエ）。このように，指導対象となる知的障害児の個々人の認知特性を踏まえながら，その子どもに合った方法や教材を用いることが重要である。

第 3 節　知的障害児の数認識

1. 定型発達における数概念の発達

　数概念の発達は，数の呼称や物の計数，数量の理解などの観点から理解されてきた。通常，3歳で5までの計数や多少判断が可能になり，4歳になると10までの計数や多少判断，5〜6歳で10以上の計数や多少判断ができるよう

になる（堀田ら，2014）。数量の理解では，新版Ｋ式発達検査2001の標準化資料によると，75％の子どもが大小比較に合格する年齢は2歳8か月，長短比較は3歳1か月，軽重比較は4歳3か月となっており，重さという目に見えない抽象概念の理解は発達的に遅れることがわかっている（中瀬ら，2001）。以下に，定型発達の数概念の発達について概要を示す（堀田ら，2014）。

(1) 計数の発達

　計数を行うためには，1つの物に1つの数詞を対応づけることができる必要がある。2歳児のおよそ8割が，物と数詞の1対1に割り当てることができる。また，2歳児は「1, 2, 3……3個」のように最後の数がその集合の数量を表す**基数性**の理解を示し始める。3歳頃は指で1つずつ計数し，やがて全体を一見して数量を把握する**サビタイジング**（数えなくても瞬間的に個数がわかること）を行い始める。さらに，3歳児の約6割が，4個の積み木の中から「2個とって」などの指示を理解する。

(2) 数唱の発達

　数の呼称は1から始まるが，はじめは機械的に数詞の順を覚えている段階であり，数詞の大小関係までは理解していない。また系列的に記憶するため，1から順に5までを呼称できても，「4の次はなに？」といった質問に答えられない。呼称の系列的段階は3〜4歳頃まで続き，5以下，10以下，20以下と段階的に呼称できる数詞が増える。5歳頃から「4, 5, 6……」のように途中から呼称ができるようになり，呼称を分割的に行うことができる。この時期から物の合計数を求める際に，1から順に数えて合計を求めるのではなく，2つのまとまりを加算するようにして答えを求めることができるようになる。

(3) 保存の概念の発達

　ピアジェ（Piaget, J.）は子どもの認知発達段階を**感覚運動期**（0〜2歳），**前操作期**（2〜7歳），**具体的操作期**（7〜11歳），**形式的操作期**（11歳以上）の4段階に分類した。ピアジェは，背の低いコップから背の高いコップに水を移し替えたとき，水の見た目は変化しても水の量は変化しない（保存される）という**保存の概**

念について実験を行った。その結果，前操作期段階の子どもでは思考が視覚的印象に左右され，数量が変化していないことを理解するのが難しいことを示した。具体的操作期段階に入ると，8歳頃には粘土や水の量・数・長さについて，9歳頃には面積や重さについて保存の概念が獲得できるようになり，さまざまな物の操作でも元に戻せば同じになるという**可逆性**の理解が進んでいく（天岩，1973）。近年では，ピアジェの保存の概念の実験課題は，教示の言い回しや教育歴の影響があることも指摘されており（Artman & Cahan, 1993; Markman, 1979），子どもの置かれている状況により保存の概念の獲得時期は前後すると考えられている。

2. 数や計算に必要な能力とその障害

熊谷は算数障害に関する研究を通じ，数の理解や算数における困難が生じるカテゴリを以下の4つに分類している（図6-6）（熊谷・山本，2018）。

(1) 数処理

文字の読み書きと同様に，数にも刺激等価性があるため，具体物の**数量**，音声言語としての**数詞**，視覚的シンボルである**数字**の三者の対応関係の理解が必

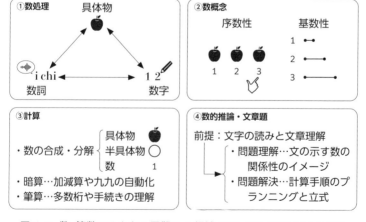

図 6-6　数・算数にみられる困難の 4 領域（熊谷・山本，2018 をもとに作成）

要となる（図 6-6 ①）。したがって，知的障害児における数処理の獲得を促すために，しばしば**見本合わせ課題**が用いられる。たとえば，数詞と事物の関係性の学習では数詞に対応したおはじきの個数の選択，数詞と数字の関係性の学習では数詞に対応する数字の選択を行う。

見本合わせ課題を用いた岡本ら（1997）の研究によると，定型発達児では，数詞から事物，数詞から数字の関係性において，2 〜 3 までの数であれば 4 歳後半から 80％以上の子どもが獲得でき，6 〜 9 までの大きな数では 5 歳前半から 5 歳後半にかけて獲得できることが知られている。一方，MA 3 〜 4 歳（IQ 29 〜 55）の知的障害児では，3 歳後半の定型発達児と比較して，2 〜 3 までの数は高い正答を示したものの，6 〜 9 の数になると逆に正答数は低くなり，数処理の等価性の発達がアンバランスであることが示された。さらに 6 〜 9 の数において，数詞から数字の学習が成立するにもかかわらず，数詞から事物の学習が成立しにくいことから，知的障害児は数詞を事物に対応づける操作が難しく，計数の困難が生じやすいことが示唆される。

（2）数概念

数概念には，系列の順序を表す**序数性**（たとえば，前から○番目は誰？　など）と数量を表す**基数性**（たとえば，全部でいくつ？　など）の 2 つの性質がある（図 6-6 ②）。犬などの具体物やドットなどの半具体物等を 1 つずつ数えること（計数）ができる**分離量**は序数性の性質を示している。たとえ「1，2，3……」と数唱ができたとしても，計数が可能とは限らない。序数性に問題がある場合，数詞や数字の系列順序の学習や物を数える計数などの活動が難しくなる。一方，基数性は**連続量**としての**数の感覚**（Number of Sense）の理解と関係する。基数性に問題がある場合，長さ，大きさ，面積，容積などを示す 2 つの数の相対的な関係の理解が難しくなる。

知的障害児の序数性と基数性の発達については，ピアジェの保存の概念から検討されてきた。保存の概念を検討する課題として，2 つのグループの物の数が等しいかを質問したのち，片方の物を操作し，見え方を変えて再度質問する課題などが代表的である。おはじきなどを用いれば分離量の課題，テープの長さ，砂や水を用いれば連続量の課題となる。保存の概念課題を通じて，数概念

の発達は，①具体物の系列化（花と花瓶といったように具体物をそれぞれ1つずつ対応させて並べること）→②系列化と数詞の対応づけ（並べたものを1つずつ数えること）→③序数の認知（右から○番目，○個目など順序がわかること）→④系列化の結果を基数に転換（数えた最後の数字が全部の数量を表すこと）という過程を経ることが示されてきた。知的障害児でも定型発達児と同様の発達段階をたどるが，知的障害児においては数詞と事物の対応，数詞による集合の理解，異なる形や種類の具体物をまとめて計数するような数の抽象化といった点に困難を伴うことが知られている（寺田，1967，1969）。

（3）計算

　計算の発達は，動物などの具体物で計算する段階，ドットなどの半具体物で計算する段階，数字を用いた抽象概念で計算する段階がある（図6-6③）。さらに，繰り下がりや繰り上がりのない10までの小さな数の計算では，数の**合成**（たとえば，2と3を合わせると5になる）や**分解**（たとえば，5は2と3に分かれる）を繰り返すうちに，足し算や引き算などにより生じる結果を数的事実として記憶し，それを活用することで暗算ができるようになる。大きな数の計算では，繰り上がり繰り下がりの手続きや筆算の計算手順の記憶，多数桁の数字の空間的な配置と位取りなど，数処理能力以外の能力が必要となる。たとえば，繰り上がりの計算では，繰り上がった数字を一時的に保持しながら計算することが求められるため，**ワーキングメモリ**の能力が必要となる。また，筆算の際には，計算の手順に沿って正確に行う必要があるため**継次処理能力**が求められる。

　計算が苦手な知的障害児の中には，指を用いて計算する様子がみられる。しかし，指計算では10を超える数や複数の計算は難しくなる。その場合，おはじきなどの具体物や○などの記号といった半具体物の操作を通して計算することで，知的障害児であっても計算の過程を視覚的かつ運動的に理解しやすくなり，計算ができるようになることがある。たとえば，「8 + 5」のような計算では，いわゆる**さくらんぼ計算**のように，「(8 + 2) + 3」として10のまとまりをつくる過程を具体物操作でイメージさせることで，数感覚の発達を促すことが可能となる。また，20以上の大きな数の計算においては，電卓などの計算機の使用法を学習することで加減計算ができるようになる知的障害児もいる。

ただし，計算機を用いて計算ができたとしても，たとえば「298 と 310，どちらが大きい？」といった質問に正しく答えることができないなど，数量概念の理解と計算機を用いた計算スキルとの間で乖離（かいり）が生じてしまう場合がある。確かに，買い物などの日常生活スキルとして「計算ができる」ということは重要ではあるが，そのことにだけに終始せず，数量感覚を伴った計数スキルを習得できるよう支援していくことが大切である。

（4）文章題

　文章題では，文章を読解し，数の関係性を理解するといった**数的推論**が要求される（図 6-6 ④）。数的推論では，言語から視覚的イメージに変換する**統合過程**と，立式する**プランニング過程**が重要となる（熊谷・山本，2018）。たとえば，文章題の中では「あげました」と「もらいました」の違いを理解できることが立式するうえで重要となる。佐藤（2002）は，知的障害児を対象として，①「あげました／もらいました」の文章と具体物の増減関係の選択判断（統合過程の指導），②演算記号の選択と立式（プランニング過程の指導）といったように，段階的に指導することで，数的推論の発達を促すことに成功している。

　一方で，知的障害児では，文章題における数的推論の前提となる文字の読みや文章の理解に問題があることも多い。文章の持つ問題構造を理解し，数の関係性を図式化する方法を明示的に指導することを Schema Based Instruction （SBI）というが（Jitendra, 2008），問題文で読んだことを図や絵で表現させ，その図をもとに立式を導くことも文章題の指導では有効である。

3．知的障害児の数概念

　通常，言語獲得以前の発達段階で，数の呼称，計数，サビタイジング，物の多少関係，大小関係，数量の増減等を認知できることから，就学前に数量に関する知識を獲得すると考えられている。就学前に自然と獲得される数量に関する知識や概念は，Early Numeracy （Saunders et al., 2017），**インフォーマル算数**（丸山・無藤，1997）などと呼ばれ，遊びなどの生活上経験した数量体験に依拠して発達すると考えられている。インフォーマル算数の獲得の有無は，就学後の計算や物の分配，買い物などの社会的な適応行動に影響する。

このような数に関する初期の発達段階は，知的障害児のMAと高い相関を示す（Cheong et al., 2017）。たとえば2つの量を比較する場合，MA3歳の知的障害児は正答率70％程度だが，MA5歳になると正答率は90％程度となる（安達, 2001）。このように数概念はMAの発達に伴い成熟し，MA6歳になると2つの量の比較だけでなく，複数の量に対して順番に並べること（系列化），そしてその中から同じ量の物を見つけ出すこと（同等性）の認識が一定程度できるようになる。さらに物を均等に配分する能力に関して，MA3歳以下の知的障害児では，たとえ小さな数であっても均等配分が難しいが，MA5歳以上にまで発達すると，ほとんどの数を均等配分することができるようになる（山口, 2011, 2012）。なお，計数および多少判断の概念が未発達であると，均等配分は難しくなることも指摘されている。

　知的障害は，知的水準や社会経験の制約からインフォーマル算数の獲得が遅れるため，知的障害児のための算数教育では系統的に数に関する発達を促す必要性がある（植村, 1991, 2007）。一方，インフォーマル算数の段階の困難を示しながらも，その先の発達段階にある簡単な計算を理解している知的障害児もおり，数の発達段階に関して子どもの能力のアンバランスさを評価したうえで指導にあたることが重要である。とりわけ，知的障害児においては，教室で学習したスキルを日常生活に般化することが難しいため，学習した数に関する内容を日常生活場面でも用いる機会を設けるなど，本人の興味のある活動と関連づけながら般化を促していくことも必要である。

4. 知的障害児における数の指導

　知的障害児に数の指導を行ううえで，最初の課題は計算の前段階である数詞や数概念の指導である（宮城, 2015）。数詞の指導では，まず音声言語としての数詞を1から順序よく呼称できるように，**数唱**の発達を促す。教師の数唱を模倣しながら5まで，10まで，20まで，50まで……とスモールステップに段階を踏みながら指導し，一人で数唱ができるように支援していく。数唱がある程度可能になれば，次は**計数**の指導を行う。計数の指導では，りんごや鉛筆など知的障害児にとって身近な具体物を用いて分離量を1つずつ数えるようにする。計数の指導は，具体物を指で触れたり操作したりしながら数える段階，

具体物に触れずに数える段階，指を使わずに数える段階と子どもの知的水準や認知特性に合わせた難易度の指導法を選ぶ必要がある。

　次に，計数を伴う数量の指導では，1個，2個，3個……と量の違いを視覚的に比較できるように，おはじきなどを製氷皿のような容器に1つ，2つ……と入れていきながら数量を確認して数える指導を行う。そして，2つの量を比較させて「同じ」か「違う」かについて判別させる「異同」概念の形成を促していき，さらに「大小」や「多少」の判別へと発展させていく。また，これと合わせて，量を実感として理解できているかを確認することも重要である。10までの数であれば，量感がわかるように，ボールなどの適度な大きさのものを利用すると量の違いが理解しやすい。

　計算の指導は，具体物からドットなどの半具体物，そして抽象的な数字を扱うにつれて難しくなっていくため，最初は簡単な具体物から行っていく。さらに，合成や分解の指導を繰り返しながら，やがて 2 + 3 が 5 になるなどの数的事実を学習し，定着することを目指していく。合成と分解の指導では，具体物を用いて2つの数を組み合わせて5までの数が確実にできるように指導し，その次に10までの数……と段階的に難易度を上げていく。

　知的障害児は，ワーキングメモリや注意の問題，言語理解の問題，数に関する知識の発達の遅れ，計算等の算数スキルの定着のしにくさなどの制約により，数の学習に多くの支援を必要とする (Berch & Mazzocco, 2007)。しかし，数に関する知識や算数スキルは，知的障害児・者における**生活の質**（Quality of Life: QOL）に影響を与えるため，知的障害児にとっても学ぶ大切さは変わらない。たとえば，30代の知的障害のあるダウン症者の雇用場面や生活場面における数的活動を調査した研究では，職場で四則演算や物の計測，日常生活で買い物や1か月の予算立て，また健康管理のための体重測定など，数に関する知識や算数スキルが雇用・生活場面で活用されており，彼らのQOLを維持するために必要であることが報告されている (Faragher & Brown, 2005)。したがって，知的障害児・者のQOLを保障するためにも，幼児期・学童期から基礎的な数に関する知識や算数スキルの学習機会を提供していくことが求められる。

第4節　知的障害児の問題行動への対応

1. 問題行動とは

　知的障害や発達障害のある子どもには，行動上の問題がみられる場合がある。「積み木遊びをしているところに他児が加わると叩く（他害）」は明らかな問題行動であり，対応が急がれる。一方，「積み木遊びに没頭して，ドッジボールに参加しない」といった行動は問題行動だろうか。後者の例は，休み時間であれば何も問題ではないし，授業としてのドッジボールに参加しないということであれば望ましくないかもしれない。教育現場では，「問題行動」という用語が安易に使われるケースが散見される。しかし，状況を分析すれば問題というよりも，教師がしてほしい行動をしていない状況や教師がしてほしくない行動（望ましくない行動）を「問題行動」として扱っている場合がある。「誰にとっての問題なのか」「なぜ子どもは教師にとって気になる行動をするのか」という視点から知的障害児の行動を分析することを忘れてはならない。

　問題行動は，①知的障害児自身の身体・健康に著しい危険をもたらす，②他者の身体・健康に著しい危険をもたらす，③家庭・学校・社会のいずれの場面でも有意義と考えられる学習，労働，レジャーへの参加を著しく妨げる，といった行動のいずれかに当てはまるものを指すことが多い。具体的には，自傷，他害，激しいこだわり，不眠，異食，危険のある多動・疾走，非常に大きな奇声，弄便（便いじり），強いパニック，破壊的な行動などがある。幼少期には，周囲の人や環境への対応が未学習のため問題行動が生じる場合が多い。未学習のまま青年期に進むと，どうにか自分の不安や要求を伝えようと特異な行動や激しい行動を誤学習する場合もある。

　これらの問題行動が通常考えられない頻度と形式で出現し，その養育環境では著しく対応が困難な場合を**強度行動障害**というが，その多くは周囲の人の行動や環境に対して適応できずに，激しい不安・興奮・混乱が生じ，その結果として人や場に対する嫌悪感や不信感が高まることで起きる。したがって，自分の感情や意図を適切に表出できず「本人が困っている」サインとして問題行動を理解することが重要である（国立重度知的障害者総合施設のぞみの園，2014）。また，

青年期以降の強度行動障害を予防するためにも，知的障害児にわかりやすい方法を用いて，問題行動の代わりとなる適切な行動を学習するよう支援することが求められている。

2. 問題行動の行動分析学的アプローチ：応用行動分析による ABC 分析と機能的アセスメント

　本章1節や2節で紹介したスキナーの行動分析学は，現実問題の解決を目的とした応用行動分析（Applied Behavior Analysis: ABC）として発展した。

　ABA は知的障害，発達障害，特に自閉スペクトラム症への療育で効果が実証されている。本節では ABA を用いた問題行動の対応を紹介する。

　問題行動や望ましくない行動が繰り返し生じる場合，ABA では行動が維持・増加するよう強化子が出現していると考える。そこで三項随伴性の観点から，問題行動の前後にどのような先行事象と結果事象が生じているのかを分析する。先行事象（Antecedent），行動（Behavior），結果事象（Consequence）の頭文字をとって ABC 分析と表現される。前述の「積み木遊びをしているところに他児が加わると叩く」場面において，先行事象は「遊びに他児が参加する」，行動は「他児を叩く」，結果事象は「遊びから他児が離れる」と整理することができる。結果事象について，叩いた本人にとっては積み木遊びを自分の思い通りにできるという正の強化子になっているため，他害の問題行動が維持されると考えられる。ABC 分析をすると，他害を繰り返す知的障害児に「叩いてはいけません」と繰り返し言うだけでは他害が減少しないことは明らかである。そのため，教師は ABC 分析の結果を踏まえ，先行事象への介入や，問題行動の代わりとなる望ましい行動や代替行動の学習を計画する必要がある。

　知的障害児に教える望ましい行動や代替行動を設定するうえで欠かせないものが機能的アセスメントである。**機能的アセスメント**とは，問題行動の果たしている機能・意味を分析することである。望ましい行動，代替行動が問題行動と同じ機能を持たなければ，問題行動を起こす子ども本人にとって強化子が得られにくく，学習しにくいからである。機能的アセスメントでは，**問題行動の機能評定尺度**（Motivation Assessment Scale: MAS）（Durand, 2002）を用いることが多い（塩見・戸ヶ崎, 2012）。MAS を使うと問題行動の機能を，①感覚要求・

表6-2 ABC分析と機能的アセスメントの例

先行事象（A）	行動（B）	結果事象（C）	行動の果たしている機能
苦手な算数をする	つば吐き	つばの処理のために課題の中断	逃避要求
他者との交流がない	つば吐き	教師が近づき声をかける	注目要求
お店のお菓子コーナーに行く	つば吐き	つば吐きを止めるためお菓子を買う	物の要求
すべき活動やはたらきかけがない状況	つばを吐いて触る	触覚刺激を得る	感覚要求・自己刺激

自己刺激，②嫌悪事態からの逃避要求，③注目要求，④物・活動の要求の4つの観点から評価することができる。ABC分析と機能的アセスメントの分析例を示す（表6-2）。

　表面的には同じ問題行動でも，MASを使って評価すれば，先行事象や結果事象によって問題行動の果たしている機能が異なることを整理できる。たとえば，平澤と藤原（1995）は，ある知的障害児の"つば吐き行為"を評価したところ，算数という苦手な活動が"つば吐き行為"によって中断されることから，この行為を「逃避要求」と分析した。そして，算数の難しい問題に出会ったとき，援助を要求することができれば"つば吐き行為"が減ると考え，「教えてカード」を用いることで代替行動となるよう指導した。同じ"つば吐き行為"でも，服部と関戸（2017）の事例では，休み時間で直接関与する教師や級友がいない状況であっても"つば吐き行為"が生じたことから，「注目要求」と分析し，周囲の人の注目を集める「肩をトントンカード」を用いることを代替行動として指導した。いずれの実践も，対象となった知的障害児が代替行動をした際に，即時に，機能に応じた対応を行った結果，代替行動の学習・維持に伴って"つば吐き行為"が減少し，最終的にみられなくなった。

　ABAによる支援は，特別支援教育だけにとどまらず，通常の学級にも広がっている（藤坂・松井・つみきの会, 2015; 大久保, 2019）。近年では，特に望ましい行動と肯定的な対応に焦点を置いた**ポジティブ行動支援**（Positive Behavior Support: PBS ／ Positive Behavior Intervention and Support: PBIS）が導入されている（栗原, 2018; 大久保ら, 2020）。ポジティブ行動支援は特定の1名への介入だけでなく，学級や学年，学校全体といったより広い単位でも実践でき

ることから，**スクールワイド PBS** として，生徒指導にも活用されるようになってきている（Stormont et al., 2007/ 市川・宇田（監訳），2016; 若林ら，2021）。子どもを取り巻く環境や人の関わり方を調整することで子どもの適応行動を増やす ABA は，学校教育の中で重要な考え方，介入技法になったといえる。

第7章

知的障害児の運動機能

　ここ数時間のあなたの**運動**について考えてみよう。たくさんの"運動"があるのではないだろうか。「本を手に取る」「座る」「立つ」「歩く」ことは"運動"である。姿勢を保持することも，意図的に動かしていないが"運動"に含まれる。私たちは，何かを実行するために運動を介さなければならない。たとえば物に触れることは運動であるし，口や舌の運動がなければ話すことができない。このように，"運動"は私たちの日常生活に欠かせないものであり，知的障害児・者との関わりにおいても重要な観点となる。本章ではまず，運動に関わる基礎的事項を整理する。次に，定型の運動発達についてまとめる。そして，知的障害児・者や知的障害を併存することの多い肢体不自由児・者に関するトピックを説明する。

第1節　運動に関わる基礎的事項

1. 筋

　腕を曲げてみよう。腕を伸ばしてみよう。腕を"曲げる"ときは，私たちが上腕二頭筋を収縮させることで腕が曲がる。腕を"伸ばす"ときは，私たちが上腕三頭筋を収縮させることで腕が伸びる。このように，私たちの動きは筋を収縮させることで実現される。動作のおもな力を生じさせる筋は**主動筋**と呼ばれ，逆の作用の力や抵抗する力を生じさせる筋は**拮抗筋**と呼ばれる。たとえば，

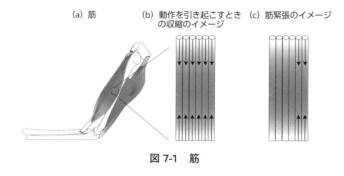

図 7-1　筋

腕を曲げるときには上腕二頭筋が主動筋であり，上腕三頭筋が拮抗筋となる。

　筋はたくさんの**筋線維**でできている（図 7-1a, b）。筋線維は糸のようなものではなく，ゴムのようなものとイメージすると理解しやすい。多数の筋線維が収縮すると張力が高まり，筋の種類に応じて腕が曲がったり伸びたりする動きを生じさせる（図 7-1b）。しかし，筋線維の収縮が常に動きを意味しているとは限らない。弛緩している筋においても一部の筋線維が収縮していることが多く，これが筋に張力を生じさせている（図 7-1c）。このような筋の張力を**筋緊張**と捉えることができる（Pinel, 2003）。

　また，筋緊張の異常がみられることもある。ダウン症児においては乳幼児期に筋緊張の低下があることが知られており，この筋緊張の低下が運動発達の遅れの要因の 1 つとして考えられている（Haywood & Getchell, 2019）。また，脳性まひでは，四肢や体幹の筋緊張異常，持続的な筋緊張不均衡によって，姿勢・運動の異常や関節拘縮(関節の動きが制限された状態)が引き起こされることもある(北原，2012)。

2．随意運動とその他の運動

　意図的に腕を曲げる際には，大脳からの情報が脊髄を通って上腕二頭筋に伝わり，上腕二頭筋を収縮させる。このような意図的に動かす運動は，**随意運動**と呼ばれる（Wolpert et al., 2013）。意図的な運動だけではなく，意図的でない**不随意運動**もある。不随意運動には，熱いものに手を触れた際に瞬時に手を引っ込めるような**反射**がある。反射では，感覚受容器からの情報に基づき，大脳を

介さずに脊髄，または脳幹から運動が引き起こされる。反射は，状況や課題に合わせて柔軟に変化する。たとえば，右手でテーブルを持ち，身体が倒れる程度に左手が引っ張られた場合に，テーブルで身体を支えるように右の肘伸筋が収縮する反射が引き起こされる。しかし，もし右手で持つのがお茶の入ったカップであったとすると，同様に左手が引っ張られた場合にはカップの動揺が起こらないように逆に右の肘伸筋は弛緩する反射が引き起こされる。このように反射は状況に応じて柔軟に変化することが明らかになっており，反射は「感覚刺激に反応した自動的・定型的な運動」という認識もあったが，現在では「複雑な適応的運動に組み込まれたもの」と考えられるようになった (Pearson & Gordon, 2013)。また，歩行などの律動的な運動も随意運動とは異なる。歩行は，左足を出して右足を出して左足を出すというように繰り返す，律動的で交代性の動きである。歩行を意図的に制御することもできるが，多くの場合，自動的に行われる。

　通常，不随意運動は適応的に行われているが，不随意運動が異常であると考えられることもある。"異常な"不随意運動として，チックやジストニアなどがある。**チック**は，突発的で急速に繰り返される不規則的な運動もしくは発声である (American Psychiatric Association, 2022)。チックには，単純性運動チックと複雑性運動チックがある。まばたきする，肩をすくめる，咳払い，鼻鳴らし，うなりなどが，単純性運動チックに含まれる。複雑性運動チックになると，単純なものが組み合わされて頭の回転と肩すくめが同時に起こることや，最後に聞いた言葉を繰り返すことなどの不随意運動が引き起こされる。**ジストニア**は，主動筋と拮抗筋の両方で同時に起こる持続的で過剰な筋収縮である。ジストニアによって，ゆがんだ姿勢や身体各部位の運動が引き起こされる (American Psychiatric Association, 2022)。

3. 運動能力

　運動能力とは何か考えてみよう。たとえば，"足の速い"者は運動能力が高い者なのだろうか。「全国体力・運動能力，運動習慣等調査」では，体力と運動能力は区別されて表記されている (スポーツ庁, 2023)。50 m 走は新体力テストに含まれており (スポーツ庁, 2023)，"足の速さ"は体力に大きく関わるよう

である。しかし，足の速い者が必ずしもサッカーや野球などのスポーツが得意であるとは限らない。たとえばウサイン・ボルト氏は，北京，ロンドン，リオデジャネイロの3大会のオリンピックで陸上男子100 m・200 mの金メダルを獲得した。リオデジャネイロオリンピック後に，ボルト氏はサッカー選手になることに挑戦した。恐らくボルト氏は最も足の速いサッカー選手であった。しかし，クラブチームからサッカー選手としての正式な契約を得られなかった。

　杉原（2008）は，運動能力が運動体力と運動技能によって構成されていることを提案した。**運動体力**は「運動を遂行するのに必要なエネルギーを生産する能力」（宮下，1995）であり，筋力，瞬発力，筋の持久力などを含んでいる。一方，**運動技能**は「知覚を手がかりとして運動を目的に合うようにコントロールする学習された能力」であり，サッカーのパスの技術や野球のバッティング技術などがこれにあたる。運動体力はさまざまな領域に共通する能力である一方で，運動技能は領域に特化した能力である。たとえば，瞬発力はサッカーにも野球にも役に立つが，サッカーのパスが上手であっても野球には役に立たない。なお，足の速さは運動体力に大きく関わるが，走る"技術"も必要である。つまり，運動課題で運動体力と運動技能を完全に分けることは困難であるといえる。しかし，運動体力と運動技能を向上させる要因は異なり，それぞれに対する支援のアプローチも大きく異なる。知的障害児を運動体力と運動技能の両方の観点で捉えることは，運動に対する支援の手がかりになりうる。

第2節　運動発達

1. 運動発達とは

　一般的に，誕生から青年期にかけて身長が高くなり，体重が増えていく。時間の経過に伴う身体の大きさや質量の変化は，**身体成長**（physical growth）と呼ばれる（Haywood & Getchell, 2019）。身体の大きさの変化だけではなく，細胞，器官，組織などの生化学的な変化もあり，このような変化は，**成熟**（maturation）と呼ばれる（Haywood & Getchell, 2019）。

　新生児は移動することができないが，8か月頃に四つ這い移動（はいはい）

が可能になり，1歳を過ぎた頃には歩くことができるようになる。このような時間の経過に伴う連続的な動作・動き・運動の能力の変化は，**運動発達**（motor development）と呼ばれる（Haywood & Getchell, 2019）。運動発達では，個人的な制約，環境的な制約，課題による制約が相互に作用している（Newell, 1986）。**個人的な制約**には，構造的な制約と機能的な制約がある。**構造的な制約**は，身体成長や成熟に関わるものである。たとえば，首がすわっていなければ四つ這い移動はできない。**機能的な制約**には，動機づけ，恐れ，経験，興味などが含まれる。たとえば，走りたくなければ走らないだろう。**環境的な制約**には，気温，明るさ，湿度，床の状態などが含まれる。たとえば，木が密集した地域で暮らすアチェ族は乳児に運動をさせることが少なく，運動発達は通常よりも遅れることで知られている（Kaplan & Dove, 1987）。**課題的な制約**には，運動や活動の目標やルールが含まれる。たとえば，物を手に取るなどの単純なものから，サッカーや野球等の競技のルールなどがある。つまり，運動発達は個人の身体成長・成熟のみで進んでいくものではなく，機能的な制約，環境的な制約，課題的な制約との相互関係の中で進んでいく。

運動発達は，頭－尾方向や中枢－末梢方向に進んでいくと考えられている（井村, 2018）。頭－尾方向とは，頭部から足先への方向であり，中枢－末梢方向とは，身体の中心部から手足の先への方向である。また，粗大運動から微細運動への方向もあることが考えられている。**粗大運動**は，姿勢，歩行，ボールを投げることなど，比較的，大きな動きの運動である。**微細運動**は，小さな物をつまむことや運筆など，手先を使った細かな運動である。発達検査の多くで，粗大運動と微細運動は区別して評価される。

2. 乳児期の運動発達

(1) 反射と自発的運動

新生児も動いている。しかし，大人の動きとは異なる部分も多く，新生児においては意図がある随意運動はなく，**反射**と**自発的運動**が中心である。新生児でみられる反射と自発的運動は，胎児期から現れている。反射の中には乳幼児期に消失するものがあり，**原始反射**と呼ばれる。表 7-1 に代表的な原始反射を示す。原始反射は，生命の維持のために重要な役割がある。たとえば，吸啜－

表 7-1　原始反射（Haywood & Getchell, 2019; 上杉, 2015 をもとに作成）

反射名	刺激	反応	出現	消失
非対称性緊張性頸反射	背臥位で頭部を一側に回旋	顔面側上肢・下肢が伸展する，後頭側上肢・下肢が屈曲する	出生	4〜6か月
対称性緊張性頸反射	腹臥位で頭部を持ち上げる/頭部を下げる	両上肢が伸展し，両下肢が屈曲する/両上肢が屈曲し，両下肢が伸展する	4〜6か月	8〜12か月
手掌把持反射	手掌の小指側に触れる	手掌全体で把持する	在胎28週	4〜6か月
モロー反射	背臥位から頭部を少し持ち上げて下ろす	上肢の伸展・外転後，上肢が屈曲・内転する	在胎28週	5〜6か月
吸啜−嚥下反射	指（乳首）で頬に触れる	指（乳首）をくわえ，強く吸いついて，リズミカルに飲み込む	在胎28週	5〜6か月
バビンスキー反射	足裏をこする	足の指を扇のように広げる	出生	4〜6か月
足底把持反射	足底部，特に母指球の圧迫	足趾全体が屈曲する	在胎28週	9〜10か月
自動歩行	身体を保持し，前に傾ける	歩いているように，下肢が交互にステップする	在胎37週	2か月

嚥下反射が出現しなければ栄養をとることができない。また，乳幼児で姿勢が変化した際に，頭部や体幹部を元に戻したり，頭部と体幹部が倒れないように保持したりする自動的な反応もある（**立ち直り反応**）。立ち直り反応は乳児期に消失するものもあるが，5歳頃まで持続するものや生涯持続するものも含まれる。適切な時期に反射が出現しないことや消失しないことは，脳機能の異常の可能性を示す指標となる。

　原始反射の一部は，のちの運動の獲得に役立てられると考えられている（Zelazo, 1983）。たとえば，生後まもない乳児の両脇を持って身体を前方に傾けると，足を交互にステップする**自動歩行**と呼ばれる原始反射が認められる。自動歩行を多く引き起こす訓練を行った新生児は，訓練を行っていない新生児よりも歩行の開始が速いことが報告されている（Zelazo et al., 1972）。

　原始反射の消失には，運動発達や身体成長などの要因が関わる。生後2か月頃に自動歩行は消失するが，これは自らの足の重さに対して足を動かすのに必要な筋力が不足することによって生じると考えられている（Thelen et al., 1984）。その証拠に，下半身を水中に沈めることで足の重さが軽くなれば，消失したはずの自動歩行を再び確認することができる。原始反射が消失する理由は，古典的には，中枢神経系が発達し，高次の脳機能によって抑制されること

だと信じられてきた。しかし現在では，原始反射は運動発達や身体成長の結果
として，使わなくなるために消失すると考えられている (Haywood & Getchell,
2019)。

　新生児は，意図はないものの，自ら身体を動かすこともある（**自発的運動**）。
自発的運動の中で，刺激によって起こる協応性のない全身運動は**かたまり運動**
（乱雑運動）と呼ばれ，胎児期から観察される。また，新生児を背臥位（あお
むけ）にすると蹴る動作をする。この蹴る動作は，足首，膝，臀部が協応して
おり，一見すると成人の歩行と類似している。しかし，実際の歩行とは異なり，
蹴る動作間のタイミングはばらばらで各関節の動きに連続性がなく，各関節の
動きが同時に起こる。また，伸筋と屈筋を同時に活動させる傾向がある。蹴る
動作と同様に，新生児の腕の動きも，指，手首，肘の協調性はみられるものの，
各関節の動きは同時に起こる。しかし，成長とともに次第に連続性のある動き
がみられるようになることから，このような自発的運動は意図のある機能的な
動きを形成するために重要であると考えられている (Haywood & Getchell, 2019)。

(2) 姿勢と移動の発達

　出生時には移動することはできないが，約 1 年半後にはほとんどの子ども
が歩くことができるようになる。表 7-2 に**姿勢と移動の発達**を示す。首がすわっ
ていなければ胸を上げることができず，胸を上げることができなければ腹這い
ができない。このように，突然歩くことができるようになるのではなく，少し
ずつ運動の制約となる要因を克服しながら歩くことができるようになる
(Haywood & Getchell, 2019)。また，必ずしも順番通りに運動が観察されるとは限
らず，腹這いを飛ばして四つ這いが観察されたり，歩行が観察された後に四つ
這いが観察されたりすることもある (Adolph et al., 2018)。しかし，定型的な運
動発達は知的障害等の評価のために役立てることができ，著しく運動発達が遅
れた場合には何らかの障害が疑われる。

　歩行は，子どもにさまざまな変化をもたらす (Adolph et al., 2018; Adolph &
Tamis-LeMonda, 2014)。まず，四つ這いと比較して歩行の移動速度は大きい。また，
四つ這い中には視野が下部に限られるのに対して，歩行中には視野が上部まで
上がり，空間全体を見ることができる。さらに，歩行を獲得すると移動中に手

表7-2 姿勢と移動の発達 (小児保健協会, 2003; 新版K式発達検査研究会, 2008)

運動名	25%	50%	75%	90%
頭を上げる*			2.0 週	1.5 月
45°頭を上げる*	3.4 週	1.8 月	2.7 月	3.7 月
首がすわる*	2.2 月	2.7 月	3.3 月	3.9 月
90°頭を上げる*	2.0 月	2.7 月	3.4 月	4.1 月
両足で体を支える*	2.2 月	3.0 月	3.9 月	4.7 月
胸を上げる*	2.9 月	3.7 月	4.4 月	5.2 月
頭とともに引き起こされる*	3.0 月	3.8 月	4.6 月	5.4 月
寝返りをする*	3.3 月	4.3 月	5.2 月	6.1 月
支えなしにすわれる（5秒以上）*	4.8 月	5.9 月	7.0 月	8.1 月
腹這い 前進†	6.0 月	7.2 月	8.4 月	
つかまり立ちをする（5秒以上）*	6.6 月	7.9 月	9.2 月	10.5 月
一人ですわる*	6.8 月	8.1 月	9.4 月	10.6 月
四つ這い†	7.4 月	8.6 月	9.9 月	11.0 月
つかまって立ちあがる*	7.0 月	8.4 月	9.7 月	11.1 月
両手支え歩き†	8.1 月	9.3 月	10.6 月	11.7 月
一人で立つ2秒*	8.8 月	10.5 月	12.2 月	14.0 月
一人で立つ10秒*	9.9 月	11.8 月	13.6 月	15.5 月
2, 3 歩歩く†	11.3 月	12.4 月		
上手に歩く*	11.4 月	13.4 月	15.4 月	17.4 月
後退りで歩く*	13.8 月	15.8 月	17.8 月	19.8 月
走る*	14.4 月	16.3 月	18.1 月	20.0 月
階段を登る*	15.2 月	17.6 月	20.0 月	22.4 月

注) *：DENVER Ⅱより，†：新版K式発達検査より。

が自由に扱えるようになり，物を取って移動することができるようになる。これらの獲得は，遊びや他者との関わりに変化を与える。通常，歩行の獲得前に「自己・モノ・他者」の三項関係が形成され，興味のあるものに指差しをするようになる。歩行ができない子どもは養育者の近くで興味のある物を指差ししなければならないが，歩行ができる子どもは興味のある物を養育者に持っていくことができる。運動発達は，運動の側面に関係しているだけでなく，認知や社会性の側面を変化させ，これらの発達にも影響を及ぼす。

(3) 把持・リーチングの発達

出生時は不随意運動のみであった把持動作が，次第に随意的に握ったりつまんだりできるようになっていく。たとえば，新生児は，手掌把持反射によって手に触れた物を握ってしまうが，発達とともに意図的に物を握ることができる

ようになる。この過程において手掌把持反射は消失する (4〜6か月)。また，物の握り方はより細かな動きに変化していく。1インチ (2.54cm) の立方体に対しては，2か月頃に手全体で物を握るが，4か月頃になると親指と手掌で握ること (**握力把持**) ができるようになり，9か月までに親指と他の指で物を握ること (**精緻把持**) ができるようになる (Haywood & Getchell, 2019)。さらに，9か月までに大きさに合わせて握り方 (握力把持と精緻把持) を変えることができる。

　実際に物をつかむためには，物まで手を伸ばすこと (**リーチング**) が必要である。新生児は，自発的運動と反射によって腕を動かしている。3〜4か月頃に，意図的なリーチングに変化していく (Thelen et al., 1993)。リーチングのための力の調整は，運動を行い，調整しながら学習していく。姿勢の制御はリーチングにとって重要である (Haywood & Getchell, 2019)。一人で座れるようになる6〜7か月頃まで，リーチングを成功させるために胴体を補助してもらわなければならない。

3. 幼児期の運動発達

　出生から1年の間に，子どもは歩けるようになり，物をつかめるようになる。しかし，成人ができる運動動作とは異なる。幼児期 (3〜6歳頃) の間に，生涯にわたって必要となる基本的な動作 (**基礎的運動パターン**) を習得していき，成人のものと同じ水準に達する (吉田, 2008)。基礎的運動パターンは，**移動運動，操作運動，姿勢制御運動**に分類することができる (表7-3)。習得した基礎的運動パターンは，不安定で無駄の多い運動パターンから，運動を遂行するために必要な正確性, 省力化と再現性が備わった運動パターンに洗練化されていく (吉田, 2008)。一般的には，3〜4歳頃に日常生活や遊びの経験を通して一通り基

表 7-3　基礎的運動パターン (文部科学省, 2012 をもとに作成)

移動運動 (体を移動する動き)	歩く，走る，はねる，跳ぶ，登る，下りる，這 (は) う，よける，すべる　など
操作運動 (用具などを操作する動き)	持つ，運ぶ，投げる，捕る，転がす，蹴る，積む，こぐ，掘る，押す，引く　など
姿勢制御運動 (体のバランスをとる動き)	立つ，座る，寝ころぶ，起きる，回る，転がる，渡る，ぶら下がる　など

礎的運動パターンを習得する。4〜5歳頃に基礎的運動パターンが定着していき，5〜6歳頃には基礎的運動パターンが洗練化されていく（文部科学省，2012）。

4. 児童期以降の運動発達

　児童期は，運動技能を獲得していく時期であると考えられている。7歳頃から子どもはさまざまなスポーツに興味を持ち，基礎的運動パターンをもとにしてスポーツの専門的な運動技能を獲得していく（Galahue, 1996）。また，情報処理能力・認知能力が発達することで運動技能も向上していく。

　出生後，身長と体重は増大していくが，児童期後期〜青年期前期（10〜14歳頃）に急激な増大がみられる時期がある（**第二急進期**）。図 7-2 に，身長（図 7-2a, b）と体重（図 7-2c, d）の変化と変化率を示す。これをみると，一般的に男性よりも女性のほうが第二急進期を早く迎えるのがわかる。また，図 7-2e, f に 50 m 走の時間の変化と変化率を示す。第二急進期までは，男女ともに運動体力も身体成長に伴い向上していく。男性では，第二急進期後に骨格・筋肉の発達により，特別な訓練がなくても運動体力が向上していく。他方，女性においては脂肪がついて身体が重くなるため，訓練がなければ運動体力の向上がみられない。

　急激な身体成長がみられると，身体各部位のバランスが崩れたり，機能面の発達がついていかなかったりして身体支配を乱し，動きがぎこちなくなることがある。また，ぎこちなさには羞恥心を伴うこともある。そのため，無意識的な運動でも意識してしまうとうまくいかなくなってしまうことがある。このようなぎこちなさは，**思春期の不器用**（adolescent awkwardness）と呼ばれる（森，2008）。

5. 運動学習

　年齢ではなく，経験や練習により運動技能を向上させることは，**運動学習**と呼ばれる（Haywood & Getchell, 2019）。学習によって，常に運動技能が向上していくことはまれであり，停滞や低下しながら学習が進んでいくことが多い。また，学習過程には個人差がある。そのため，運動学習の過程を理解することは難しい。

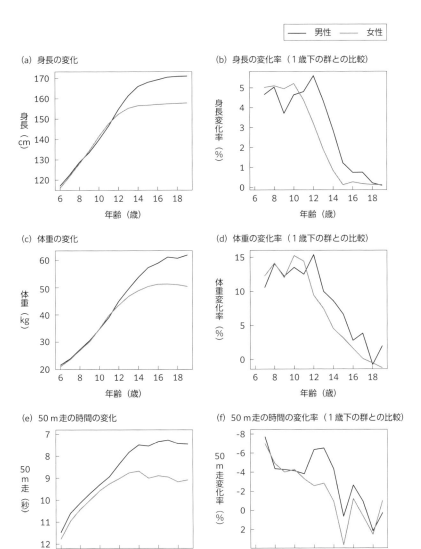

(a) 身長の変化

(b) 身長の変化率（1歳下の群との比較）

(c) 体重の変化

(d) 体重の変化率（1歳下の群との比較）

(e) 50m走の時間の変化

(f) 50m走の時間の変化率（1歳下の群との比較）

図 7-2　身長成長と体力の変化（スポーツ庁，2023 をもとに作成）

　ベルンシュタイン（Bernstein, 1967）は，身体の自由度から学習を捉え，共通した段階があることを提案している。**自由度**とは，運動をする際に制御しなければならない変数の数である。たとえば，ボールを投げる際の上肢について考

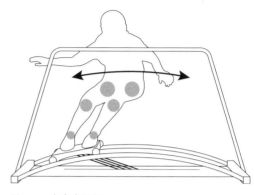

(a) 投動作の上肢の関節自由度の例

(b) スキーシミュレータ。参加者は板の上に立つ。板はアーチ上にあり，ゴムで固定されている。ゴムの張力を利用して，横方向に動く。

図 7-3　自由度問題

灰色の丸が自由度を示す。

えてみる。肩関節，肘関節，手関節を動かすことができ，ここから少なくとも3つの自由度があることがわかる（図7-3a）。また，手指も含めると自由度の数が大きくなり，関節だけでなく筋も含めるとさらに数が大きくなる。実際には，ボールを投げる際には上肢のみではなく下肢を含む身体全体を使っている。そのため，数え切れない程の自由度が存在している。運動をする際には，このような冗長な自由度を制御しなければならない（**自由度問題**）。

　ベルンシュタイン（Bernstein, 1967）のモデルでは，運動学習に自由度の凍結と解放の段階があることを想定している。学習初期は**自由度の凍結**の段階であり，冗長な自由度を制御できないために末梢の自由度を最小限に減らそうとする。極端な例であるが，肘関節，手関節，手指を固定し，1本の棒のようにしてボールを投げると，制御する自由度は肩関節のみになる。また，自由度を固定するだけでなく，まったく同じタイミングで関節を動かすこと（同相，逆相）も自由度を減らすことになる。**同相**とは，複数の関節が同じタイミングで屈曲し，伸展することである。**逆相**は，同じタイミングで一方の関節が屈曲し，他方が伸展することである。たとえば，左右の腕を同じタイミングでリズミカルに伸展・屈曲してみよう。次に，同じタイミングで左腕の伸展と右腕の屈曲，左腕の屈曲と右腕の伸展を交互にリズミカルに行ってみよう。続けて，左右の

腕を動かすタイミングをずらして，かつリズミカルに動かしてみよう。異なるタイミングで左右の腕を動かすことが難しいと感じるだろう。このことから，同相と逆相の関節の動きが制御する自由度を減らしていることを理解できるかもしれない。学習が進行すると，制御する自由度を徐々に増やすことができるようになり，**自由度の解放**と呼ばれている。

自由度の凍結と解放に関する実証的な研究として代表的なものに，スキーシミュレータを用いた実験（図 7-3b）がある（Vereijken et al., 1992）。スキーシミュレータの学習初期には，腰，膝，踝の関節の動作範囲が小さく，学習後期にはこれらの関節の動作範囲が大きくなり，関節の動きのタイミングに差がみられるようになっていく。投動作についても，脚腰がほとんど動かず手だけで投げる状態から，脚の動きや腰の回旋を伴う投げ方に変化していく（Haywood & Getchell, 2019）。このように，自由度の凍結と解放を支持する事例が多くある。しかしながら，自由度の凍結と解放のパターンは課題特有であり，逆に解放から凍結へのパターンを示す運動課題もある。また，関節の自由度が凍結されていても，各身体関節は相互に補償的に制御されているという指摘もなされている。したがって，すべての運動課題に自由度の解放と凍結の学習過程を当てはめて考えるべきではないだろう。そのため，熟練者と初学者の動作のパターンや自由度の制御を観察し，その観察に基づいて学習方法を考案していくことが重要である（平川，2012）。

第 3 節　知的障害児の運動機能

1. 運動技能

知的障害児は，就学前に運動発達の遅れを示すことが多い。**発達検査**（新版 K 式発達検査研究会，2020; 小児保健協会，2003）において，運動発達は主要な項目である。また，4 歳までの粗大運動と微細運動の獲得の遅れが 5 〜 10 歳における軽度知的障害水準の IQ を予測する要因であることが報告されている（Vlasblom et al., 2019）。表 7-4 には，ダウン症児の運動機能の獲得の中央値を示す。完全に一致するものではないが，表 7-2 と比較すると定型発達児よりもダウン症児

表 7-4　ダウン症児の運動発達 (Winders, Wolter-Warmerdam & Hickey, 2019 をもとに作成)

運動名	中央値
座る	10 月
腹這い（5 フィート [1.52 m]）	13 月
四つ這い（5 フィート [1.52 m]）	14 月
両手支え歩き	15 月
一人で立つ 10 秒	22 月
2 歩　歩く	22 月
15 フィート [4.57 m]　歩く	24 月

で運動発達が遅れており，歩行に関しては 1 年程度遅れていることがわかる。

　運動発達が遅れるものの，知的障害児は基礎的動作パターンの多くを獲得していく。しかし，定型発達児と比較して知的障害児の動作は洗練されていないことが多い。適応行動の指標である **Vineland-Ⅱ適応行動尺度** (Sparrow et al., 2005) には，運動面を評価する項目が含まれている。この指標に基づいて知的障害を診断することを考えると，知的障害児・者に運動面の困難さがあることは少なくないことがわかる。運動検査バッテリーを用いた調査では，知的障害児において運動技能の低下が認められる者の割合が，61.8%（平均 IQ：65.27; Vuijk et al., 2010）や 90.1%（平均 IQ：57.91; Wuang et al., 2008）であると報告されている。特に，微細運動に困難さのある者の割合が他の下位領域と比較して高いようである (Vuijk et al., 2010; Wuang et al., 2008)。これらの知見は，知的障害児・者において運動技能が低下する傾向があることを示すものである。

　知的障害における運動の特徴に関する知見も報告されている。ダウン症児・者は，一般的に歩行速度が小さく，歩調（一分当たりの歩数）が大きく，歩幅が狭く，歩隔（歩行中の両足の横幅）が広く，両足の接地時間が長い (Enkelaar et al., 2012)。この歩行の特徴は，ダウン症以外の知的障害児・者にも当てはまるものが多い。しかし，個人差が大きいため，あくまでも知的障害者を対象にした研究で明らかになった"平均的な"特徴として理解したほうがよい。

　運動技能の習得には，情報処理能力・認知能力が関わっており，IQ が運動検査バッテリーの成績に関連することが報告されている（R^2 = 0.51; Wuang et al., 2008）。つまり，知的機能の低下が複雑な運動技能の習得を妨げている可能性がある。また，初期の運動発達の遅れは次の運動発達に影響を及ぼす。たとえば，姿勢が安定しなければ上肢の操作の機会が減少する。そのため，乳幼児期の運動発達の遅れが幼児期以降の運動技能の習得に関連している可能性もある。

　知的障害児・者の運動機能が低下する傾向にあることは理解しておくべきで

あるが，運動技能は練習を行えば基本的には向上するものである。運動機能の獲得が認知発達や社会性の発達に関連することも指摘されている（Adolph et al., 2018; Adolph & Tamis-LeMonda, 2014）。したがって，教育実践において運動を含む活動を避けるのではなく，必要な運動技能を練習し，運動を含めた活動を積極的に行っていく必要がある。

2.　運動体力

　　知的障害者は，定型発達者と比較して，一般的に運動体力が低下する。たとえば，軽度知的障害者は定型発達者と比較して，最大酸素摂取量，腕立て伏せ回数，腹筋運動回数等の指標が低下することが報告されている（Yanardağ et al., 2013）。ピテティら（Pitetti et al., 2013）による文献レビューでは，ダウン症児の最大酸素摂取量が低く，筋力が低いことが示されている。ダウン症児・者の最大酸素摂取量の低さは，自律神経系の活動の異常（心拍数の低下）や舌が大きいことが関連していると考えられている。このような知的障害の病理に関連する特徴が，体力の低さに影響を与えることもある。

　　知的障害児の多くも年齢が上がるにつれて身体が大きくなる。図 7-4 にダウン症児の身長と体重の変化を示す。ダウン症児の平均身長は定型発達児よりも小さいものの，年齢に伴い身長が大きくなっている。定型発達者と同様に，ダウン症者と知的障害者において，9 ～ 15 歳の年齢層よりも 16 ～ 21 歳の年齢層で最大酸素摂取量が増大することが報告されている（Baynard et al., 2008）。このように定型発達児と比較すると，平均としては運動体力が低いものの，知的障害者も発達に伴い運動体力が向上していくのがわかる。

　　森田和裕氏は，第 76 回びわ湖毎日マラソン大会で，2 時間 20 分 7 秒の知的障害者のマラソン世界記録を樹立した（びわ湖毎日マラソン，2021）。定型発達者を含めた世界記録（2 時間 1 分 9 秒，2023 年 6 月現在；BMW Berlin Marathon, 2022）には及ばないものの，森田氏は多くの人よりも速く走り，高い運動体力を持っていることだろう。練習をすれば，知的障害者の体力は向上する。運動体力が低いからといって運動を伴う活動を避ける必要はなく，むしろ運動に積極的に取り組むことが体力の向上に寄与するのである。

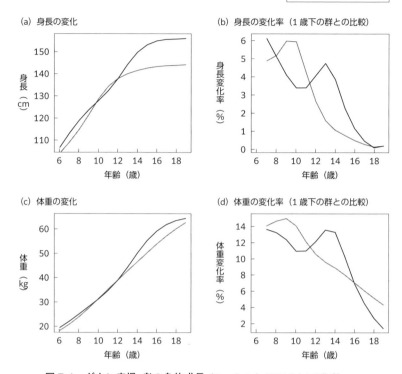

図 7-4　ダウン症児・者の身体成長（Zemel et al., 2015 をもとに作成）

第 4 節　知的障害と肢体不自由

1. 肢体不自由

　肢体不自由とは，「身体の動きに関する器官が，病気やけがで損なわれ，歩行や筆記などの日常生活動作が困難な状態」である（文部科学省, 2021）。令和 4 年度の学校基本調査では，肢体不自由と知的障害のある在学者は 17,128 名であり，肢体不自由のみの 2,906 名よりも多く，特別支援学校の在学者の 10％以上を占めている（文部科学省, 2022）。肢体不自由の原因となる神経疾患には，知的障害の併存率が高いものもある。そこで，併存率が高い神経疾患の代表的なものを紹介する。

2. 脳性まひ

　脳性まひには知的障害を併存することが多い。脳性まひの定義は国によって異なっており，欧米では発達途上の脳に障害を受け，その結果として，運動機能障害を呈する状態とする定義が用いられることが多い（鈴木, 2008）。日本では，「受胎から新生児期（生後4週間以内）までの間に生じた児の脳の非進行性病変に基づく，出生後の児の永続的かつ変化しうる運動又は姿勢の異常」（日本医療機能評価機構, 2021）とし，脳の障害を受けた期間を新生児期（生後4週間以内）に限定している。脳性まひの原因として，①出生前の脳形成異常，②出生前後の低酸素脳症，脳循環障害，脳血管障害，③生後に発生した疾患（新生児化膿性髄膜炎など）がある。

　脳性まひは，運動障害（まひ）の部位によって，**四肢まひ，両まひ，対まひ，片まひ**に分類される（表7-5）（鈴木, 2008）。運動障害（まひ）の種類によっても，**痙直型，アテトーゼ型，低緊張型，失調型**に分類される（表7-6）（鈴木, 2008）。また，さまざまな型が組み合わされた**混合型**もある。定義上，知的障害がある必要はないものの，半数程度で知的障害が認められる（北原, 2012）。**低緊張型脳性まひ**は知的障害を伴うことが多く（鈴木, 2008），**痙直型四肢まひ**は重度の知的障害が伴うことが多い（北原, 2012）。脳性まひの程度が重度になるほど，知

表 7-5　脳性まひに関する運動障害の部位による分類（鈴木, 2008 をもとに作成）

四肢まひ	四肢に同程度のまひがある。通常，まひは重度で，顔面や体幹にもまひを伴う。
両まひ	下肢に強く，上肢に軽いまひがある。左右差があることや，顔面や体幹にもまひを伴うことが多い。
対まひ	下肢にまひがあり，上肢にはない。
片まひ	右または左の半身のみにまひがある。まひの程度は，下肢よりも上肢のほうが高い。

表 7-6　脳性まひに関する運動障害の種類による分類（鈴木, 2008 をもとに作成）

痙直型	折りたたみナイフ様の抵抗がある（痙性筋緊張亢進）。つまり，他者がゆっくり関節を動かした場合には，抵抗が小さいが，すばやく動かした場合，大きな抵抗がある。
アテトーゼ型	筋緊張の亢進がみられるが，程度に変動があり，不随意運動を伴う。不随意運動は顔面に顕著である。筋緊張は，動作を開始するときや精神的緊張が高いときに，高まり，リラックスすると低下する。
低緊張型	筋緊張が低下し，運動量が少ない。
失調型	体幹のバランス機能の障害や上肢の振戦がある。

的機能も低下する傾向がある。

3. 筋ジストロフィー

筋ジストロフィーは，筋線維の変性・壊死を主病因とし，進行性の筋力低下のある遺伝性疾患の総称である。小児期に明らかになる筋ジストロフィーで代表的なものに，Duchenne型筋ジストロフィーがある。Duchenne型筋ジストロフィーはX連鎖性潜性（劣性）遺伝形式をとり，原則，男児で発症する（小牧, 2008）。IQの平均は80程度である（栗原, 2015）。2歳頃に下腿の肥大がみられるようになり，3〜5歳で転びやすい，走れないなどの症状で発見されることが多い。5歳頃に運動能力のピークを迎え，その後，症状が進行していき，10歳頃に車椅子生活となる。その後，数年で側彎（背骨が曲がる）が出現して進行することが多い（小牧, 2008）。大多数で，25歳までには呼吸不全の進行によって人工呼吸器が必要となる。現在，このような運動障害の進行を遅らせる薬が開発されており，適用されていることもある（Komaki et al., 2018）。

新生児期または乳幼児初期から筋力低下や筋緊張低下がみられる筋ジストロフィーは，**先天性筋ジストロフィー**と呼ばれる。先天性筋ジストロフィーとして代表的なものに，**福山型先天性筋ジストロフィー**がある。福山型先天性筋ジストロフィーは，重度知的障害，てんかんなど中枢神経系症状を合併することが特徴の日本人に特有の筋ジストロフィーである（小牧, 2008）。国内の先天性筋ジストロフィーの60%は福山型先天性筋ジストロフィーであるため，福山型以外は非福山型先天性筋ジストロフィーと呼ばれる。出生・新生児期より症状がみられ，運動発達の遅れで発見される。筋緊張が低下し，**フロッピーインファント**（floppy infant）と呼ばれる，身体がグニャグニャした感じのある状態がみられることが多い。座位まで獲得する者が多いが，歩けるようになる者は少ない。獲得していた座位は10歳未満で不能になることが多く，その後も運動障害は進行していく。

第8章
知的障害児の言語・コミュニケーション

第1節　知的障害児の言語獲得

1.　言語獲得の発達

　定型発達児においては，個人差はあるもののおおむね1歳前半頃までに**有意味語（初語）**が獲得される。言葉の獲得には，その言葉を理解することと声に出す（表出する）ことの2つの側面があり，言葉の理解は表出に先行するとされている。表8-1は，日本語マッカーサー乳幼児言語発達質問紙における標準化データの各年齢の出現率から，早期に獲得される**理解語彙**（聞いたり読んだりしたときに理解できる語）20語を示したものである（小椋・綿巻, 2008; 小椋, 2015b）。こ

表8-1　50%通過率を超える理解語彙20語とその月齢（小椋, 2015bを一部改変）

語彙項目	月齢	カテゴリ
バイバイ	10	日課とあいさつ
(イナイイナイ) バー	11	日課とあいさつ
マンマ (食べ物)/ワンワン (犬)	12	幼児語
おいで	12	その他
ちょうだい/だめ	12	日課とあいさつ
自分の名前/ママ/パパ	13	人々
あーあっ/ネンネ	13	幼児語
どうぞ/ありがとう	13	日課とあいさつ
だっこ/アイタ (痛い)/オイチイ (美味しい)	14	幼児語
ごはん (食事)/ごちそうさま/はい	14	日課とあいさつ

表 8-2　50％通過率を超える表出語彙 20 語とその月齢 (小椋・綿巻，2008; 小椋，2015b をもとに作成)

語彙項目	月齢	カテゴリ
マンマ（食べ物）/ワンワン（犬）/あーあっ	15	幼児語
（イナイイナイ）バー	15	日課とあいさつ
バイバイ	16	日課とあいさつ
はい	17	日課とあいさつ
ブーブー（車）/アイタ（いたい）/ネンネ/ニャンニャン（ネコ）/バーバ・ババ（祖母）	17	幼児語
クック（靴）/ないない（片付け）	18	幼児語
ママ	18	人々
パン	19	食べ物と飲み物
あった（見つけたときに）	19	その他
だっこ	19	幼児語
お茶/牛乳	19	食べ物と飲み物
手	19	体の部分

れら早期理解語彙におけるカテゴリをみてみると，「バイバイ」「ちょうだい」「ありがとう」など「日課とあいさつ」の語彙カテゴリに含まれる語や，「ワンワン」「ネンネ」などの「幼児語」，ならびに「ママ」「パパ」「自分の名前」といった「人々」に関する語が理解語彙に含まれていた。このことから，子どもの生活に密着した語が早期に理解されていることがうかがえる。

　一方，**表出語彙**については表 8-2 に日本語マッカーサー乳幼児言語発達質問紙における標準化データからみた早期表出語彙 20 語を示す (小椋・綿巻，2008)。これをみると，「マンマ」「ワンワン」「ブーブー」といった身近な事物における幼児語が多いことがわかる。このことは，養育者が子どもに幼児語で話しかけることが多いことと関連していることがうかがえる。

　また 1 語文から 2 語文へと至る準備段階として，1 語表出の段階で複数の機能を伴うことが明らかとなっている。たとえば，斉藤 (1988) は定型発達児 7 名を対象として，生後 8 か月から 15 か月までの 1 語発話を下記の 3 つの機能に分類した。

表示機能：例）目の前にあるものの名前を言う，「あった」「ママの（もの）」など。

要求機能：例）リンゴが食べたいときに「りんご」と言う。

情動機能：例）感情や意志の表出，あいさつや動作のかけ声の際に発する「イヤ」「こんにちは」「ヨイショ」など。

その結果，語彙数が20語を過ぎるあたり（生後13か月頃）から表示機能を示す語が急激に増加し，50語を獲得する頃（生後15か月頃）には全体の3分の2を占めることが示された。このように，表出される語が情動的な支配を受けた状態から物の状態を示すような表示機能を持つ語が優勢となることが，その後の語彙の拡大や，単語と単語をつなぐために必要な**統語構造の獲得**に影響を及ぼすことが報告されている。また，1語発話の後期には**発話＋ジェスチャー**で2語の内容を表現するようにもなる。しかしこの段階では，発話とジェスチャーで示される2つの要素に関して語順に相当するものは存在していないことから，2つの要素を前後の関係なく表出する段階が2語文の表出に先行すると考えられている（斉藤，2001）。

　語彙がある程度蓄積された1歳後半になると，**2語文**が出現し始める。小椋（2015b）によると，2語文を「たまに話す，かなりよく話す」と保護者が回答したのは20か月児で52%，24か月児で84%であったことが報告されている。このことからも，2歳の誕生日を迎える頃には多くの子どもが語を結合する統語構造の獲得ができるようになることがわかる。また，子どもが話す語彙数と語結合の関係では，表出語彙数が50～100語（一般的には18～20か月）になると2つの語をつなげることができるようになる（小椋，2015b）。このあと獲得語彙は急速に増加し，2歳前後では200～300語の語彙を獲得し，理解語彙は表出語彙の約2倍になるといわれている（斉藤，2001）。このように語彙が急激に増加すると，3つ以上の語を結合して話す**多語文**の時期に入る。

　多語文の時期に入ると，言葉は文章の形態をなすことにより，文法の理解と使用の発達が進む。文を組み立てるための要素を**文法形態素**と呼び，日本語では特に助詞と助動詞の獲得が重要な要素となる。斉藤（2001）によると，文法形態素は2～3歳にかけて初出し，会話の中では4歳頃にほとんどの文法形態素を表出するようになる。

2.　知的障害児の語彙獲得

　知的障害児の語彙獲得にはどのような傾向があるのだろうか。知的障害児における語彙数の変化に関して，大伴（2001）は，知的障害児3名を対象とした表出語彙の発達の様子を報告している（図8-1）。図中のグレーの部分は定型

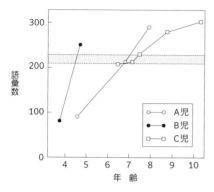

発達男児 3 名（月齢 24 〜 25 か月）の表出語彙数の範囲を示している。対象児のうち，A 児（IQ 31）は定型発達児で 1 歳後半に認められるような語彙の急激な増加が，4 歳以降に認められたことがうかがえる。一方，知的な遅れが比較的小さい B 児（DQ 54）では，A 児よりも語彙増加の加速化の時期が早く，増加の速度も大きい。C 児（IQ 42）では，6 〜 7 歳にかけて定型発達児の 2 歳レベル

図 8-1　表出語彙の継時的変化（大伴, 2001）

ルの語彙発達を遂げ，その後ゆるやかに語彙数を伸ばしている。これらの結果から，知的障害児における語彙獲得の特徴として，知的発達の遅れが大きいほど語彙習得の時期も遅れること，そして語彙習得の速度は定型発達児に比べてゆるやかであることがうかがえる。

　知的障害児の獲得語彙の内容について，藤上と大伴（2009）は，ASD 児 22 名（生活年齢［CA］5 歳 10 か月〜 12 歳 7 か月，平均発達年齢［DA］3 歳 1 か月）および知的障害児 12 名（CA 6 歳 1 か月〜 11 歳 1 か月，平均 DA 3 歳 5 か月）を対象として語彙チェックリストへの記入を保護者に求めた。その結果，獲得語彙数に関しては両群間で差は認められなかった。一方，獲得語彙の内容については，知的障害児における語彙獲得の初期段階（DA 40 か月未満）では名詞や動詞の獲得がなされ，次第に対人指向，対話指向的な語彙や，統語に関する語彙が獲得されることが示された。一方，ASD 児については，DA 40 か月以降に基本的な名詞や動詞のレパートリーを獲得していくことが示唆された。このことから，知的障害児の中でもその特性によって語彙の獲得プロセスが異なることが予想される。

　イプシランティら（Ypsilanti et al., 2005）は平均精神年齢（MA）を 6 歳 1 か月で統制したウィリアムズ症候群児 6 名（平均 CA 14 歳 5 か月）とダウン症児 5 名（平均 CA 14 歳 4 か月）を対象に，**理解語彙**（聞いたり読んだりしたときに理解できる語）と表出語彙の特徴について検討した。その結果，ウィリアムズ症候群児において，MA マッチングさせた平均 CA 6 歳 1 か月の定型発達児との間に，理解語彙の

発達差は認められなかった。一方，表出語彙では誤反応が多く，ウィリアムズ症候群児では意味的誤りと遠回しな言い方をすることが特徴として認められた。これに対してダウン症児では，理解語彙が定型発達児群に比べて低く，同等の知的水準であっても獲得語彙の特徴は障害種の違いによって異なることが報告されている。

　一方，惠羅ら（2012）は，知的障害児 19 名（平均 CA 16 歳，平均 MA 7 歳 10 か月，平均 IQ 55.7）の語彙について，理解語彙と表出語彙の 2 つの関連性を検討している。その結果，MA の上昇とともに理解語彙と表出語彙は増加していく傾向が明らかとなった。しかし，理解語彙と表出語彙との間には関連性がみられなかったことから，強固な関連性は存在しないことが示された。このことは，理解語彙の理解が進んだとしても，同じように表出語彙の発達に結びつかないケースがあることを意味している。前述のように障害種別によって理解語彙と表出語彙の獲得プロセスに違いがみられることを踏まえると，語彙獲得の支援においては理解語彙と表出語彙の両側面から特徴を捉えることが重要であろう。

3.　知的障害児の文法の獲得

　語彙を獲得した知的障害児は，その後どのような道筋で文法を習得していくのであろうか。従来，文法における発達指標の 1 つとして，形態素単位による**平均発話長**（Mean Length of Utterances: MLU）が用いられている。**形態素**とは意味を持つ最小の言語単位を指し，日本語の場合には，たとえば「花見」という単語は「花」と「見」，「教える」は「教え」と「る」というそれぞれ 2 つの形態素から構成される。MLU は発話を組み立てる構成要素（形態素）の数を表す指標であり，発話の構造が複雑になるほど MLU の値は大きくなる。ダウン症児の MLU について検討したファウラー（Fowler, 1988）によると，ダウン症児では 4 歳頃から MLU が伸び始めるが，その後の MLU が伸びるペースはその子どもの知的機能によって大きく異なるとしている。すなわち，知的機能の高い群（IQ 55 ～ 64）では 6 歳までに MLU 値が 3 に達するのに対し，知的機能の低い群（IQ 38 ～ 48）ではゆるやかに上昇し，13 歳で MLU 値が 3 に到達することを報告している。

　一方，日本語においても斉藤（2003）がダウン症児・者 20 名（CA 11 歳 4 か月

～19歳10か月，IQ 24～65）を対象として構文能力について検討している。その結果，格助詞（「が」「を」「で」「に」など）や態（受動態や使役態）の使用頻度は MA の上昇とともに高まるものの，MA マッチングした定型発達児より習得は遅れることが明らかとなっている。

さらに小泉ら（Koizumi et al., 2019）は，知的障害児 51 名（CA 5 歳 3 か月～17 歳 3 か月，MA 3 歳 3 か月～9 歳 4 か月）における統語発達に関して，理解と表出の両面より検討している。その結果，MA 6 歳台までの知的障害児については，MA マッチングした定型発達児に比べて統語理解と表出はいずれもかなり低い水準にあることが明らかとなった。しかしながら，MA 7 歳以上の知的障害児においては統語理解・表出がともに発達し，CA 6 歳の定型発達児相当のレベルにまで到達することが報告されている。

一方，知的障害児群をダウン症（18 名），ASD（18 名），ダウン症と ASD 以外の知的障害（15 名）の 3 つに分けて，MA マッチングした定型発達児と比較した結果，統語表出に関して，ASD 児では受動態の獲得に遅れが認められた。一方で，ダウン症児は格助詞の獲得に遅れが認められたことから，知的障害の中でもダウン症や ASD において特徴的な統語表出の困難が伴うことが明らかとなった。したがって，統語獲得の支援には統語表出の何につまずいているのかを確認することが重要であろう。

第 2 節　知的障害児の発音・発声

1. 構音のメカニズム

発声発語ならびに構音のメカニズムについて，毛束（2002）を参考に概観する。発声発語には，肺から口唇に至る呼吸や嚥下に関連する諸器官が関わっており，これらは**発声発語器官**と総称される（図8-2）。発声は肺からの空気の流れによって咽頭内部にある**声帯**が振動し，これが声の音源となる。声の音源は**声道**（咽頭より上部の口唇に通じる部分）に導かれ，構音器官の動きによってさまざまな言語音が産出される。

構音器官は下顎，口唇，舌，軟口蓋で構成されており，その中でも構音をつ

くるのに重要なはたらきをするのが舌と軟口蓋である。軟口蓋は鼻腔への通路を開閉することで呼気を口腔や鼻腔へ導き，この作用によって異なる音がつくり出される。母音はおもに舌と口唇の形によって音が出し分けられ，子音は声門から口唇までのどこかを閉鎖したり，狭めたりすることでつくり出される。このような開閉したり狭めたりする場所のことを**構音点**と

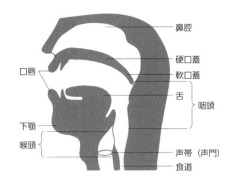

図 8-2 構音に関わる発生発語器官（村田，1970 を改変）

いう。さらに音をつくり出す方法は**構音方法**といい，**破裂音**（閉鎖していた箇所を勢いよく開く），**通鼻音**（鼻に息を回す），**摩擦音**（狭めた箇所で息を勢いよくこするように出す）や**弾音**（舌の先で上歯ぐきを弾く）などがある。たとえば，パ行（[p]）は口唇を閉鎖した状態で，勢いよく口唇を開くことで発音される破裂音である。このように，構音点と構音方法の組み合わせでさまざまな子音を発音することが可能となる。

2. 定型発達児における構音の発達

　生後間もない乳児は発声器官が未熟であり，言語音を産出することはできないが，発声・発語器官の成熟と環境との相互作用により言語音を表出できるようになっていく。ここでは，乳児期の音声発達については小椋（2015a）と永渕（1997）を，始語の出現以降における構音の発達については高見ら（2009）を中心に概観する。

　新生児が発する産声は呼吸運動に伴って生じる無条件反射であり，このような音声は**叫声**と呼ばれる。叫声は反射からやがて空腹や痛み，不快感など自分の意志に基づいて発せられるようになり，さらに舌先や唇の運動も加わって発声の調子は変化に富むようになる。生後 2 か月頃になると叫声は目立って減少し，おもに快適な状態のときに鳩が出す音に似た「あー」や「うー」といった**クーイング**と呼ばれる母音を伸ばした発声を表出する。

生後 4 ～ 6 か月頃の子どもは，機嫌がよいときに一人でいろいろな高さや長さでいろいろな種類の音声を発声し，それを聞くことを繰り返す音の遊びを行うようになる。さらに 6 か月以降になると，"bababa""nanana" のような母音と子音の音節を持つ**規準喃語**が発声されるようになる。一方，乳児の呼吸は腹式から胸式に移行し，吸気と呼気の関係が話し言葉の発声にふさわしい（吸気が短く，呼気が長い）状態となる。こうして乳児は話し言葉の原型を形成するようになる。

生後 10 か月以降になると，種々のストレスやイントネーションで発せられた音節や音のつながりを持つ**ジャーゴン**と呼ばれる発声がみられるようになる。時には質問や説明をしているように聞こえることもあるが，この段階ではまだ標準的な言葉ではなく，自分だけに通じる言葉を用いている。

1 歳を過ぎる頃には多くの子どもが**有意味語**を発するようになるが，構音器官は未熟で発達の途上にある。そのため，幼児期にわたり正しい構音が獲得されていく。高見ら（2009）は 3 歳 9 か月から 6 歳 7 か月までの幼児 31 名を対象に，18 枚の絵カードを呼称することにより構音の獲得状況を評価した。その結果，母音，タ行（チ・ツを除く [t]），ナ行（[n]），パ行（[p]），バ行（[b]），マ行（[m]），ン（[N]）はすべての年齢を通して 100％の正答率であった。これらの音声は喃語期からよく認められる音声であり，始語期の言葉もこれらの組み合わせで反復するものが多い。一方，摩擦成分を含む構音（サ行（シを除く；[s]），シ（[ʃ]），ザ行（ジを除く [dz]），ツ（[ts]））は年少組の子ども（3 歳 9 か月～ 4 歳 7 か月）で 50％に満たない正答率であった。しかし，年齢発達とともに正答率は上

表 8-3 構音における単音別正答率（高見ら，2009）

構音＼組	年少組 (3:9 ～4:7)	年中組 (5:1 ～5:7)	年長組 (5:8 ～6:7)	平均
母音	100	100	100	100
子音 k	55	89	73	72
g	36	89	82	69
s	27	78	91	65
ʃ	36	89	91	72
dz	36	78	82	65
dʒ	91	100	100	97
t	100	100	100	100
tʃ	91	89	100	93
ts	45	67	91	68
d	73	100	100	91
n	100	100	100	100
ç	73	100	100	91
ɸ	82	100	91	91
m	100	100	100	100
p	100	100	100	100
b	100	100	100	100
r	64	78	91	78
N	100	100	100	100
平均	74	92	94	87

昇し，年長組の子ども（5歳8か月～6歳7か月）ではいずれも90％近い正答率を示した（表8-3）。以上のことから，さまざまな音声を安定して表出できるようになるのは，おおむね4歳後半～5歳頃であることがうかがえる。

3. 知的障害児の構音

　知的障害の中でも，特に，ダウン症において**構音障害**が高い頻度で生じることが従来報告されている。ダウン症児の構音の誤りの原因については，ダウン症児に特有な身体的な筋緊張ならびに口腔周辺の機能の問題などの末梢性の出力系の問題や，末梢性の聴覚障害に加えて，語音認知や聴知覚に関与する機能など中枢神経系の入力系の問題，それらを基盤にして発達すると考えられる音韻意識や音韻体系の形成の問題，さらには構音運動プログラムの問題も指摘されている（石田，1999）。

　大澤（1995）は，軽度から中等度の知的障害のあるダウン症児20名（平均CA5歳8か月）を対象として，彼らの構音の特徴について定型発達2歳児のデータと比較検討している。対象児が発音した25単語中の子音の誤り方について，子音の省略（例，/sakana/ → /saana/）や子音の入れ換え（例，/sakana/ → /kasana/）など，正常な構音発達上で比較的よくみられる13の音韻の誤りについて分析した。その結果，正しく発音することができた正答率と音韻の誤りにおける該当率との関係をみると（図8-3），ダウン症児群では正答率が50％より低い者の中に，事例Aのように該当率が高く（74.2％），音の誤り方が定型発達の2歳児に近い者と，事例Bのように該当率が低く（23.3％），音の誤り方が定型発達の2歳児と著しく異なる者が混在していた。また，正答率が50％より高く，構音発達がより高い段階にあると

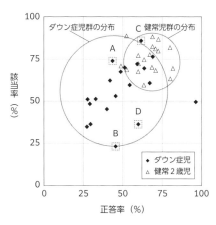

図8-3　ダウン症4名の発音正答率と音韻誤りの該当率との関係（大澤，1995を一部改変）

表 8-4　CA 9 歳未満の各群における単語聴取率ならびに音
節分解正反応数の平均（石田，1999 を一部改変）

群	人数	2 音節単語聴取率（%）	音節分解正反応数
ダウン症児	10	68.9(21.5)	5.5(4.6)
知的障害児	14	87.8 (9.8)	9.9(5.7)
定型発達児	15	85.5(15.3)	11.3(5.0)

注）（　）は標準偏差（SD）。

思われる者であっても，事例 C のように該当率が高く（85.7%），音の誤り方が定型発達に近い者と，事例 D のように該当率が低く（36.4%），音の誤り方が独特な者がいた。このように，ダウン症児ではそれぞれの構音発達の段階で，音の誤り方が健常児と類似している者とそれとは異なる者の 2 つのパターンが存在することを報告している。

　一方，石田（1999）は，ダウン症児 20 名（平均 CA 8 歳 11 か月，平均 MA 4 歳 0 か月）とダウン症でない知的障害児 15 名（平均 CA 5 歳 10 か月，平均 MA 3 歳 9 か月），ならびに定型発達児 15 名（平均 CA 3 歳 8 か月）を対象として，単語の発話明瞭度（発語明瞭度）ならびに単音節の発話明瞭度（単音節明瞭度）と，2 音節単語聴取ならびに音韻意識（音節分解正反応数）の関連性について検討している。その結果，発語ならびに単音節明瞭度について，ダウン症児群はその他の 2 群と比べて低かった。

　さらに，上記の各群において CA 9 歳未満の対象児に限って再分析したところ，2 音節単語聴取や音節分解についてダウン症児群の成績は他の 2 群より低かった（表 8-4）。このことから，幼児期や小学校低学年あたりまでのダウン症児の構音指導にあたっては，構音器官における運動面の指導だけではなく，単語の聴取や音節分解など**音韻意識**の形成に焦点を当てた指導プログラムを組むことの必要性が示唆されている。

第 3 節　知的障害児のコミュニケーション行動

1．コミュニケーション行動の発達

　子どもにおいては，意味のある言葉を話せるようになる前から，言葉によら

ないやりとりを通して他者とのコミュニケーションの基盤が形成される。ここでは，言葉を獲得する前のコミュニケーション行動の発達を中心に，小椋（2006,2015a）を参考に概観する。

　子どもは生後 3 か月くらいまでに原会話と呼ばれる行動がみられる。**原会話**とは，養育者と乳児が注意をお互いに向け合う相互作用を指す。原会話は対面状態で行われることが多く，見つめること，触れること，発声することが関わり，基本的な情動を表現し，共有するのに役立つ。また，原会話は明瞭な順番交代の構造を持っている。ただし，この段階におけるコミュニケーションは単なる感情の表現であり，意図的なものではない。

　6 か月頃になると，子どもは対象物をつかんだり，手で操作したりするなど，物と二項関係的に相互作用するようになる。また，大人とも二項関係的に相互作用し，歌や手遊びや身体を動かす，リズミカルでお決まりのやりとりを喜ぶようになる。このような順番交代の連鎖の中で，大人と感情的交流を行うようになる。

　9 か月から 1 歳頃になると，先述した二項関係から子ども，大人，そして彼らが注意を共有する対象物や出来事からなる三項関係的な行動がみられるようになる。子どもは大人が見ているところを見たり（**視線追従**），大人と一緒に比較的長く対象物を媒介として相互に関わったり（**共同関わり合い**），大人の反応や表情をモニターして情報を集めたり（**社会的参照**），大人が事物にはたらきかけるやりかたで自分もはたらきかける（**模倣学習**）ようになり，**共同注意**（1 つの対象が他者と視線を通して共有されること）が発達していく。

　12 か月を過ぎると，子どもはターゲットへ直接注意を向けようとして**指差し**を行う。この時期の指差しには，**原命令**（要求をかなえるため）の指差しと**原叙述**（他者と自分の興味や関心を共有するため）の指差しの 2 種類がある。いずれの指差しにおいても，子どもは自ら指差すターゲットに他者が注意を向けているかどうかをチェックするようになる。このようにして，子どもは前言語コミュニケーションでの大人とのやりとりの中で，他者や他者の意図的な動作について深く広範な理解を行い，そのうえで言葉の学習を行っていく。そして意味のある言葉が表出されるようになると，子どもは身振りだけでなく，言葉によるコミュニケーションを行うようになる。

2. 知的障害児のコミュニケーション行動

　フランコとウィッシャート（Franco & Wishart, 1995）は 22 名のダウン症児（月齢 21〜47 か月）を対象に，前言語期のコミュニケーション行動に関して指差しや手のばしなどの身振りについて検討した。その結果，月齢が高い（43 か月以上）群では，その他の月齢が低い群に比べて**指差し行動**が有意に多く出現していた。また，ダウン症児と表出言語レベルを統制した定型発達児との比較では，母親とのやりとり場面で定型発達児に比べて多くの指差し行動が出現していた（図8-4）。これらの結果は，表出言語レベルが同じであっても，ダウン症児のほうが指差しなどの非言語コミュニケーションを駆使したやりとりを行っていたことを意味している。その背景には，ダウン症児特有の言語機能の遅れや発語不明瞭の問題など，音声言語のみでは伝わりづらかった経験から，それを非言語コミュニケーションによって補おうとしてきたことが反映されているのではないかと推察される。

　さらに，アダムソンら（Adamson et al., 2009）は，ASD 児 23 名とダウン症児 29 名（観察開始月齢平均 30 か月）ならびに定型発達児 59 名（観察開始月齢平均 18 か月）を対象に，1 年間にわたり養育者と相互的に関わる様子を観察し，共同的な関わり経験の変化がのちの言語発達をどのように予測するかについて検討した。観察されたデータは，表 8-5 に示すような関わり状態の分類に沿ってコード化された。その結果，言語発達レベルを一致させた定型発達児（月齢 18 か月時）と比べて，ASD 児群（月齢 30 か月時）では，他者に関心を向けるような協調的なつながりで関わることに特に困難を示した（図 8-5）。一方で，ダウン症児群（月齢 30 か月時）では定型発達児（月齢 18 か月時）との間に差がみられなかったものの，その 1 年後の様子は異なっていた。すなわち，

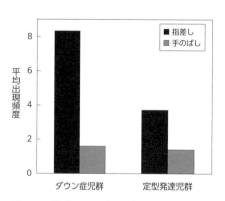

図 8-4　指差しと手のばしの出現頻度
(Franco & Wishart, 1995)

表 8-5　関わり状態の分類 (Adamson et al., 2009)

関わりの状態	定義
関わりなし	人，物，出来事，シンボルと関与しない。
物のみのつながり	物のみに関与する。
支持的つながり（シンボル無）	子どもと養育者が積極的に物や出来事に関与するが，子どもは養育者の参加を積極的に認識しない。
協調的つながり（シンボル無）	子どもは養育者と同じ指示対象に積極的に関与し，やりとりの重要な点で養育者を視覚的に参照することで養育者の関与を積極的かつ繰り返し承認する。
支持的つながり（シンボル有）	子どもと養育者は同じ対象に関与しており，子どもが積極的にシンボルに注意を向けている証拠があるが，子どもは養育者に注意を向けていない（例：子どもがパズルのピースに名前を付けて操作することに集中するように，養育者がそれを支援している）。
協調的つながり（シンボル有）	子どもは養育者および共有された対象との間で協調的に注意を振り分けており，子どもは積極的にシンボルに注意を向けている。子どもは養育者の方を見たり話しかけたりすることで，養育者に注意を向けていることを示すかもしれない（例：上記のパズル場面で「ママの番だよ！」と発言する）。
その他	養育者の活動を子どもが見ているのみ，子どもが養育者のみと関わるなど。

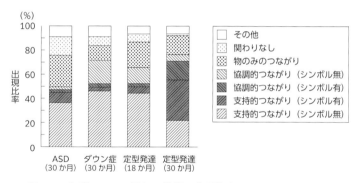

図 8-5　各群における関わり状態の出現比率 (Adamson et al., 2009)

観察開始時のデータ。ただし，定型発達（30 か月）は定型発達（18 か月）の 1 年後のデータを示す。

　定型発達児は 1 年経過すると（月齢 30 か月時），目の前にある事物から何かを思い浮かべるようなシンボルを伴う関わり（シンボル有）が急激に増加するのに対して，ダウン症児では定型発達児ほどの変化がみられなかった。さらに，のちの言語発達との関連については，すべての群においてシンボルを伴う支持的つながりが，1 年後の表出性ならびに受容性言語の発達に影響を及ぼしていた。したがって，言語学習の初期には，事物とそれを表すシンボルとを結びつける

作業をサポートすることが，新しい言葉を獲得するための土台になることを示唆している。

第9章

知的障害児と健康問題

第1節　知的障害児の肥満

1. 知的障害児の肥満要因

　肥満とは，「脂肪組織に脂肪が過剰に蓄積した状態」であり，成人の場合には体脂肪組織量との相関が高い **BMI**（Body Mass Index）を用いて判定される。日本肥満学会によれば，成人で BMI が 25 以上で，肥満に起因あるいはそれに関連する健康障害の合併がある，またはその合併が予測される場合に，肥満を軽減する治療が必要とされる病態として**肥満症**と診断される。小児の場合には，日本においては BMI ではなく，後述する肥満度が広く使用されている（日本肥満学会, 2022）。一般的に，肥満はさまざまな生活習慣病の危険因子となるため，肥満解消に向けた健康教育の推進は重要な課題になっている。世界的にみれば，先進国において小児肥満は増加傾向にあり，わが国の子どもたちも食習慣の欧米化や運動不足などによる影響から肥満の出現率は増加傾向を示していた。しかし，最近の 10 年間程度のデータをみると肥満の出現率は低下ないしは維持傾向にある。

　知的障害児も食習慣や運動不足などによる影響を受けることとなるが，時代背景の変化はあっても，知的障害児における肥満の出現率が同年齢の健常児に比べて高いことはこれまでも一貫して指摘されてきた（原ら, 2001）。このことは，知的障害児において肥満の問題を解消することが困難であることを意味してい

る。それではなぜ知的障害児において肥満の合併率が高いのであろうか？

　肥満は，過食と少ない運動量により生じる**原発性肥満**（単純性肥満）と，ホルモン異常や摂食中枢である視床下部の異常などにより引き起こされる**二次性肥満**（症候性肥満）に分けられる。知的障害児の場合，病理型の知的障害のように何らかの基礎疾患から二次性肥満が生じることがある。たとえば，プラダーウィリー症候群の場合，視床下部の食欲中枢に異常があることで食欲を抑制できず，適切な介入がない場合は高度な肥満を生じさせる。同じく，ダウン症も肥満の合併率が高く，二次性肥満に分類されるが，その原因については咀嚼せずに丸のみしたり，筋緊張の低下により運動量が少なかったりなど多様性があると考えられている。一方で，それ以外の知的障害でも，何らかの基礎疾患を起因としない原発性肥満を引き起こす割合が健常児に比べて高く，知的障害という状態が肥満を引き起こしやすくしている1つの要因であると考えることができる。

　知的障害が肥満を合併しやすい要因として，①社会面，②運動面，③食生活面，④心理・認知面，⑤身体発育面，の各側面から整理できる（図 9-1）。たとえば，現代社会において自動販売機やコンビニエンスストア，ファストフード店の増加（社会面）は，子どもにとって魅惑的な食べ物を気軽に摂取できる環境をつくってしまう。公共交通機関が未発達な地域は車を中心とした生活空間

図 9-1　知的障害における肥満症の合併要因

となり（社会面），買い物など移動に伴う歩行運動の減少を導く（運動面）。いったん肥満になれば移動することも億劫になり，運動に積極的に取り組めない面も出てくる（運動面）。そもそも対人コミュニケーションやルールの理解が困難な場合（心理・認知面），さまざまなスポーツに参加することが制限されてしまう（運動面）。郊外のショッピングモールなどさまざまな魅惑的なものが一堂に陳列される中では（社会面），食を含めた自らの欲求を抑制することはいっそう困難になる（食生活面）。興味関心が食に向かえば，過食を引き起こしかねない（食生活面）。食べ物を与えることで子どもの欲求や問題行動を一時的に解消するなど不適切な対応が継続されれば，肥満を誘発することになる（心理・認知面）。食べたい物をいつでも好きなだけ食べるといった自己制御の弱さ（心理・認知面）は知的障害児において生じやすいし，自己の健康に対する意識の低さ（心理・認知面）も要因としてあげられる。発育面でも，思春期の成長スパートを例にとると，健常児より早い年齢で身長が伸び悩むことも多い（身体発育面）。その場合，身長の伸びる時期に肥満の解消をねらうことが難しくなる。

　以上のように，知的障害児にとって肥満が引き起こされやすい要因はいくつもあげることができる。それらを整理すると，障害特性だけではなく，そのまわりにある環境との相互作用によって，適切に体重を管理することが困難であることがわかる。

2. 肥満はなぜいけないのか？

　小児肥満は，成人肥満と同じくメタボリック・シンドロームに代表される健康障害を引き起こす可能性がある。脂肪細胞から分泌される生理活性物質である**アディポサイトカイン**は，通常は動脈硬化を予防するなど良い作用をもたらすが，内臓脂肪の蓄積により脂肪細胞が肥大化することで，逆に動脈硬化を促進するなど悪い作用を引き起こすようになる。たとえば，図 9-2 に示すように，インスリン抵抗性が上昇してインスリンが作用しにくくなり，血中の糖を体に取り込むことができずに糖尿病を引き起こすこともある。その場合，作用しにくいためにインスリンを多量に分泌するが，このことが交感神経系を活性化させ，高血圧を引き起こしてしまう。これらは動脈硬化を誘発し，脳卒中や心筋梗塞などの発症につながっていく。したがって，小児でも肥満は健康状態を悪

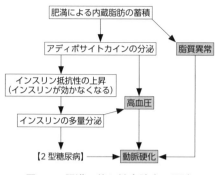

図 9-2　肥満に伴う健康障害の関連

化させることになり，その後にさまざまな健康障害をもたらすことになる。

3. 肥満の判定方法

　肥満の判定方法にはさまざまな尺度が存在するが，学校などで肥満の発見に用いられる尺度は身長と体重のバランスから判定していくものが多い。学校で最もよく用いられる**肥満度**は標準体重に対して実測体重がどの程度増えているかをパーセンテージで表示するものであり，図 9-3 に示す式で算出される。標準体重は性別，年齢別，身長別に示された標準体重表から読み取り，学童期では肥満度が 20％以上で軽度肥満と判定される。標準体重を知らなければ算出できないという問題はあるものの，標準値からどの程度逸脱しているのかがわかるため，肥満の現状をイメージしやすい指標といえる。

　一方，成人において BMI はよく知られた**体格指数**であり，体重を身長の 2乗で除することで身長と体重のバランスをみていく（図 9-3）。しかし，成長期の子どもでは BMI 指数の標準値が年齢や性別ごとに異なるため使用は推奨されていない（たとえば，7 歳男子における BMI の標準値は 15.5 程度であるが，15 歳男子では 20 程度となる）。以前は，学童期において体重を身長

$$肥満度（\%）= \frac{実測体重 - 標準体重}{標準体重} \times 100$$

$$ローレル指数 = \frac{体重（kg）}{身長^3（cm）} \times 10^7$$

$$BMI指数 = \frac{体重（kg）}{身長^2（m）}$$

図 9-3　体格指数の算出方法

の3乗で除した**ローレル指数**（図9-3）を体格指数として用いるのが一般的であったが，ローレル指数もまた成長期にあっては年齢や身長の違いで標準値が異なってしまうことから（伊藤ら，2007），体格判定には前述の肥満度が使用されている（日本肥満学会，2022）。このようにBMIやローレル指数は数式さえ知っていれば肥満の判定を簡便に行うことができる便利なツールであるが，成長期では使用に関して問題点が指摘されており，算出された数値から肥満の実態を具体的にイメージしにくいといったデメリットもある。

　このようにさまざまな尺度がある中で，知的障害特別支援学校における肥満判定には肥満度やローレル指数が使用されることが多い（内野ら，2007）。しかし，知的障害児の中にはダウン症のように，全体的に低身長で，躯幹の発育に比べて上下肢が短い「ずんぐり型」の特徴的な体型を示す場合があり，健常児を基準とする上記の指標を安易に適用することには問題がある。したがって，実際には上記の尺度に加えて，体脂肪率や後述の成長曲線を使用するなど複数の尺度を用いて多角的な視点で肥満の発見に努めている学校が多い（内野ら，2007）。

4. 肥満指導へのアプローチ：学校と家庭との連携

　肥満解消に向けたアプローチとして，①食事指導，②運動指導，③自己管理，④健康意識，⑤環境整備などがあげられる。①は摂取カロリーの制限であるが，成長期においては極端な制限をせずに栄養バランスを整えることが重要となる。②は日常生活の中で運動機会をつくることであり，無理のない範囲で本人が楽しみながら継続して行えることが重要となる。基本的には運動による消費カロリーの増加をめざした介入のみでは不十分であり，食事指導を組み合わせた介入が効果的である（野中・古田，2017）。③のように，日々の食事内容や体重を記録するなどの自己管理により，現状の把握と成果に対するフィードバックを得ることがモチベーションの維持には必要となるだろう。さらに，それを支えるのが④の自己の健康に対する意識づけであり，肥満解消に向けて主体的に取り組むためには必要なアプローチである。当然，知的障害児のみでこれらのアプローチを遂行することは困難であり，⑤のように当事者に加えて，そのまわりの家族らが積極的に関与し，環境を整えることが成功の秘訣となる。

　あるダウン症の事例（A児）における介入に関して紹介していく。ここでは，

身長と体重の記録に成長曲線を活用している。**成長曲線**とは，身長と体重の経年変化がグラフ化されたもので，標準的な身長と体重の成長曲線が平均値と標準偏差（SD），あるいはパーセンタイルで示されている。ダウン症児では標準的な身長と体重が健常児とはかなり異なるため，ダウン症児用につくられた成長曲線を活用した（藤田・大橋，2006）。図 9-4 は，その成長曲線上に A 児の身長

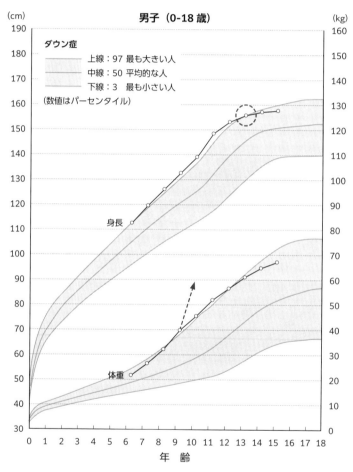

図 9-4　あるダウン症候群の子どもの成長曲線（勝二ら，2018 を一部改変）

成長曲線は 3 本の基準線から構成されており，下線は 3 パーセンタイル，中線は 50 パーセンタイル，上線は 97 パーセンタイルに位置している。これに A 児の経年データを白丸でプロットし，黒の実線で結んでいる。なお，パーセンタイルとは計測分布で小さいほうから数えた場合に何 % 目の値がどのくらいかを示したものである。たとえば，100 人いた場合に，3 パーセンタイルは下から 3 番目の子どもの身長と体重を示していることになる。

と体重のデータをプロットしたものである。入学当初（6歳）のA児の身長と体重は，ダウン症の体格的特徴から考えれば高身長であり，身長に比べると体重は少なかったように思える。しかし，その後9歳までの3年間で体重が増加し続け，97パーセンタイル基準線を越えるまで増加しているのがわかる。体重の成長曲線に示した点線矢印は6～9歳の体重データの推移からその後の体重増加を予測したものであり，この時点で介入を行わなければ高度肥満となることが推測された。

　このように成長曲線を描くことで，適切な介入時期を見逃さずにすむという利点がある。本人や保護者に対しても，肥満に対する問題意識を高めることにつながるであろう。知的障害で肥満になった子どもの多くが小学部3～4年で肥満度20%を超えるとされている（長尾, 1998）。このことは，一度身についた生活習慣は変えることが難しく，早めの介入が効果的であることを意味している。A児のケースでは，保護者の協力のもとで，帰宅後に散歩をする運動習慣を取り入れたりおやつの量を調節したりするなど，肥満解消に向けての取り組みを行った。その結果，体重は身長と同じ97パーセンタイルを維持し，身長の停滞がみられる13歳以降（点線の円で示した箇所）も身長と連動した体重維持につなげることができた。このように，成長の局面で具体的なアドバイスを行いながら，学校と家庭が連携して肥満の問題に介入していくことで，知的障害児にも肥満の解消に向けた取り組みは可能であることがわかる。知的障害児の肥満に関わるさまざまな危険因子に配慮しながら，適切な介入によって健康の維持・増進に取り組んでいくことが求められる。

第2節　知的障害児の睡眠

1. 子どもの睡眠とその影響

　一般的に1日あたりの**睡眠**は8時間程度といわれているが，発達段階によって睡眠時間は変化する。たとえば，新生児では1日の多くは睡眠で占められるが，生後3か月頃から夜間の睡眠へと移行し始め，次第に昼間に覚醒する時間が増えていく。健常成人でも最適な睡眠量には個人差があるため，一概に

睡眠時間が8時間必要とはいえないが，睡眠習慣という視点からみれば，以前に比べるとわが国の子どもたちは就寝時刻が遅れており，睡眠時間は短縮傾向にある。この傾向は学童期のみならず，乳幼児期においても認められることから，子どもたち自身の問題というよりも家庭環境による外的要因による影響が大きいと考えられる。たとえば，保護者における就寝時刻の遅れや20時以降の外出（三星ら，2012），母親の帰宅時間や夕食時間の遅れ（服部・足立，2006）などが子どもの就床時刻と関連することが明らかとなっている。

　一方で，睡眠は量だけではなく，その質も大きな問題となる。睡眠時には急速な眼球運動が生じる**レム睡眠**とそれが生じない**ノンレム睡眠**に分けられる。入眠時にはノンレム睡眠期から始まり，しばらくするとレム睡眠期に移行する。これを1周期として睡眠中に4〜5回ほど繰り返されるが，睡眠の前半にはノンレム睡眠の時間が多いのに対して，後半になるとレム睡眠の時間が増えていく（図9-5）。しかし，さまざまな要因によって睡眠が妨げられ，**睡眠覚醒リズム**が乱れることで，レム睡眠とノンレム睡眠のバランスが崩れてしまい，たとえ十分な睡眠時間が確保されたとしても，昼間に眠気を引き起こしたり，疲労を感じたりするなどさまざまな悪影響を引き起こすことになる。

　それだけでなく，睡眠の問題は行動や認知にも影響を及ぼす。たとえば，睡眠に問題が生じることで，不安や抑うつ，衝動性や多動性，攻撃性などを高め

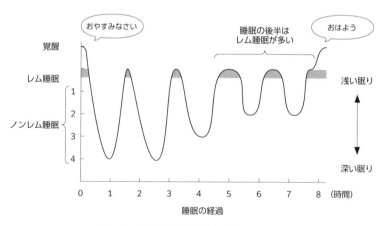

図 9-5　健常者の理想的な睡眠パターン

ることが指摘されている（Gregory & Sadeh, 2012）。さらに，注意や記憶など認知機能の低下を引き起こし（Sadeh et al., 2002），学習成績への影響も指摘されている（Wolfson & Carskadon, 1998）。それだけでなく，睡眠の自己評価が低かった子どもは忘れ物をしやすく，疲労感を抱きやすいことが報告されている（平井・神川，1999）。さらに，睡眠不足は長期的には肥満リスクを高めることも指摘されており（Silva et al., 2011），睡眠の問題は子どもたちが学校生活を送るうえでさまざまな影響を及ぼしていることがわかる。

2. 知的障害における睡眠の問題

　知的障害児は夜間の睡眠行動に何らかの問題を抱えている場合が多いといわれてきた（Bartlett et al., 1985）。それにもかかわらず，睡眠の問題は家庭の中で生じるものとして，学校における指導とは切り離して考えられやすい傾向がある。しかし，自立活動の 6 区分における「健康の保持」の中で「生活のリズムや生活習慣の形成」があげられているように，リズムある生活の中で学習できる環境を整備することには大きな意義があると思われる。

　知的障害児が抱える睡眠の問題に関して，保護者を対象とした質問紙調査を行った林と堅田（Hayashi & Katada, 2002）によれば，知的障害児の入床時刻は健常児に比べて違いはないものの，入眠に至るまでの所要時間が延長する傾向にあることが認められた。さらに，知的障害児の睡眠時間は 9 時間程度確保されていたものの，睡眠中の**中途覚醒**が顕著に表れることが明らかにされた。この調査では障害種別による違いは検討されていないものの，国内外の研究を概観すると，ASD 児において，睡眠に関わる問題が顕著にみられることが指摘されている（池内ら，2019）。

　知的障害児が抱える睡眠問題の具体的な内容としては，①入眠困難，②中途覚醒，③添い寝の習慣，④夜間尿失禁，⑤早朝覚醒，⑥過度の眠気，などがあげられ，睡眠問題を引き起こす子どもの中でも入眠困難や中途覚醒を示す者が比較的多い（表 9-1）（Cotton & Richdale, 2006）。障害種別ごとにみると，ASD 児は入眠困難や中途覚醒，そして添い寝の習慣が多いことがわかる。さらに，二次性肥満を呈するプラダーウィリー症候群では日中の眠気が生じやすく，その背景には高度肥満による**閉塞性睡眠時無呼吸症候群**（Obstructive Sleep

表 9-1　障害種別ごとの睡眠問題（Cotton & Richdale, 2006 を一部改変）

障害種別	人数	睡眠問題の種類					
		入眠困難	中途覚醒	添い寝の習慣	夜間尿失禁	早朝覚醒	過度の眠気
自閉スペクトラム症	27	18	15	6	1	1	1
生理型知的障害	13	4	10	1	0	2	0
プラダーウィリー症	7	0	1	1	0	2	5
ダウン症	6	1	4	0	0	1	1
健常児	5	3	2	0	0	0	0
総数	58	26	32	8	1	6	7
比率	100%	44.8%	55.2%	13.8%	1.7%	10.3%	12.1%

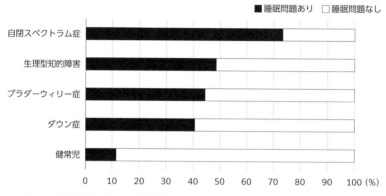

図 9-6　障害種別ごとの睡眠問題の合併率（Cotton & Richdale, 2006 をもとに作成）

Apnea Syndrome: OSAS）が要因の１つとして考えられている（林，2011）。

　全体としては，健常児と比べると，知的障害児は障害種別にかかわらず高率に睡眠問題を有しており（図 9-6），かつ複数の種類の問題が併発することが明らかにされている。その中でも ASD 児は睡眠問題を高頻度に抱えており，入眠時刻や起床時刻が一定せず，睡眠と覚醒のリズムが不規則となることで質の高い睡眠が維持できない状況にある。**睡眠の質**が低ければ，昼間の眠気を引き起こしてしまうことから，学校での活動に支障をきたすことが予想される。

　さらに，子どもの睡眠問題は，本人のみならずその家族にも影響を与える。たとえば，母親を対象とした研究では，障害の有無にかかわらず，子どもが睡眠に問題を抱えている場合には母親もまた睡眠が十分にとれておらず，結果として精神的健康に問題を引き起こすことが指摘されている（Hodge et al., 2013）。

ASD 児が睡眠問題を引き起こしやすいこと，そして睡眠導入時に養育者等による添い寝を要することを考慮すると，ASD 児を含む家族は睡眠問題によって大きなストレスを引き起こしやすいことがわかる。乳児期の夜間覚醒や夜泣きなどが育児において大きなストレスになることは，私たちにも想像しやすいであろう。健常児において，乳児期の睡眠問題は年齢発達とともに自然と解消されていくが，ASD 児を含む知的障害児における睡眠の問題は簡単に改善されないことから，保護者等に寄り添いながら睡眠問題に積極的に介入していくことが望まれる。

3. 睡眠問題へのアプローチ：学校と家庭との連携

　本来，ヒトは昼夜の変化がなく，時間情報などの手がかりもない条件下に置かれた場合，1 日 1 時間くらいずつ睡眠−覚醒リズムがずれていくことが知られている。このような恒常条件下で生じる約 25 時間の周期を**自由継続リズム**と呼んでおり，私たちはさまざまな情報をもとに 24 時間のリズムに同調させている。したがって，睡眠の問題に介入するためには，**睡眠−覚醒リズムの同調因子**を知っておくことが重要である。

　同調因子の中でも最も重要な役割を果たしているのが光であり，光を浴びることは覚醒を促す。したがって，起床前にカーテンを開けてあらかじめ光を浴びておくことでスムーズな起床が促される。逆に，就寝時には部屋の明かりを暗くすることでスムーズな睡眠へと導かれる。同調因子は大きく分けると，①外的因子，②社会的因子，③内的因子からなる。**外的因子**には，光以外にも，音，気温・湿度，振動などがあげられ，その感覚刺激によって覚醒に導かれる。**社会的因子**には，時間の認識，学校や仕事などのスケジュール，食事や運動，対人接触などがあげられる。**内的因子**としては，体温や血圧の変化，ホルモン分泌などの影響を受ける。たとえば，騒々しく，暑くてじめじめした日には寝つくことが難しいであろう。しかし，それでも翌日に学校があれば，遅刻しないように定められた時間に起きなければならない。湯船につかることも適温であれば睡眠へと導かれるが，熱すぎると体温を上げてしまい寝つくのに時間を要するだろう。したがって，睡眠に適した環境を整備することで，快適な睡眠へと導くことができる。

外的因子に関しては，寝室を安心して過ごせる場所とすることは当然であるが，前述のように就寝時に寝室を暗くすることで入眠を促すことができる。静寂を保つことや室内を適切な気温と湿度に維持することも重要であろう。加えて，就寝前にはテレビゲームやスマートフォンなどの画面を見て興奮するようなことを避けなければならない。社会的因子に関しては，**入眠儀式**として入浴や歯磨き，着替えなどの手順を一定の時刻に同じ順番で行うこと，そして積極的儀式としては，子どもが興奮しないのであれば，就寝前に読み聞かせを行うことなど，限定的ではあるが一定の効果があると考えられている (Delemere & Dounavi, 2018)。さらに，従来の就寝時刻よりも遅らせることで入眠までに要する時間を調査し，最適な就寝時刻を明らかにしていく**睡眠制限法**も有効とされている (Delemere & Dounavi, 2018)。適度な昼間の身体活動も睡眠に導くには有効であろうし，肥満に伴う閉塞性睡眠時無呼吸により昼間の眠気を引き起こすようであれば，肥満指導が結果としてよりよい睡眠を確保することにつながるであろう。

　さらに，内的因子に関しては，松果体から分泌されるホルモンである**メラトニン**の特性を知っておくことが重要である。メラトニンは**睡眠ホルモン**とも呼ばれており，メラトニンの分泌により入眠が促される。一方で，メラトニンは明るい光によって分泌が抑制されることから，子どもの就寝時には部屋を消灯して暗くすることでメラトニンの分泌を促し，入眠へと導くことができる。逆に起床時にはあらかじめカーテンを開けるなど明るい光を浴びるようにすることでメラトニンの分泌を抑え，覚醒へと導くことができる。また，メラトニンに関しては，薬として経口投与することで睡眠導入作用が認められることが報告されている (石崎ら, 1999)。さらに，体の内部の温度である**深部体温**は夜間に低く，昼間には高くなる日内変動があり，深部体温が下がるときには睡眠が生じやすくなる。たとえば，睡眠前の入浴は一時的に深部体温を上げることとなるが，その後は手足の皮膚から熱を逃がすことで急激に深部体温を下げることになるため，睡眠を促進することにつながる。

　このように睡眠にはさまざまな要因が関与しており，その特性を理解することは子どもを適切な睡眠へと導くためのヒントとなる。したがって，保護者等に対する**睡眠衛生指導**は効果的であると考えられるが，前述のように保護者自

身も精神的な負担を感じている場合が多いため，指導する側は子どもの睡眠問題を親のしつけに起因すると断定するような態度は避けるべきであろう。

第3節　知的障害児の食事・口腔機能

1. 食べる機能の発達とその問題

　栄養を摂取することは生きていくうえで必要なことであるが，食べ物を口腔内に取り込んで（捕食），かみ砕き，すりつぶし（咀嚼），飲み込む（嚥下）ことに問題を抱える子どもは少なくない。たとえば，脳性まひのように過度な筋緊張や筋弛緩があり，随意運動がうまく行えない事例では，摂食・嚥下機能の発達に遅れが認められる。近年では，健常児でも口腔機能の発達や獲得に遅れが認められることが注目されており，早期に介入してその発達を促すことを意図した口腔機能発育不全症という概念が生まれている。この症状は，明らかな器質的な異常や疾病がないにもかかわらず，「食べる機能」「話す機能」「その他の機能（体格・呼吸など）」に発達上の問題が生じている状態を指す。知的障害児において，摂食・嚥下機能に問題がないようにみえたとしても，さまざまな要因によって実際には摂食・嚥下機能が十分に発達できていない場合がある。

　食べる機能は，生後5か月頃から徐々に発達していく。表9-2 に示すように，初期は上唇をあまり使わず，下唇の動きで口唇を開閉させる。舌の動きも前後方向に限られており，食物形態はある程度の粘度を持つペースト状のものとなる。その後，中期になると舌が上下方向に動くようになり，口蓋に押し付けて食物をつぶせるようになる。また，上唇も動くようになるため，スプーン上の食物をこすり取るように捕食できる。後期では，さらに舌の動きが多様になり，上下左右方向に動かすことができるようになる。口の動きは非対称となり，奥歯が生える部分の歯ぐきで食物をすりつぶしながら食べることができる。12か月頃になると，舌の動きはさらに多様になり，あらゆる方向に動かすことができるようになっていく。さらにその頃には，食べさせてもらうだけでなく自ら手で食物をつかんで口に入れたり，スプーンやフォークを使って食べたりすることができるようになる。前歯も上下4本ずつ生えそろうため，前歯で咬

表9-2　食べる機能の発達段階とその特徴

食べる機能の発達段階		初期	中期	後期	完了期
発達月齢		5～6か月頃	7～8か月頃	9～11か月頃	12か月以降
動きの特徴	全体	舌が前後方向に動き、次第に口を閉じて飲み込む	数回もぐもぐして舌で押しつぶして飲み込む	上下の歯ぐきですりつぶしながら飲み込む	硬さや量に合わせた食べ方が次第にできるようになる
	口唇	上唇の形は変わらず、下唇が内側に入る	上下唇が閉じる	上下唇が閉じ、左右にねじれながら動く	上下唇が閉じる
	口角	ほとんど動かない	水平左右対称に動く	左右非対称に動く	水平左右対称に動く
	舌	前後方向に動く	上下方向に動く	上下左右に動く	あらゆる方向に自由に動く
食形態		嚥下食	押しつぶし食	すりつぶし食	常食
食物の特徴		ドロドロした適度の粘度のあるペースト状のもの	舌でつぶせるくらいの硬さの固形物で、ある程度の粘度があるもの	歯ぐきでつぶせるくらいの硬さの固形物で、まとまりやすいもの	前歯で咬みきり、奥歯でかみ砕き、すりつぶして飲み込めるもの
機能不全のおもな症状		食べこぼし、舌突出、過開口、食具かみなど	丸のみ、舌突出、食塊形成不全など	丸のみ、咀嚼時の口唇閉鎖不全など	うまくかめない、丸のみ、こぼす、犬食いなど

むことも発達上重要な経験となる。

　このように離乳段階から急速に食べる機能は発達していくが，表9-2の下段に示すように，それぞれの発達段階で機能不全があるとその症状も異なることがわかる。たとえば，食べる機能の初期段階で舌がうまく機能しないと食べ物を後方へと送り込むことができず，代償的な動きとして**舌の突出**がみられる。むせることも多いため，固形食では窒息に至る危険性がある。舌や歯ぐきを巧みに使ってすりつぶしができるようになる段階では，そのはたらきが不十分であると押しつぶすことが困難になるため，**食塊**（かみ砕かれたものが唾液と混ざり塊をつくること）が十分に形成されないままで丸のみしてしまう。知的障害児の場合には，明らかな運動障害がないにもかかわらず，学齢期において捕食や咀嚼といった基本的な摂食機能が未獲得な子どもも少なくない。食べる機能が未獲得であると「かまないで食べる」ことにつながり，食事中の窒息や誤嚥（ごえん）のリスクを高めてしまうことになる。実際に，知的障害特別支援学校を対象とした調査では，ほとんどの教員が児童生徒における給食場面の食べ方に気になる点があ

ると回答しており，とりわけかまないで丸のみする子どもが多かった（藤井ら，2018）。うまく食具の操作ができないと，手づかみで食べたり，食具を用いて口にかき込んだり，詰め込んだりするなどの食べ方がみられるようになるため，よりいっそうの注意が必要である。

　本来，食事は楽しい時間のはずであるが，残念ながら学校における**食物誤嚥**による窒息事故は起きており，窒息事故を起こしかけた事例まで含めれば決してまれなことではない。知的障害特別支援学校を対象とした調査においても，「ゴクンとするときに舌が出る」「ほとんどかまずに飲み込む」「口に詰め込んで食べる」など，摂食・嚥下機能が未熟である子どもの存在が指摘されている（手塚ら，2017）。さらに，窒息を起こしかけた経験のある子どもの中で，ダウン症児が多かったことも特徴としてあげられており，その背景には上顎の低形成などの口腔形態の異常や，低緊張による舌や口唇の弛緩といったダウン症特有の問題が関与していると考えられる。

　学校における食物誤嚥に関わる窒息事故は，健常児の場合には早食いなどが要因となるが，知的障害児においては嚥下・摂食機能の未発達が要因となりうる。楽しく安全な食事を確保するためには，子どもの嚥下・摂食機能の発達状況を把握したうえで，それらの機能向上を図るための支援と発達状況に合わせた食形態や食環境の工夫が必要となる。そして，障害の有無にかかわらず，誤嚥しやすい形状や性質の食物（たとえば，弾力があるもの，滑らかなもの，丸いもの，粘着性が高いもの，硬いものなど;馬場ら，2010）について把握しておくことは重要であろう。

2. 偏食に関する問題

　偏食とは，一般的には食べ物に好き嫌いがあることを指すが，摂取できる食物が極端に少なかったり，あるいは特定の食物の摂取を好んだりといったように，その程度には幅があると考えられる。ASD の場合には，偏食に関わる問題が多く認められることがこれまでも指摘されてきた（Schreck et al., 2004）。たとえば，極端に限定された食材しか食べられない事例においては，栄養バランスが極端に偏ることで栄養障害を引き起こすことが報告されている（松岡ら，2016; 宗永ら，2019 など）。

　ASD において偏食が高頻度で認められる背景には，その障害特性でもある

感覚知覚異常（過敏あるいは鈍麻）や同一性保持が関わっていると推察されている。たとえば，混ざり合った味やにおいが強いと食べないことがあり，これらは味覚や嗅覚の過敏さと関わっていると考えられている。さらに，舌触りやかみ心地といった食感も関わっており，柔らかいものやぶつぶつした感触のものは食べない子どももいる。同一性保持の視点からは，黒いものは食べられない，温めないと食べられないなど，色や温度に強いこだわりを持つ場合がある。見た目も影響を受け，切り刻むなどの食物形態が変わってしまうだけで食べなくなることがある。普段食事する場所や特定の時間でしか食べなかったり，食器や食具が普段と異なるだけで食べられなくなったりする場合もある。初めて食べる物にはなかなか手を付けない，決まったメーカーのものしか食べないといった特徴も同一性保持に含まれる。

　さらに，上記以外に，摂食機能の問題との関連についても指摘されており，ASD で偏食がみられる子どもの多くは，嚥下・咀嚼機能や食べ方の問題が合併しているとの報告がある（髙橋ら，2012a）。たとえば，肉や葉物野菜など繊維の強い食材を嫌うことが多く，摂食機能とそれに合わせた食形態の工夫によって，摂取できる食材が広がる可能性が示唆されている。

　このように，食形態や味を工夫したり少しずつ慣らしたりすることによって，ASD における偏食は年齢とともに軽快していく可能性がある（田村ら，2018）。その一方で，加齢によっては解消されずに偏食が維持される場合も指摘されており（永井，1983），偏食への介入にあたっては指導方法が確立しているとは言いがたいのが現状である（髙橋ら，2012b）。一般的には，偏食は栄養バランスが偏るために解消したほうがよいと考えられるが，現代では食材が豊富であることから，偏食によって栄養障害を引き起こすことはまれであるとの指摘もある（篠崎ら，2007）。確かに，摂取できる食材が極端に少ないケースはみられるが，保護者が感じるほど偏食が重くないケースもあることから（髙橋ら，2012a），偏食の程度とそれに至る要因をていねいに見取り，子どもの状態に合わせた介入が必要となるだろう。

3．口腔衛生に関わる問題

　歯の健康を維持することは，食事を楽しく行うために重要である。知的障害

児においては，健康に対する意識づけを高めることが難しく，**歯磨き**の必要性を理解していないことも少なくない。さらに，**う蝕**（虫歯）により歯の痛みを感じたとしても，それを表出できずに重症になるまで悪化させてしまうことがある。たとえば，知的障害児のある事例では食事中にパニックが起こるようになり，自傷行為を繰り返すようになったが，発熱と頬が腫れたことで初めて虫歯が原因であることに気づけたケースがある（笠原，1998）。

う蝕を生じさせないためには歯磨きが欠かせない。食後には**歯垢**と呼ばれる細菌のかたまりが生じるが，急速に酸化して歯を溶かしてしまう。通常であれば，唾液によって元に戻そうと作用するが，間食を繰り返してだらだら食べてしまうと口腔内が酸性の時間が増えることになり，虫歯になる危険性が増すことになる（図 9-7）。歯垢が除去されずにいると，石灰化して**歯石**ができ，さらに歯垢がつきやすい状態になり，う蝕や**歯肉炎**を引き起こしやすくしてしまう。それを防ぐためには歯磨きよる歯垢の除去が重要となるが，歯磨きをしている際に口腔内を目で確認しながら磨くことは少ないため，大人であっても隅々まで磨き上げることは難しい。たとえば，2 つの円を描き，片方は目を開けて，もう片方は目を閉じて円を塗りつぶしてみてほしい。目を閉じて塗りつぶそうとしても，塗り残しが生じてしまうことがわかるだろう。実際には，口腔内の歯並びは複雑であるため，磨き残しがないよう継続的に**ブラッシング指導**を行い，正しい技能の習得と口腔清掃の習慣化を図ることが重要となる。

このようなことから，知的障害児は健常児に比べると，う蝕罹患率が高いように思われがちである。しかし，実際には知的障害児のう蝕罹患率は健常児と変わらないことが報告されている（森ら，2002）。その背景には，歯磨きによる

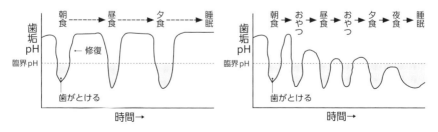

図 9-7　食事回数と歯垢の pH 変化（中川，2001 をもとに作成）

口腔衛生活動の習慣が着実に定着していること（常岡，2003），そしてそれを支える保護者，教員や介助者の存在があげられる。知的障害児でも多くは自ら歯を磨くことができるようになるが，十分に磨けているかといえばそうではなく，成人の知的障害者において歯磨きによる平均歯垢除去率は 24.1％と低いことが報告されている（寺田，1993）。そのため，介助者等による仕上げ磨きは重要となってくるが，小学部を終えて中学部に上がる頃には，一人で磨けるようになったことを理由として保護者や教員も仕上げ磨きを行わなくなる（田村ら，2016; 寺田ら，2016）。したがって，定期的に適切なブラッシングを行えているのかをチェックし，ブラッシング指導を実施する必要があるだろう。

　一方で，ASD においては，障害特性である**感覚過敏**の問題から，仕上げ磨きに協力的でない子どもが一定数存在することが報告されている（寺田ら，2016）。介助者による仕上げ磨きへの拒否は，う蝕罹患率を高めることが指摘されていることから（大西ら，2020），介助者のブラッシング技術の向上とともに，少しずつ仕上げ磨きを試していきながら感覚を慣れさせていくなどの根気強い支援が重要であろう。それでも子どもから協力が得られない場合には，歯科健診を積極的に受けるなど専門的な口腔ケアの処置によって，う蝕予防に努める必要がある。なぜならば，治療をする際，歯科診療中に動いたり興奮したりするなど一般の治療方法ではうまくいかず，全身麻酔法などを適用することになりかねないからである。実際に，知的障害児では，虫歯があっても治療をせずに未処置のまま放置されることが多い（森ら，2002）。そうならないためにも，日々の口腔衛生管理によってう蝕予防を図ることが求められている。

　さらに，てんかん治療のために服用する抗てんかん薬（たとえば，フェニトインやバルプロ酸ナトリウム）によっては，薬の副作用で著しい**歯肉増殖**が生じることがある。そもそも歯肉が腫れること自体はめずらしくないが，歯肉が腫れた状態で上記の抗てんかん薬を服用することで，腫れが悪化して歯肉増殖が生じると考えられている。歯肉増殖が進行すれば，ブラッシングによる口腔清掃をさらに難しくさせ，咀嚼や発声にも影響を与えてしまう。歯肉増殖を予防するうえでも，歯磨きにより口腔内を清潔に保つ取り組みが大切となる。

　実際の歯磨き指導にあたっては，言語的指示のみではわかりづらく，模型や絵カードなどの視覚的支援を組み合わせて行うことで効果が期待できる場合が

ある。さらに，ICT 機器を活用した歯磨き指導で，口腔清掃に一定の効果をあげている実践も報告されている（小枝ら，2019）。その一方で，視覚イメージと身体イメージを重ね合わせることができずに，余計に混乱する事例もあることから（寺田ら，1998），子どもの認知特性に応じた指導の工夫が求められる。

第4節　てんかん

1. てんかんとは

　大脳の神経細胞は外部から刺激を受けると興奮し，**軸索**（じくさく）という神経繊維を介して電気信号によって情報を伝える。その際に，神経細胞が過剰に興奮しないように適度に保たれているのが正常な状態である。しかし，何らかのきっかけにより異常な**神経細胞**の興奮が生じ，その興奮が周囲の神経細胞や脳領域にまで及ぶことがある。**てんかん**とは，そのような一過性の異常な興奮が反復して生じる状態を指す。すなわち，てんかんは脳の病気であり，およそ100人に1人程度の割合で発症することから，比較的身近な病気であるといえる。てんかんの発症の多くは18歳以前に生じ，約7割は3歳以前に発症する。

　てんかんの分類については，1989年に**国際抗てんかん連盟**（International League Against Epilepsy: ILAE）によって提案された4分法分類がわかりやすく，大枠を理解するのに役立っていた（池田，2016）。しかし，てんかんは多様な症状を示すため，実際には4分法分類で明確に分けられないこともあり，2017年に ILAE によって新しい分類法が提言された（Scheffer et al., 2017）。

　新しい分類法では，てんかんを5つの要素（**発作型，てんかん病型，てんかん症候群，病因，併存症**）から評価する（図9-8）。第1段階ではてんかんの「発作型」を分類し，それを基に第2段階で「てんかん病型」が決まる。てんかんの発作型については，発作のはじまり（起始）が脳のどこで生じたのかによって分類される。すなわち，一側の半球内に分布する神経回路の異常から始まる発作を**焦点起始発作**，左右両側に分布する神経回路の異常から始まる発作を**全般起始発作**，そして発作症状や脳波所見からでは起始がわからない発作を**起始不明発作**とする。第2段階では，発作型と連動して病型が分類されていく。す

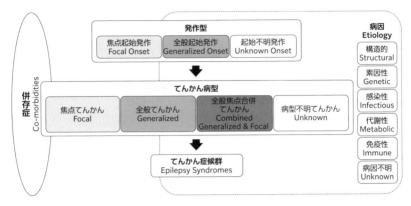

図 9-8　てんかんの分類（Scheffer et al., 2017, 2019）

なわち，焦点起始発作は**焦点てんかん**，全般起始発作は**全般てんかん**，両方の発作が混合する場合は**全般焦点合併てんかん**，起始不明発作は**病型不明てんかん**に分類される。さらに，第3段階では，発症年齢，発作型，脳波所見など，複数の臨床的特徴から，これまでわかっているグループ（症候群）に該当するものを診断していく。たとえば，新生児や乳児期に発症する乳児てんかん性スパズム症候群（ウエスト症候群）やドラベ症候群，幼児期に発症するレノックス・ガストー症候群などがてんかん症候群としてよく知られている。このようなてんかん症候群として診断できないものは，第2段階のてんかん病型に留まることになる。

　上記のプロセスの中では，**てんかんの病因**についても併せて分類していく。てんかんの病因は，頭部外傷や脳炎など具体的な器質的変化がわかっている場合と，体質や遺伝的要因が想定される場合がある。前者については，**構造的**（脳の構造的異常を伴うもの），**感染性**（感染の後遺症によるもの），**代謝性**（代謝異常症によるもの），**免疫性**（免疫性疾患によるもの）に，後者は**素因性**（遺伝的要因が推定されるもの）に分けられる。これら5つの病因に該当せず，てんかんの病因がわからない場合は，**病因不明**に分類される。なお，1つの病因だけでなく，複数の病因が該当する場合もある。たとえば，結節性硬化症では，構造的（脳の良性腫瘍）と素因性（常染色体顕性遺伝）の2つの病因が考えられる。実際には，病因が同定される症例は少なく，病因不明に該当する

ことが多い。しかし，てんかんの病因を特定することは，その後の治療に影響を及ぼすため，可能な限り病因診断を行うことが期待されている。

さらに，てんかんにはさまざまな**併存症**が認められることから，併存症の有無も確認していく。たとえば，知的障害や発達障害ではてんかんを合併することが多いが，てんかん治療のためにはそのような併存症を考慮した薬物選択が行われなければならない。そのほかにも，うつ病などの精神症状，睡眠障害，胃腸障害など，てんかんにはさまざまな併存症状が認められる場合がある。したがって，てんかんの発作のみに焦点を当てるのではなく，それに付随するさまざまな併存症も含めて包括的にてんかんを評価する必要がある。当然，教員がてんかんの診断をするわけではないが，子どもが学校生活を安全・安心に過ごすうえで，てんかんとその併存症について理解しておくことは重要であろう。

2. てんかんの発作

てんかんの発作は，異常な神経細胞の興奮によって生じた情報処理の結果として現れる症状のことであり，発作の焦点や興奮の伝わり方によって異なる。たとえば，意識を失う発作もあれば，意識はあるものの体が勝手に動いてしまったり，幻覚を生じたりするなど，さまざまな発作の種類がある。一方で，発作の症状は発作のたびに変わるということはなく，一人ひとりの発作はほとんど同じ症状が繰り返されることとなる。

前項の「てんかんの分類」は「てんかん」という病気を正しく診断するための指針となるものであるが，これとは別にてんかんの症状である「てんかん発作」について細かく分類した**てんかんの発作型分類**がある。「てんかんの発作型分類」によって，どのような発作が出現していたのかが同定できれば，「てんかんの分類」に示したプロセスに従って，てんかんの病名が明らかとなり，正しい治療へと導くことができる。

てんかんの発作型分類には基本版と拡張版があり，前者は一般・救急診療等で，後者は専門診療で利用することが想定されている（日暮, 2022a）。したがって，ここでは基本版を中心に説明していく。

分類手順としては，①発作のはじまり（起始），②意識の有無（焦点起始発作のみ），③運動症状の有無，で分類していく。さらに詳細に説明すると，前

項で述べたように，発作起始によって「焦点起始発作」か「全般起始発作」に分けられる（図9-9 ①）。しかし，発作の起始に立ち会えないことも多く，情報が少ないことで起始がいずれか不明な場合は「起始不明発作」に分類される。これらの分類は目に見える発作症状のみで判断することは難しく，脳波や画像診断などさまざまなデータを参照しながら診断を行っていく。そのため，少しでも曖昧な場合には無理に分類せず，追加評価などそれぞれの診断経過の中で発作型の分類を活用していくことになる（日暮，2022b）。

　下位分類として，**焦点起始発作**については，まず発作中の意識の有無（自分やその周囲で発作中に何が起こっていたかを理解できるか否か）によって，意識がある場合は**焦点意識保持発作**，短時間でも意識が減損した場合は**焦点意識減損発作**に分類する（図9-9 ②）。なお，意識の有無を判定することが難しい場合は，無理に分類しない。続けて，発作起始に運動症状が現れたか否かによって**焦点運動起始発作**と**焦点非運動起始発作**に分類する（図9-9 ③）。その際，発作の症状は複合的であり，かつ時間経過で変化していくため，焦点起始発作の場合には発作のはじまりである「起始」での運動症状で判別する。なお，「焦点起始発作」では，一側の半球内から始まった発作が伝播し，両側半球に広がることで全般起始発作と似た強直間代発作に至る場合があり，重要な発作として**焦点起始両側強直間代発作**と定め，他の発作とは区別している（図9-9 ③）。

　一方，**全般起始発作**については，発作中には多かれ少なかれ意識が減損すると考えられることから，意識の有無は分類せずに運動症状のみを分類する。全般起始発作では，発作の症状がより定型的であるため，運動症状の分類は起始のみに限定せずに行う。したがって，「起始」を含めずに**全般運動発作**と**全般非運動発作**と表記する。同様に，**起始不明発作**についても運動症状のみを分類する。

　おもな発作とその症状について表9-3に示す。「焦点起始発作」では，体の一部がひきつったり，ピクピクするなどの運動症状を示したり（焦点運動起始発作），何かが見えたり聞こえたりする感覚症状，顔面蒼白・発汗・嘔吐などの自律神経症状，話すことや話の理解ができなくなったりする認知症状を示すこともある（焦点非運動起始発作）。一方，「全般起始発作」については，運動症状を伴うもの（全般運動起始発作）として，ミオクロニー発作，間代発作，

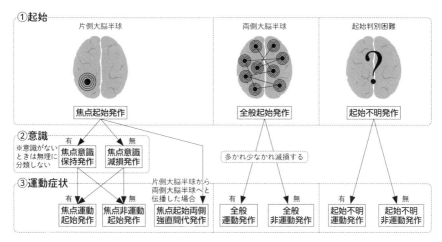

図 9-9 てんかんの発作型分類

表 9-3 てんかんのおもな発作とその症状

焦点起始発作	焦点運動起始発作	・自動症：口をもぐもぐさせたり，手をたたいたり，歩き始めたりするなど，しばしば無目的な行動がみられる。 ・運動亢進：数秒から数十秒といった短時間に，体をくねらす，自転車をこぐような動きをするなど，さまざまな運動症状を示す。
	焦点非運動起始発作	・自律神経：顔面蒼白，顔面紅潮，発汗，嘔吐などの自律神経症状を示す。 ・感覚・認知・情動：何かが見えたり聞こえたりするなどの感覚症状，話すことや話の理解ができなくなるなどの認知症状，恐怖や不安，喜びや悲しみなど感情変化が生じる情動症状などを示す。 ・動作停止：動作が止まることが顕著な症状として生じる。
	焦点起始両側強直間代発作	焦点発作で始まったものが，次第に両側半球に広がり，全身のけいれん発作が生じる。
全般起始発作	全般運動発作	・ミオクロニー発作：一瞬，筋が収縮し，ピクッとする。 ・間代発作：一定のリズムで規則的に筋の収縮と弛緩を繰り返し，カクンカクンとけいれんを起こす。 ・強直発作：筋緊張が強まり（亢進し），手足を伸ばして硬直する。 ・強直間代発作：強直発作の後に，間代発作が続く。多くは発作後に眠りに移る。 ・脱力発作：筋緊張が急に低下する。そのため，発作時に転倒する危険性がある。 ・てんかん性スパズム：首や体幹，四肢近位筋に突然生じる短い筋収縮が生じる。
	全般非運動発作	・欠神発作：前触れもなく意識を失い，一旦動作が止まって，眼がうつろになり，多くは数秒以内に回復する。
起始不明発作	起始不明運動発作	強直間代発作やてんかん性スパズムでは，発作の起始が明確にわからない場合も多いために，設定されている。
	起始不明非運動発作	欠神発作か焦点意識減損非運動発作（動作停止）かの区別がつかない場合のために，設定されている。

※情報不足，見たことのない症状の発作は**分類不能発作**として扱われる。

強直発作，強直間代発作，脱力発作，てんかん性スパズムなどがある。運動症状を伴わないもの（全般非運動起始発作）としては，欠神発作などがあげられる。

なお，情報が不足していたり，これまで見たことのない発作であったりした場合には，分類ができないために「分類不能発作」として扱われる。

3. 知的障害におけるてんかんの合併

知的障害児はてんかんを合併することが多く，その合併率は調査により違いがあるものの，16.1 ～ 50 ％以上といずれも高いことで知られている（van Blarikom et al., 2006）。とりわけ，知的障害の程度が重度化するほどてんかんの合併率は高くなる傾向があり，肢体不自由と知的障害が合併した重症心身障害児のてんかん合併率は 64.1 ％とかなり高値となる（林ら，2001）。注意欠如多動症（ADHD）や ASD などの発達障害もてんかんの合併率は高いとされているが（中川，2016），ASD で知的障害を合併する場合にはてんかんの発症率も高まる（小国，2017）。

てんかんの多くは，**抗てんかん薬**を服用することで発作を抑えることができるが，知的障害を合併する場合，その多くはそもそも脳に存在する障害に起因しており，抗てんかん薬を服用しても日常的に発作を引き起こすことがある。このような**難治性てんかん**の場合には，てんかん発作を繰り返すことで，二次的に知的障害が生じることもある。乳幼児期に発症する**乳児てんかん性スパズム症候群（ウエスト症候群）**は難治性てんかんで，寝起き直後に頭部を前屈させて両手を挙上させる**点頭発作（てんかん性スパズム）**が出現し，数秒から数十秒間隔でそれが繰り返される。その一部は幼児期に**レノックス・ガストー症候群**に移行し，短い強直発作を主体としてさまざまな発作が組み合わさる。そのため，複数の抗てんかん薬を組み合わせて服用することになるが，薬によるコントロールは難しく，多くの場合に知的障害を呈する。

抗てんかん薬の選定は発作の種類によって決められるため，正確な状況が把握できない場合には，薬の選択が難しくなり十分な効果が得られないことがある。しかし，実際には医師がてんかん発作を観察することは難しく，てんかん発作が生じた場合にはその状況（いつ，どこで，発作の種類，意識状態，発作の持続時間など）

をよく観察し，記録しておくことが治療のうえでも役に立つ。

　抗てんかん薬の服用に際しては，その**副作用**にも配慮する必要がある。とりわけ，知的障害児の場合には精神症状など副作用の出現頻度に違いがあるとの指摘がある（岩城・兼子，2019）。よく知られている副作用は，前述のようにフェニトインやバルプロ酸ナトリウムによる歯肉増殖であるが，そのほかにも精神症状として怒りやすくなったり，興奮しやすくなったりして，学校や家庭でも目を離せずに支援が困難となる場合がある。さらに，薬剤によっては体重増加を示す場合があり，そもそも知的障害児の場合には肥満を解消することが困難であることから，いったん増加してしまった体重を減少させることが難しい。難治例にあっては，高用量の抗てんかん薬が処方されることがあり，精神作用として鎮静効果が増すことで日常生活に支障をきたす場合もある。このように服用する抗てんかん薬の種類や量が変更された場合に，てんかん発作への効果のみならず，精神症状などその薬が持つ副作用の現れ方の変化も注意深く観察し，主治医などに情報提供をしていく必要がある。

4．てんかん発作への対応

　てんかん発作の対応で重要なことは，**発作が起こりやすい要因**を知っておくことである。抗てんかん薬を服用し忘れたときは当然であるが，一般的には寝不足や疲れているとき，緊張や不安が大きいとき，発熱しているときなどに発作が起こりやすく，規則正しい生活をすることが発作を抑制するうえで大切である。とりわけ，緊張や不安がほぐれたときに発作が起こりやすく，むしろ活動中には発作が少ないとされる。たとえば，授業時間の合間といった休憩時間，入浴中などは発作が起きやすい。入浴中の発作は溺死する危険があり，数センチの水位であっても窒息するには十分であることから注意が必要である。また，火を扱う場所においては火傷の危険性がある。さらに，発作の種類によって，事故の起こりやすさは異なってくる。特に意識障害を引き起こすような発作は事故の危険性が高く，意識がもうろうとしている際に転倒するなど，外傷，熱傷，溺水といった事故が発生し，場合によっては死に至ることもある（長尾，1995）。事故防止という観点から，教員は，子どもの症状を把握しておくことだけでなく，学校内での危険な場所や活動を知っておき，可能な限り活動に参

加できるよう工夫することが重要である。けいれんする発作や強直発作，脱力発作など，発作で転倒することがみられるケースについては，打撲や外傷の予防のために**保護帽**を着用することがあるが，子どもによって打撲しやすい位置が異なるため，その特徴に合わせて部分的に補強することなども必要となる（長尾，1995；川崎，2021）。

　てんかん発作が起こった際には，一般的な対応として，安静状態にして呼吸をしやすくさせること，唾液や嘔吐による誤嚥を防ぐために顔を横向きにすること，強直間代発作のようにガクガク動くような発作の場合には身体を押さえつけず，むしろまわりにある危険物を排除するようにすることなどがあげられる。舌をかまないように箸やハンカチを口に入れる人が時々いるが，これは対処する側もされる側も危険なために絶対に行わない。

　基本的には安全を確保し，観察を続けながら自然と発作がおさまるのを待つことになるが，発作が持続して止まらなかったり，一回の発作が短い場合でも，意識が回復する前に次の発作が繰り返され，30分以上持続したりする場合は，**てんかん重積状態**という。けいれん発作が主体のてんかん重積状態は，脳に障害を受ける可能性があり，時に生命に危険を及ぼすこともあるため救急対応が必要となる。事前に発作時の対応について，保護者や主治医，学校との協議の下で，座薬使用が決まっている場合は使用する。なお，座薬の使用に関しては，2016年2月の文部科学省の通達によって，緊急時のやむを得ない措置として条件を満たせば行うことができるようになっている。同様に，どのような状態になった場合に救急搬送を行うのかについて，関係者間で事前に協議しておくことが重要である。

　てんかんにおいては，発作そのものによる生命の危険性より，発作の結果として生じる事故の危険性のほうが高い。てんかん発作による事故は，発作の種類によってその危険性は異なるものの，いかなる発作であってもすべての危険性を排除することは難しいだろう。そのため，学校では個々の子どもの発作の特徴を把握したうえで，可能な限り子どもが活動に参加できるような工夫が求められる。

第10章
知的障害とその周辺領域

第1節　学習障害（LD）

1. LDの定義

　学習障害の定義については，文部科学省による教育的観点からの定義と，医学的診断基準からみた定義の2つが存在する。ここではそれぞれの定義を紹介したうえで，その共通点と相違点について述べると同時に，知的障害の定義との違いについても触れる。

(1) 文部科学省（2021）の定義

　学校教育における**学習障害**（Learning Disabilities: LD）の定義は，「障害のある子供の教育支援の手引」（文部科学省, 2021）において以下のように示されている。

　　学習障害（LD: Learning Disabilities）とは，基本的には，全般的な知的発達に遅れはないが，聞く，話す，読む，書く，計算する又は推論する能力のうち，特定のものの習得と使用に著しい困難を示す様々な状態を指すものである。学習障害は，その原因として，中枢神経系に何らかの要因による機能不全があると推定されるが，視覚障害，聴覚障害，知的障害，情緒障害などの障害や，環境的な要因が直接的な原因となるものではない。

表10-1 学習障害の症状の例 (国立特別支援教育総合研究所, 2010 をもとに作成)

学習能力	症状の例
聞く	聞き間違い・聞きもらしがある,指示の理解・話し合いが難しい など
話す	短い文で内容的に乏しい話をする,筋道の通った話をするのが難しい など
読む	音読が遅い,勝手読みがある,文章の要点を正しく読み取ることが難しい など
書く	読みにくい字を書く,漢字の細かい部分を書き間違える など
計算する	計算をするのにとても時間がかかる,学年相応の文章題を解くのが難しい など
推論する	学年相応の量を比較することや,量を表す単位を理解することが難しい,事物の因果関係を理解することが難しい など

　上述の定義を踏まえ,学習障害の状態の把握にあたっては,①学習困難の評価(国語・算数等の基礎的能力に著しいアンバランスがあること,全般的な知的発達の遅れがないこと),②医学的な評価(必要に応じて,専門の医師又は医療機関による評価を受けることを検討),③他の障害や環境的要因が直接的原因ではないことについて,医療・保健・福祉等の地域における支援体制や,校内の支援体制に蓄積される知見を活用することが重要であるとされている(文部科学省, 2021)。

　また,定義にあげられている「聞く」「話す」「読む」「書く」「計算する」「推論する」能力の困難に対する症状の例を表 10-1 に示す。

(2) DSM-5-TR による診断基準

　医学的な診断のマニュアルである DSM-5-TR において,学習障害は**限局性学習症**(Specific Learning Disorder: SLD)として示され,下位区分として表 10-2 に示す内容が規定されている(American Psychiatric Association, 2022/ 日本精神神経学会, 2023)。

　文部科学省における学習障害の定義は,学習の能力を幅広く捉えているのに対し,DSM-5-TR における限局性学習症は,学習能力を読む,書く,計算す

表10-2 限局性学習症の診断基準 A. の下位区分 (American Psychiatric Association, 2022/ 日本精神神経学会(日本語版用語監修) 髙橋三郎・大野裕(監訳) DSM-5-TR 精神疾患の診断・統計マニュアル, p. 75, 医学書院, 2023 より一部転載)

(1) 不的確または速度が遅く,努力を要する読字
(2) 読んでいるものの意味を理解することの困難さ
(3) 綴字の困難さ
(4) 書字表出の困難さ
(5) 数字の概念,数値,または計算を習得することの困難さ
(6) 数学的推論の困難さ

る（推論する）の3つに限定している点が異なっている。一方で，知的障害やその他の障害や，環境的な要因によって生じるものは除外されるとする点は共通している。

(3) 知的障害との関連

　第1章で述べたように，知的障害は知的能力と適応行動の明らかな制約によって定義されている。知的障害の場合，知的能力の全般的な低下が1つの要因となり，学習能力の習得と使用が全般的に困難となりうる。一方で，学習障害の場合は，困難を示す学習能力は存在するものの，その困難が限定的である場合が多い。また，知的障害における適応行動の制約は，学業のみならず日常生活においてあらゆる制約が生じていることを示すものであるが，学習障害における困難は学業的技能に限定される。ただし，学業の困難が学校の授業だけでなく，それらのスキルを必要とする日常生活活動に影響を及ぼす場合もある点に留意する必要がある。以上のように，知的障害と学習障害いずれの場合においても学習の困難を生じるという点では共通しているが，その影響の範囲は異なるといえる。

2. LD に関わる認知機能

　文字の読み書きや計算など，学習を行う際にはさまざまな認知処理が関与している。それらの認知処理の弱さがある（認知処理の偏りが生じている）ために学習困難が生じることが仮定されている（第6章第2節も参照）。

(1) 読字の障害

　文字を読む際には，まず文字を目で見て捉え，その文字を音の情報に変換し発声するという一連のプロセスをたどる。そのため，障害が生じるときは視覚認知や音韻意識，rapid naming という認知処理に困難を示す場合が多い。**音韻意識**（音韻認識）とは言葉の音韻的構造に関する認知のことを指し，言葉の音韻数を数える，言葉から特定の音韻を省く，言葉の音韻を入れ替えるなどの音韻を操作する課題によって計測される能力である（若宮, 2010）。**rapid naming** は音韻処理の**自動化**とも呼ばれ，視覚的刺激をすばやく音声化する能

力を指す。これらの能力がひらがな，カタカナや漢字の読みの習得に影響を及ぼすことが報告されている（宇野，2016）。

（2）書字表出の障害

　文字を書く際には，その文字が読める（視覚心像と音の結びつきを習得している）ことが前提となる。そのため，書字表出の障害は基本的に「読めるのに書けない」状態を指す。

　文字を書く際のプロセスは，まず書きたい文字の**視覚心像**を想起し，それらを構成する線分を抽出し，抽出された線分を正しいストロークで継時的に出力するという一連の流れで構成される（橋本ら，2006）。そのため，書字に関わる認知処理としては，視覚的認知や構成能力，運筆を伴う目と手の協応動作が関与するとされている。加えて，ひらがなの特殊音節の書字に関しては音韻意識が，漢字の書字習得には視覚的記憶や記憶方略が関与することが想定されている。

（3）算数の障害

　算数は幅広い領域を含む学習であるが，ここでは文部科学省の定義にあげられていた「計算する」ことの困難を中心に，熊谷（2016）を参考にして述べる。

表 10-3　計算の習得に必要なスキルと認知処理（熊谷，2016 を一部改変）

数の範囲	必要なスキル	スキル遂行のために重要となる認知処理能力
10までの数の加減算	・具体物，ドット（半具体物）が計数できること ・5や10の分解・合成ができること	・視覚認知能力（視覚的に具体物や半具体物を把持できる） ・目と手の協応運動 ・継次処理能力（数詞で具体物を順序立てて数える） ・同時処理能力（いくつかの分離量を集合としてみる）
20までの数の加減算	・5や10の合成分解を基盤として，10進法で表される20までの数の分解合成ができる ・半具物体を移動させたりすることが，実際に目の前になくても頭の中でイメージで行える	・継次処理能力（数を系列として数えることができる） ・同時処理能力（数を集合として考えることができる） ・ワーキングメモリ（頭の中で計算式で書いてある数詞や数字，半具体物等を思い浮かべて計算の操作ができる）

算数の障害がある場合，九九の範囲での掛け算や割り算などの暗算を行う際に，基礎となる計算の自動化がなされていないため計算が非常に遅くなる。基礎となる計算の習得には表 10-3 のようなスキルが必要となり，それらのスキル遂行には視覚認知能力や数や具体物を順序立てて系列的に捉える**継次処理能力**，数や分離量を集合として捉える**同時処理能力**など，さまざまな認知能力が関与している（第 6 章第 3 節も参照）。

3．LD への支援

　学習障害児の支援には，大きく分けて「スキルを習得するための支援」と，「スキルを補うための支援」の 2 つの方向性がある。**スキルを習得するための支援**とは，たとえば，読めなかった文字が読めるようになる，書けなかった漢字が書けるようになるための支援である。**スキルを補うための支援**とは，たとえば，通常学級で行われる授業において子どもの困難な部分を補うことで本来の授業の目的を達成できるようになるためのさまざまな配慮や環境調整などを含めた支援である。2 つの支援の方向性はいずれにおいても，その子どもの学習困難の背景にある認知の偏りに注目したうえで支援を考えることがポイントとなる。

(1) スキルを習得するための支援

　読み書きや計算の困難は，おもに**正確さ**と**流暢性**の困難とされている。ここでは「正確さ」に関する支援について述べる。

　正しく読むための支援では，おもに，視覚的認知の弱さを補うために文字の形態を識別するための手がかりを導入することや，ひらがな単文字読みでは，特に，音韻意識を高めるために単語の音に注目を促す支援が行われる。そのほかに漢字の読みに関しては，言葉の意味をイラストで表すことや，読めない文字が含まれる文章の文脈理解などを活用することで，視覚認知や音韻意識の弱さをカバーしながら読みを習得する指導も行われている（後藤，2016a, 2016b）。

　正しい文字を書くための支援については，春原ら（2005）が聴覚法の指導方法を定義している。**聴覚法**とは，たとえば，「親」は「木の上に立って見えるのが親」というように，漢字の成り立ちを音声言語化して覚える方法であり，視覚記憶より聴覚記憶が優位である子どもに対して有効であることが報告され

ている。一方，視覚記憶が優位である子どもの場合は，漢字の成り立ちの説明，漢字を粘土で構成する教材，漢字パズル教材，書き出しや部首による手がかりを用いた指導などの成果が報告されている（岡本，2014）。

　計算の困難についてはさまざまな認知処理が複合的に関与しているため，まずは「数の処理システム」と「計算システム」に分けて問題を捉えたうえで，どのシステムでつまずいているのかについて把握すると理解しやすい（若宮・小池，2010）。**数の処理システム**には数字の読み書きの問題と，数概念や数の量的操作，数の操作の問題が含まれる（第6章第3節も参照）。これらの支援には，日常生活の文脈の中で具体的な数量を扱う体験を通じて定着を図ることが望まれる。一方，**計算システム**には数的事実の知識の問題や手続きの知識の問題が含まれる。これらの支援には，計算手順の分解や言語化など，計算を正確に行うことができるための手がかりを活用したうえで，それらの計算がスムーズに行えるようになるための練習に移行することが重要となる（若宮・小池，2010; 伊藤，2016）。

（2）スキルを補うための支援

　学習障害の子どもの中には，ある一定レベル以上のスキルを獲得することが困難である場合や，あるいは獲得できたとしてもスキルを遂行するのに多くの時間や負荷がかかる場合がある。そのような子どもに対しては，必要以上に負荷のかかる状況においてどのように対処すればよいのかといった，いわゆるスキルを補うための支援を行うことも必要となる。

　具体例としては，文章を読むことは可能であっても，読むことに多くの時間を費やしてしまう子どもの場合，テストの問題文を読むのに相当の時間がかかるため，本来はその問題に答える知識を備えているにもかかわらず，時間切れで問題に答えることができず，不当に得点が低くなるといった事態が想定される。そのような子どもに対しては，テストの時間を延長することや，先生が問題文を音読する，あるいは音声読み上げソフトを利用して問題文を音声で聞くことができるようにするなどの支援が考えられる。

　また，書くことが苦手で黒板の文字を写すのが遅い子どもの場合，板書を写すことに多くの時間が課されることにより，授業において重要となる他の活動

に参加できない不利益を被る場合もある。このような場合には，たとえばワークシートを用意して必要な事項だけ記入することで書く作業の負担を軽減し，他の活動に参加する時間を確保することにつなげることも考えられる。

一方，視覚認知や目と手の協応動作に困難があり，筆算のしくみは理解しているものの，筆算を書く際に桁がずれてしまうためミスにつながるような子どもの場合には，ノートのマス目を書きやすい大きさのものに変更することや，筆算の位をそろえて書くことができるようなプリントを用意するなどの支援が考えられる。

以上のように，学習スキルを補うための支援は，子どもの苦手なことに対する心理的負担の軽減に加えて，各授業におけるねらいを達成するために行われるという視点が重要となる。

第2節　注意欠如多動症（ADHD）

1．ADHD とは

注意欠如多動症(Attention-Deficit/Hyperactivity Disorder: **ADHD**)は，「不注意」「多動－衝動性」を主症状とする神経発達症の 1 つである。これらは，注意や感情をコントロールすることの難しさに由来する症状である。ADHDの人口調査では，子どもでは約 7.2％，大人では約 2.5％に生じることが報告されている（American Psychiatric Association, 2022）。学齢期までに ADHD の診断を受けた子どものうち，約 65％は成人期においても ADHD の診断基準を満たす症状が持続することが報告されており（Faraone et al., 2006），成人に至るまで継続的な支援が必要となることも少なくない。

ADHD の本質的な特性は生涯を通じて大きく変わることはないものの，表10-4 に示すように，発達に伴って症状の表現型が変化することが知られている（吉田, 2018）。ADHD 児は，いずれの発達段階においても，どのように行動すべきか十分に理解しているにもかかわらず，そのとおりに行動するのが難しい状態にあることが多い。このような特徴は**前頭葉機能の低下**によるものと考えられているが，ADHD の特性による失敗経験が積み重なり，それを本人の

表 10-4 ADHD の発達段階における行動上の特徴（吉田，2018 を一部改変）

発達段階	行動上の特徴
幼児期	・保育園や幼稚園などの集団生活の場で，「じっとしていられない」といった落ち着きのなさや，「遊具の順番を守れない」「友達を叩いてしまう」といった衝動性の高さによる行動がみられる。 ・上記のような行動は，定型発達の幼児にもよくみられるほか，この時期の落ち着きのなさは，ASD や知的障害，養育環境などに起因するものもあり，ADHD かどうかの判断が難しい。
小学校 低学年	・「自分の席に座っていられない」「カッとなりやすく，友達とのトラブルが多い」など，多動や衝動性による特徴が目立ちやすい。集団行動から逸脱するような行動が多いため，注意や叱責の対象になりがちになる。 ・ADHD の子どもは，ぶつぶつ言いながら，考えたり，問題を解く様子がみられる。言葉を声に出して自分をコントロールしようとする行動（外言）は，低学年では，他の子どもにもよくみられるが，脳の発達に伴って，言葉を声に出さなくても，頭の中だけで思考（内言）できるようになっていく。一方で，ADHD の子どもは，言葉を声に出して自分自身をコントロールしようとする期間が他の子どもに比べて長く続く。授業中やテスト中には，他の子どもとのトラブルになることもあるため，周囲の理解や配慮が必要となる。
小学校 高学年	・目に見える多動症状は少なくなり，周囲から落ち着いたと言われることも増えてくるが，「ぼーっとしていて話を聞いていないように見える」「忘れ物が多い」など，不注意の特性が表面化することが多い。 ・ASD や SLD などの他の発達障害を併せもつ場合には，そのような特性が目立ち始める。
中学校〜 高校	・不注意の特性が目立つ。「提出物の期限を守れない」「勉強に取りかかるまでに時間がかかる」などの困りごとがみられる。学年が上がるにしたがって，学習面での自由度が高くなることに加えて，要求水準も高まるため，周囲の生徒との差が開きがち。ADHD の生徒自身も他の生徒との差異に気づき始めることが多い。

努力不足とするなど不適切な対応が続くことで，反抗や非行といった問題行動（**外在化障害**），不安や抑うつといった精神症状（**内在化障害**）を**二次障害**として発症する場合がある（齊藤・飯田，2022）。一方で，幼児期，学齢期に適切な支援や治療を受けると，その後の社会適応が良い例も報告されており（小野・小枝，2011），教育的な支援に求められる役割は大きい。

2. ADHD の診断

　日本における ADHD の診断には，DSM-5-TR（American Psychiatric Association, 2022）あるいは『ICD-10 精神および行動の障害—臨床記述と診断ガイドライン』（World Health Organization, 1992）が用いられる。日本では診断にあたって，小児科医（小児神経科，児童精神科）あるいは精神科医（精神科，精神神経科）により，本人

や保護者に対する学校や家庭での様子の聴取や，診察時の行動観察などが行われる。この中では，ADHD症状が環境に依存して生じているのではなく，本人の生得的な特徴によるものであり，それが日常生活上の支障となる場合に診断がなされる。診断基準には，「不注意」「多動－衝動性」の特徴ごとにそれぞれ基準が設けられており，ADHD症状のうちどのような症状がおもに現れているかについて，「不注意・多動－衝動性が共にみられる状態像」「不注意が優勢にみられる状態像」「多動－衝動性が優勢にみられる状態像」の3つから特定される。あわせて，それらの特徴の重症度についても「軽度」「中等度」「重度」の3つのレベルから評価され，症状の強さや適応の困難さの程度が判断される。なお，日常生活上の困難さは継続しているものの，症状が軽減した場合には**部分寛解**とされる。また，**自閉スペクトラム症**（Autism Spectrum Disorder: ASD）や**限局性学習症**（Specific Learning Disorder: SLD）などの神経発達症や，精神疾患を併せもつ場合も多く，併存診断があることも少なくない。

3. ADHDに関係する背景要因

(1) 遺伝的要因

　双生児研究を対象としたメタ分析研究では，ADHDの遺伝率が約74％と推定されており，ADHDの発症に遺伝的要因の関与が想定される（Faraone & Larsson, 2019）。また，ADHDに関連した遺伝的要因として，ドパミンなどの神経伝達物質に関わる遺伝子を含む，多数の遺伝子の変異が報告されているが，いずれも決定因とはならず，環境要因や神経学的要因などを含めた複合的な要因がADHDの発症に関与する可能性が示唆されている（Yadav et al., 2021）。

(2) 神経化学的要因

　ADHDの生化学的背景として，ドパミンやノルアドレナリンなどの**神経伝達物質の調整異常**があげられる。通常，脳内の情報伝達は電気信号として伝えられるが，シナプス間の情報伝達は電気信号が神経伝達物質に変換されて行われる（図10-1）。神経伝達物質は**神経終末**から放出され，次の**シナプス受容体**に取り込まれる。次のシナプスに取り込まれた神経伝達物質の量が一定以上に

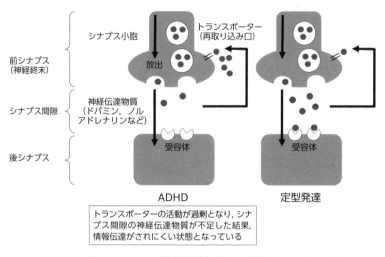

図 10-1　ADHD における神経伝達物質の調整異常のメカニズム

なると，再び電気信号に変換され情報伝達が行われるが，受容体に取り込まれ
なかった神経伝達物質はもとの細胞の**トランスポーター**において**再取り込み**さ
れる (Pinel, 2003)。一方で，ADHD ではトランスポーターのはたらきが過剰と
なり，受容体に取り込まれる神経伝達物質が少なくなるために情報伝達が阻害
されることが指摘されている (曽良・福島, 2006)。これらの神経伝達物質を一時
的に調整するのが薬物治療であり，一定の効果が認められている。

(3) 神経学的基盤

　ADHD における脳の器質的な特徴として，全脳容量，脳梁，前頭葉，尾状核，
小脳が小さいことがあげられる (Seidman et al., 2005; Tripp & Wickens, 2009)。また，
機能的な特徴として，行動抑制や注意制御に関連する前頭葉−線条体や前頭葉
−小脳の神経回路，情動的な意味づけを行う前頭葉−扁桃体の神経回路におけ
る機能低下がそれぞれ報告されている (Nigg & Casey, 2005)。加えて，ADHD で
は，安静時にみられる脳内ネットワークである**デフォルトモードネットワーク**
(Default-Mode Network: DMN) の機能結合の弱さが指摘されている。具体
的には，安静時の前頭−後頭部の機能結合の弱さがあり，そのことが安静状態

から活動状態への切り替えの困難さに関連する可能性が示唆されている（Castellanos et al., 2008; Uddin et al., 2008）。

（4）心理学的背景

　ゼラーゾとミュラー（Zelazo & Müller, 2002）は，問題解決において主要な役割を持つワーキングメモリ，抑制，注意といった認知機能を含む，高次の思考プロセスを**クールな実行機能**（Cool Executive Function: Cool EF），報酬に関連した意思決定や情動の調節などを含む情動的なプロセスを**ホットな実行機能**（Hot Executive Function: Hot EF）として捉え，それらが相互に影響し合うと仮定する**実行機能モデル**を提案している。学習において，Cool EF は思考や行動を調整することに関連し，Hot EF は意欲を高めたり，動機づけを維持したりすることなどに関連する。また，それぞれの関連した脳領域として，Cool EF には背外側前頭前野，Hot EF には眼窩前頭皮質や腹外側前頭皮質などが関与することが報告されており，ADHD においては，神経学的基盤や心理学的特性からいずれの実行機能にも困難さがあると考えられている（Rubia, 2011）。

　上記に関連して，認知と情動を組み合わせた ADHD の原因モデルの1つとして，**Dual pathway model** がある（Sonuga-Barke, 2003）。このモデルでは，前頭－背側線条体が関与する認知系の回路と，眼窩前頭－腹側線条体が関与する報酬系の回路における機能不全が想定されている。前者が Cool EF, 後者が Hot EF に相当しており，それらが抑制などの認知機能の低下および即時報酬への選好や遅延嫌悪（将来の大きなごほうびよりも，目先の小さなごほうびを選ぶ傾向にあるといった特徴）に影響するものと考えられている。このモデルはその後，タイミングを合わせること，時間の長さを識別すること（たとえば，2つの音が順番に流れたとき，どちらの音が長く鳴っているかを判断する），一定の時間を予測すること（たとえば，時計を見ずに1分たったかどうかを判断する）が難しいといった「時間感覚の持ちにくさ」も加わり，**Triple pathway model** として発展した（Sonuga-Barke et al., 2010）。

4. ADHDの心理教育的アセスメント

(1) 質問紙評価

　日常生活における ADHD 症状の程度や治療の効果を確認するためのツールの1つとして，評定尺度を用いた質問紙が用いられることがある。日本でも使用されている子ども用の質問紙として，**ADHD Rating Scale-5** (DuPaul et al., 2016) や **Conners3 日本語版** (Conners, 2008) がある。前者は，DSM-5 に基づく ADHD 症状に関する 18 項目と，症状に伴う機能障害に関する 6 項目により構成され，子どもの保護者が回答する「家庭版」と教師が回答する「学校版」が用意されている。後者は，ADHD と関連性の高い特徴を評価する「主要因スケール」，ADHD 症状や併存する可能性のある素行症，反抗挑発症と関連する「症状スケール」，結果の妥当性を検証する「妥当性スケール」，不安や抑うつのスクリーニングを含む「その他の項目」が含まれ，回答者の属性に応じて「保護者用」「教師用」「本人用」の 3 種類の質問紙が用意されている。項目数は，質問紙によって異なるが，おおよそ 100 問程度に回答することが求められる。これらは，複数の環境において見られる症状に違いがあるか，あるいは複数の評定者による回答の一貫性について確認するとともに，症状の継時的変化を評価することもできる。

(2) 個別式検査

　学校や医療機関において，よく用いられる個別式検査として，WISC-V や DN-CAS 認知評価システムがあげられる（WISC-V については，第 1 章も参照）。**WISC-V** における ADHD のプロフィールパターンとして，「言語理解指標（Verbal Comprehension Index: VCI）」「視空間指標（Visual Spatial Index: VSI）」の得点に比べて，「流動性推理（Fluid Reasoning Index: FRI）」「ワーキングメモリー指標（Working Memory Index: WMI）」「処理速度指標（Processing Speed Index: PSI）」の 5 つの主要指標のうち，「ワーキングメモリー指標」と「処理速度指標」の得点が低いことが報告されている (Weiss et al., 2016)。このことは，ADHD 児において，学習を支える基盤となる能力の低下を示すものと考えられる。

また，**DN-CAS 認知評価システム**においては，知能の **PASS モデル**における「プランニング (Planning) ①」「注意 (Attention) ②」「同時処理 (Simultaneous) ③」「継次処理（Successive）④」の 4 つのコンポーネントのうち，「プランニング」や「注意」の得点が低下することが報告されている (Van Luit et al., 2005)。その中でも，多動・衝動性特性が優位の ADHD 児の場合，自己制御の困難さから「プランニング」の得点が低下する一方で，不注意特性が優位の場合，持続的注意の困難さから「注意」の得点が低下すると考えられている (Naglieri, 1999)。いずれも ADHD の神経学的特性の 1 つである前頭葉－線条体のネットワークにおける機能低下に起因することが指摘されている (Van Luit et al., 2005)。

　一方で上記のような認知プロフィールは，必ずしもすべての ADHD 児に見られるとは限らないため，個別式検査の結果によって ADHD かどうかを判断することはできない。

5. ADHD 児に対する教育と治療

(1) 教育的アプローチ

　前述したように，ADHD では注意機能や実行機能の困難さがみられるものの，動機づけの要因によってその程度が軽減することが報告されている (たとえば, Slusarek et al., 2001)。実際の教育現場においては，望ましい行動に対してシールなどのポイント（**トークン**）を与え，それが一定程度たまると好きな活動が 10 分できるといったように，子どもが求めているごほうびと交換する**トークンエコノミー法**が用いられることがある。これは，Dual pathway model における ADHD の即時報酬への選好や遅延嫌悪を考慮し，短いスパンで小さな報酬を得られるような**外的な動機づけ要因**によって認知機能を促進させ，学習を効率的に進めることのできる方法として考えることができる。一方で，子どもが興味を持てるようなセッティングを用いると，外的な報酬がなくても定型発達児と同程度のパフォーマンスを維持できることも報告されている (Dovis et al., 2012)。これは，子どもが取り組んでいることそのものに興味を持ち，自分にとって意味があることだと思える（**内的な動機づけ要因**）とパフォーマンスが向上することを示唆している。このことから，子どもが取り組む課題に対し

て，子ども自身がその内容に興味を持ったり意味のあることだと思えたりするように教材や学習環境を工夫することで，学習効率を高めることができるものと考えられる。

(2) 医療的アプローチ

　ADHD児に対しては，環境調整や心理・教育的なアプローチを行ったうえで，さらに治療が必要であると判断された場合には**薬物治療**が選択される。薬物治療は，ADHDそのものを根治させるためのものではなく，神経伝達物質の調整を行うことで一時的に状態を落ち着かせて学習を効率よく進めたり，支援の効果を高めたりするために用いられる。現在，日本におけるADHDに対する薬物治療は，メチルフェニデート（商品名：コンサータ®），アトモキセチン（商品名：ストラテラ®），グアンファシン（商品名：インチュニブ®），リスデキサンフェタミン（商品名：ビバンセ®）の4種類が使用可能となっている（表10-5）。日本においては，第1選択薬として，メチルフェニデートやアトモキセチンが用いられるが，使用できる薬剤の範囲が増えたことで，第1選択薬の効果が得ら

表10-5　ADHD児に適用が認められた薬剤と作用機序

成分	商品名	中枢神経への作用	薬の作用機序
メチルフェニデート (methylphenidate: MPH)	コンサータ®	刺激	神経終末のドパミントランスポーターやノルアドレナリントランスポーターに結合することで，神経伝達物質の再取り込みを防ぎ，シナプス間隙のドパミンやノルアドレナリンの濃度を上昇させる。
アトモキセチン (atomoxetine: ATX)	ストラテラ®	非刺激	神経終末のノルアドレナリントランスポーターに結合し，神経伝達物質の再取り込みを防ぐことで，シナプス間隙のノルアドレナリンの濃度を上昇させる。
グアンファシン (guanfacine: GUA)	インチュニブ®	非刺激	後シナプスのα2Aアドレナリン受容体を刺激し，イオンチャネルを閉じることで，ノルアドレナリンの情報伝達量を増やす。
リスデキサンフェタミン (lisdexamfetamine: LDX)	ビバンセ®	刺激	神経終末のドパミントランスポーターやノルアドレナリントランスポーターに結合し，神経伝達物質の再取り込みを防ぐとともに，ドパミンやノルアドレナリンの分泌を促進させ，シナプス間隙のドパミンやノルアドレナリンの濃度を上昇させる。

れない場合や副作用が大きい場合にも別の選択肢を選ぶことができるようになり，服薬の効果を得られる可能性が広がった。服薬の効果は高く，これらの薬理作用によって前頭葉が活性化することが報告されている（Ogrim & Hestad, 2013）。

第3節　自閉スペクトラム症（ASD）

1．ASD の概念の推移

対人関係等で「ちょっと気になる子ども」（西野ら，1986）の生物学的要因の1つに**自閉スペクトラム症**（Autism Spectrum Disorder: **ASD**）があげられる。この概念は，1943年にカナー（Kanner, L.）が言葉の遅れや対人関係の障害，常同行動を示す例について，当時の「精神薄弱」や「小児精神分裂病」とは別の病態，すなわち**自閉症**（autism）として報告したことに始まる。並行して，1944年にアスペルガー（Asperger, H.）もまた，言葉の遅れはみられないものの，カナーの報告と同様の病態を示す例について自閉性精神障害として報告していた。当時，親の養育態度を原因とする誤った解釈が横行することもあったが，現在では，遺伝子レベルでの先天的要因によるものと共通理解がなされている。

自閉症はその後，ウィング（Wing, L.）によって，社会性およびコミュニケーション，想像力の**三つ組の障害**として解釈されるようになった（Wing & Gould, 1979）。あわせて，言語発達遅滞のない例は特にアスペルガー症候群として報告されたが，現在（2023年）この分類は用いられていない。たとえば，精神障害の診断と統計マニュアルである DSM-IV-TR（American Psychiatric Association, 2000）では，ASD は**広汎性発達障害**（Pervasive Developmental Disorders: PDD）として，さらに自閉性障害やレット障害，小児期崩壊性障害，アスペルガー障害，特定不能の広汎性発達障害に分類されていた。しかし，ASD における困難さはさまざまな認知や行動に認められるとともに，その程度や範囲もさまざまで個人内・個人間の境目が明瞭でないことから，「自閉症」のそれぞれの状態は連続体として捉える必要があると考えられ，DSM-5（American Psychiatric Association, 2013）では下位項目をつくらずに ASD として捉えるようになった。

表 10-6　通常の学級に在籍する発達障害の可能性のある特別な教育的支援を必要とする児童生徒に関する調査：質問項目（抜粋）（文部科学省初等中等教育局特別支援教育課, 2022）

〈行動面（「対人関係やこだわり等」）〉
・大人びている。ませている
・みんなから，「○○博士」「○○教授」と思われている（例：カレンダー博士）
・他の子供は興味を持たないようなことに興味があり，「自分だけの知識世界」を持っている
・特定の分野の知識を蓄えているが，丸暗記であり，意味をきちんと理解していない
・含みのある言葉や嫌みを言われても分からず，言葉通りに受けとめてしまうことがある
・会話の仕方が形式的であり，抑揚なく話したり，間合いが取れなかったりすることがある
・言葉を組み合わせて，自分だけにしか分からないような造語を作る
・独特な声で話すことがある
・誰かに何かを伝える目的がなくても，場面に関係なく声を出す（例：唇を鳴らす，咳払い，喉を鳴らす，叫ぶ）
・とても得意なことがある一方で，極端に不得手なものがある
・いろいろな事を話すが，その時の場面や相手の感情や立場を理解しない
・共感性が乏しい
・周りの人が困惑するようなことも，配慮しないで言ってしまう
・独特な目つきをすることがある
・友達と仲良くしたいという気持ちはあるけれど，友達関係をうまく築けない
・友達のそばにはいるが，一人で遊んでいる
・仲の良い友人がいない
・常識が乏しい
・球技やゲームをする時，仲間と協力することに考えが及ばない
・動作やジェスチャーが不器用で，ぎこちないことがある
・意図的でなく，顔や体を動かすことがある
・ある行動や考えに強くこだわることによって，簡単な日常の活動ができなくなることがある
・自分なりの独特な日課や手順があり，変更や変化を嫌がる
・特定の物に執着がある
・他の子どもたちから，いじめられることがある
・独特な表情をしていることがある
・独特な姿勢をしていることがある

（0：いいえ，1：多少，2：はい，の3段階で回答）

　日本の学校でも，「ちょっと気になる」児童生徒について特別な教育的ニーズに気づかれるようになり，小中学校教員を対象とした全国実態調査である「通常の学級に在籍する発達障害の可能性のある特別な教育的支援を必要とする児童生徒に関する調査」が実施された（表 10-6）（文部科学省初等中等教育局特別支援教育課, 2008, 2012, 2022）。この結果は，ASD の診断率を直接的に示すものではないが，ASD にしばしば認められる「対人関係やこだわり等」の教育的ニーズを示す児童生徒（小・中学校）の割合は，2002 年で 0.8%，2012 年で 1.1%，2022 年で 1.7% と見積もられている。

2. ASD の行動と背景

ASD の行動は**社会的コミュニケーションの問題**と**興味の範囲の狭さ**の 2 つの面から理解することができる（American Psychiatric Association, 2022）。前者は，他者への理解や関わり方，情緒的交流，言語・非言語コミュニケーションが脆弱であったり欠落したりする状態を指す。たとえば，ASD のある人は，他者への興味を示さなかったり他者との距離感をつかみにくかったりする。また，表情や身振りから文脈を読み取ることや，想像力が必要とされる他者との活動が難しい。後者は，行動や興味における強いこだわりを指しており，たとえば，常同的な行動や言い回しとして気づかれることも多い。また，特定の興味に執着しがちで，思考や行動の様式に柔軟性がないため，物事の変化をとても嫌う傾向もある。ただし，それは感覚の過敏性あるいは鈍麻性に因るときもある。

(1) 認知

まず，ASD 児にしばしばみられる「目が合わない」「顔に注目しない」といった行動を例にその背景を述べる。

他者の顔を見たとき，網膜を通じて大脳の一次視覚野へ伝導した視覚情報は，脳底の紡錘状回にて，目や口など顔パーツの配置情報を含めて「顔」というまとまりとして処理される。この**まとまり知覚**（configural cognition）は，机や林のような物や風景を見るときにも生じるが，出生後の経験や学習により特にヒトの顔に優先的に生じるようになる。その結果，ヒトの顔につながる記憶や情動理解も強化されやすくなる。

しかし，ASD 児は，ヒトの顔認知が脆弱であったり，反対に亢進したりすることがある。すなわち，「見えにくい」のではなく，見たものの認知の仕方に特性があるために，他者の情動や意図の理解が定型発達とは異なったものとなり，その結果として，興味が限定されているようにみえたりコミュニケーションが難しくなったりする（Dawson et al., 1984, 2002, 2004; Klin et al., 2002, 2009）。さらに，そのような状態が続くことによって，顔情報を手がかりとした社会的行動の学習機会が減少し，ますますコミュニケーションの理解や行動を困難にしていく。

このような認知の特性は，顔だけでなくヒトの声や動きなどさまざまな社会性認知において観察されるが，どの認知がどの程度の特性を示すかは ASD の中でも個人差が大きい。加えて，ASD 児はしばしば光や音などの知覚に**過敏性**や**鈍麻性**を示すが，これも個人差が大きい。すなわち，認知に至る前の知覚において情報収集に偏りが生じることが，興味を限定し，認知の特性を生み出している可能性もある。

(2) 心の理論

心の理論（Theory of Mind: ToM）とは，他者の知識や気持ち，意図，感情を類推し理解する能力であり（Premack & Woodruff, 1978），社会指向性とともにコミュニケーションに必要な資質である。定型発達児はおおむね 4 ～ 6 歳で獲得することから，就学時には自分に見える事実だけでなく他者の視点でも類推して物事を理解しようとする行動がみられる。一方で，ASD 児は心の理論の獲得が遅れたり困難であったりする。そのため，見立て遊び（ごっこ遊び）のように他者の心の状態を類推して行動をまねることや言外の文脈を読み取ることを苦手とする。

脳の責任領域としては，ヒトの認知や実行機能に関わる脳領域のほか，社会的帰属性の理解を処理する大脳の前頭葉背内側部や頭頂葉の一部の関与が指摘されている（Müller & Fishman, 2018；第 2 章第 3 節も参照）。ASD のある人は，これらの脳領域における局所的な機能不全や領域間のネットワーク障害，すなわち，**弱い中枢性統合**（Weak Central Coherence: WCC）によって，心の理論の獲得が妨げられているのではないかと考えられている（Frith, 1989）。また，前頭葉から投射がある扁桃体の成熟ニューロン数は，定型発達の場合には幼児期から壮年期へかけて徐々に増加していくのに対し，ASD のある人は幼児期に定型発達児よりも著しく増加したのちに，加齢に伴って減少することが認められている（Avino et al., 2018）。このような器質的変化が，ASD に特徴的な情動処理を形成しているのかもしれない。

さらに，扁桃体は，新しい記憶の処理や照合を行うため海馬へ投射することから，ASD に特徴的な記憶手続きにも影響している可能性がある。たとえば，先行刺激（プライマー）が後の刺激（ターゲット）の処理を促進あるいは抑制するプ

ライミング効果は，定型発達児ではプライマーとターゲット間に意味や音韻等の関連性がある場合に認められるが，ASD児ではそのような効果が乏しい（Kamio et al., 2007）。これは，刺激の理解が難しいのではなく，定型発達児とは異なる記憶手続きや語彙処理を行っているために，一般的な関連性を見出すのが難しかった結果と考えられている。

(3) 行動

　心の理論において他者の立場を類推する手続きは，私たちが運動を獲得する際にも生じている。他者の動きへの**模倣**は1歳時点で認められるが，たとえば，他者の右手の動きを「見えたまま」鏡のように自分の左手へ映すのではなく，自分の身体表象として右手に投影して運動を企画・実行できるようになるのは幼児期以降となる。このときに大脳で生じているはたらきを**ミラーニューロンシステム**という。

　ミラーニューロンとは，運動の実行と観察の両方に反応するニューロンであり，運動前野に相当する大脳の下前頭回のほか，上側頭溝や下頭頂小葉にも局在する（Rizzolatti et al., 2001; Williams et al., 2001）。他者の行為を観察するだけで，自分がその行為をするための企画を行う脳領域が賦活されることから，運動学習に寄与すると考えられている。しかし，ASDには，ミラーニューロンシステムの脆弱性が指摘されており，このことが動きの模倣や行動調整の難しさ，不器用の背景とも解釈されている。

　また，注意やさまざまな知覚情報の保持・切替・更新をする**実行機能**を司っている前頭葉の脆弱性が，行動調整を難しくしている場合もある。脳の責任領域における局所的な機能不全やWCCによって，行動だけでなく認知の柔軟性までも妨げ，行動計画や特定の事物への執着を引き起こしていると考えられている。

3．ASDの原因

　ASDの特性が現れるのには，先天的な生物学的要因と後天的な要因の両方が関わっている。前者は，遺伝子や神経発達の異常であり，一卵性双生児における高発症率等の知見から一部で遺伝子レベルの解明がなされているが，依然

としてほとんどの原因は不明である（中井・内匠, 2018）。後者は，先天的要因によって形成された脳機能や神経ネットワークがつくり出す認知の特性や学習，環境，ライフイベント等であり，これらが発達の過程で不適合となって ASD の特性を強めたり新たな困難さを発現させたりすることがある。

ASD の特性を発現させる直接的な生物学的要因とは，脳の機能的異常や器質的異常である。前者は，セロトニンやドパミンなど**神経伝達物質の投射異常**等によって，脳の局所的な機能や領域間のネットワークが妨げられる現象である。後者は，**脳形態の異常**のことであり，大脳の灰白質のニューロン密度異常や灰白質間を結ぶ白質の増大が剖検例より指摘されている（Kemper & Bauman, 1998; Casanova et al., 2006; Minshew & Williams, 2007）。脳イメージングを併用した観察からも，ASD 児は出生後 6 〜 12 か月で顕著に大脳が増大し，12 〜 24 か月には頭囲が定型発達児よりも伸長することが確認された（Hazlett et al., 2005, 2011, 2017; Redcay & Courchesne, 2005）。ただし，その後は伸長が停滞するため，最終的に成長後の頭囲は定型発達児と同じくらいとなる。

なお，哺乳類では一時的な頭囲の伸長を示す時期にニューロンの回路を機能的なものにするため，必要なシナプス（第2章第3節も参照）のみを強化し，不要なシナプスをなくしていく**シナプスの刈り込み**が起こっている（Huttenlocher et al., 1982）。したがって，ASD 児ではシナプスが過剰形成されて刈り込みが遅れることが，脳の機能的・器質的障害の原因の 1 つとも考えられている。

また，剖検例からは脳幹の構造異常も指摘されており，脳幹を含む中枢神経系に分化する神経管の形成期（第2章第2節も参照）ですでに，ASD の特性につながる原因が生じているとも解釈できる。しかし，それを縦断的に検証する術がないことから，ASD の特性を把握できる時期は，親記入式の質問紙である**M-CHAT**（Modified Checklist for Autism in Toddlers）を利用しても早くて生後 24 か月頃とされている（Robins et al., 2001）。

4. ASD への支援

社会的コミュニケーションの問題や興味の範囲の狭さによって健康的な社会生活が妨げられることのないようにするためには，当事者と周囲の両者が ASD について理解することと具体的な支援の体制づくりが必要である。具体

的には，感覚の過敏性による不適応を軽減し，鈍麻性によって生じる困難さを補ったうえで，当事者の認知の特性をアセスメントによって適切に把握し，環境を調整するとともに当事者や身近な支援者の学習機会を設けていく。とりわけ，社会性認知は生後の経験を通じて学習し形成されるため，定型発達児に多くみられる認知や行動の様式，コミュニケーションスキルを学ぶ機会を早期に設けることが，当事者の困りごとや身近な支援者における不安を軽減すると考えられている。

(1) アセスメント

　ASD の特性を把握するためには，知能検査・発達検査と行動評価を組み合わせて行う。前者では，標準化された心理検査（WISC-V，K-ABC2，DN-CAS 等）を用い，認知の偏りに注目して実態を把握する。後者では，当事者の行動観察（Autism Diagnostic Observation Schedule 2：ADOS2，Childhood Autism Rating Scale 2: CARS2 等）や養育者への構造化面接（Autism Diagnostic Interview-Revised: ADI-R 等），当事者や養育者への質問紙（M-CHAT，Autism-Spectrum Quotient: AQ, Autism Spectrum Screening Questionnaire: ASSQ, Social Communication Questionnaire: SCQ 等）を通じて行動の特性を把握する（若林ら，2004）。

　それらの結果と成育歴や身体検査，生活習慣，既往歴と併せて，DSM-5-TRや ICD-11 などの操作的診断基準に基づき診断が行われる。また，ASD と同様の行動様式を示す別の神経疾患との鑑別や，**併存障害**（LD，ADHD，不安障害群，抑うつ障害群等）の確認も，長期的な包括的支援を考えるためには重要である。加えて，具体的な支援を考える際には，彼らの持つ困難さの中核を明らかにするため，発達を踏まえて心の理論や実行機能，情動の検査（Achenbach System of Empirically Based Assessment: ASEBA 等）を行うこともある。

(2) 介入

　当事者への包括的な介入としては，ショプラー（Schopler, E.）によって開始された TEACCH（Treatment and Education of Autistic and related

Communication handicapped Children）があり，具体的には，当事者の感覚や認知の特性，実行機能等の状態を考慮して環境を調整し，支援を行っていく。また，認知行動療法の1つであるスキナー（Skinner, B. F.）による**応用行動分析**（Applied Behavior Analysis: ABA）（第6章第4節も参照）を適用することもできる（McEachin et al., 1993; Rogers & Dawson, 2010）。いずれも，コミュニケーションを支援するツール（絵カード，サイン言語等）や，当事者の理解しやすい伝達手段や構文・説明を通じて，望ましい行動を獲得・変容し，望ましくない行動を減少・対処する学習理論に基づく介入であり，乳幼児期より集中的に長時間適用することもある。学習の標的を絞った介入には，**認知行動療法**の1つである社会学習理論に基づいた**ソーシャルスキルトレーニング**（Social Skill Traning: SST）を用いる。対人交流に必要な知識を学び行動を練習することによって，社会生活上の問題を軽減し，ひいては円滑なコミュニケーションを成立させていく（Gunji et al., 2013; 北・平田, 2019）。

　ただし，上記の介入はいずれも ASD を治療するものではなく，ASD のある人が，ASD のない人の認知様式や行動スキルに寄り添うことによって生きる力を育む学習機会である。すなわち，並行して，周囲も ASD の特性を学びお互いに寄り添うことを心がけたい。なお，保護者は障害受容に始まり，支援スキルや当事者の行動問題への不安などストレスを感じることも多い。したがって，**ペアレントトレーニング**などを通じた介入とともに，同胞（きょうだい児）を含む身近な支援者への社会的・経済的な支援制度の充実も求められている。

第4節　発達性協調運動症（DCD）

1. DCD とは

　「走り方がぎこちない」「上手にボールが投げられない」「靴紐が結べない」などの行動を示す子どもは，一般的には「運動の不器用さ」があるといわれているかもしれない。**発達性協調運動症**（Developmental Coordination Disorder: DCD）は，いわゆる運動の不器用さを特徴とする神経発達症である。DCD の診断基準（American Psychiatric Association, 2022）を表 10-7 に示す。診断基準 A, B,

表10-7　発達性協調運動症の診断基準（American Psychiatric Association, 2022/ 日本精神神経学会（日本語版用語監修）髙橋三郎・大野裕（監訳）DSM-5-TR 精神疾患の診断・統計マニュアル，p. 84，医学書院，2023 より一部転載）

> A. 協調運動技能の獲得や遂行が，その人の生活年齢や技能の学習および使用の機会に応じて期待されるものよりも明らかに劣っている。その困難さは，不器用（例：物を落とす，または物にぶつかる），運動技能（例：物を掴む，はさみや刃物を使う，書字，自転車に乗る，スポーツに参加する）の遂行における遅さと正確さによって明らかになる。
> B. 診断基準Aにおける運動技能の欠如は，生活年齢にふさわしい日常生活活動（例：自己管理，自己保全）を著明に，持続的に妨げており，学業または学校での生産性，就労前および就労後の活動，余暇，および遊びに影響を与えている。
> C. この症状の始まりは発達段階早期である。
> D. この運動技能の欠如は，知的発達症（知的能力障害）や視力障害によってうまく説明されず，運動に影響を与える神経疾患（例：脳性麻痺，筋ジストロフィー，変性疾患）によるものではない。

　Cには，発達早期から，運動技能が同年齢の者よりも低下しており，そのことが日常生活や学業に影響を与えることが記載されている。また，診断基準Dには，運動技能の低下が他の障害によって説明できないことが記載されている。

　運動技能は，一般的に，保護者や教員によるチェックリストと**運動検査バッテリー**で評価される。標準化された運動検査バッテリーで，平均よりも1標準偏差，成績が低い場合に，DCDの水準であると考える（Blank et al., 2012）。運動検査バッテリーとして代表的なものに，Movement Assessment Battery for Children-2nd edition（**MABC-2**）（Henderson et al., 2007）がある（2023年秋にMABC-3（英語版）の販売が開始される予定である）。MABC-2は，「手指の巧緻性」「ボール運動」「バランス」の3領域8課題で構成される検査バッテリーである。どのような課題で評価されるのかを想像しやすいように，各領域の課題を参考にして筆者が作成した類似の課題を示す。**手指の巧緻性**（manual dexterity）は，手先の運動を評価する課題である。この課題に類似した例として，図10-2aの楕円の枠からはみ出さないようにボールペンでなぞることが考えられる。**ボール運動**（aiming and catching）には，ボールを的に投げたり，ボールをキャッチしたりする運動が含まれる。この課題に類似した例として，二組になって，テニスボールを用いて片手でキャッチボールする課題が考えられる。テニスボールをキャッチできた回数が少ないほど，不器用であると評価される。**バランス**（balance）には，動的および静的に姿勢を保持する課題が含まれる。

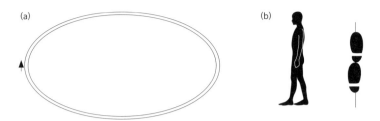

図 10-2 Movement Assessment Battery for Children 2nd edition（Henderson et al., 2007）の一部に類似した課題

(a) 楕円を枠から出ないように矢印の部分からボールペンでなぞる。枠から出た回数が多いほど、不器用であると評価される。(b) タンデム立位。つま先とかかとを付けた状態で、姿勢を保持する。姿勢を保持する時間が短いほど、不器用であると評価される。

この課題に類似した例として、**タンデム立位**（図 10-2b）が考えられる。これらの課題から総合得点が算出され、著しく成績が低下している者が DCD 者であると考えられる。なお、MABC-2 を国内で適用する試みが行われているものの（Hirata et al., 2018; Kita et al., 2016）、MABC-2 の日本語版は販売されていない（2023 年 9 月現在）。

2. DCD と知的障害

知的障害者の多くで、**運動技能の低下**が認められる（Vuijk et al., 2010; Wuang et al., 2008）。DCD の診断基準として、運動技能の低下が知的障害によって説明されないこととなっている（表 10-7D）。しかし、運動の困難さが精神年齢（MA）によって期待されるよりも過剰であれば、知的障害者でも DCD を併存することになる（American Psychiatric Association, 2022）。しかし、IQ のカットオフ値や、知的障害の併存例を区別する基準は特定されていない（American Psychiatric Association, 2022）。つまり、知的障害者の運動技能の低下は、知的障害によるものか、DCD によるものか、不明であることが多い。実践場面においては、知的障害者に対して、DCD の有無にかかわらず、運動技能の低下が要因となる困難さを支援することが必要である。

3. DCD の心理

(1) 認知面

　DCD 児・者は，運動技能の低下だけでなく，**認知面の困難さ**があることが報告されている。ウィルソンら (Wilson et al., 2013) は，1997 〜 2011 年の間に報告された DCD の論文について**メタ分析**（先行研究の結果を用いた分析）を行った。その結果，運動や知覚課題以外にも，実行機能に関わる課題において，DCD 児と定型発達児の差を示す大きな効果量（標準化した両群の差）が報告された。大きな効果量を示した実行機能の課題には，注意，メタ認知方略，抑制課題，言語性および視覚性作業記憶が含まれていた。

　鈴木ら (Suzuki et al., 2020) は，DCD 者と定型発達者の抑制課題中の事象関連電位成分を検討した。**事象関連電位**は脳波を用いて算出されるものであり，ミリ秒単位で情報処理過程を検討することができる。抑制課題の代表的な課題に **Go/Nogo 課題**がある。Go/Nogo 課題では，2 種類の刺激（たとえば，青い丸と赤い丸）が呈示される。参加者は，一方の刺激（青い丸，Go 刺激）に対してボタンを押し，他方の刺激（赤い丸，Nogo 刺激）に対してボタン押しを止めることが要請される。Go 刺激に対しては，知覚処理（たとえば，青い色と知覚する）や認知処理（たとえば，ボタンを押す刺激であると認知する）が行われたうえで運動処理が開始され，実際にボタンが押される。Nogo 刺激に対しては，認知処理（たとえば，ボタンを押す刺激ではないと認知する）や開始された運動処理の抑制によって，ボタン押しを止めることができる。事象関連電位の **N2 成分**には認知処理が反映され，**P3 成分**には運動処理の抑制が反映されると考えられている。定型発達者と比較して，DCD 者においては P3 成分が減弱していたが，N2 成分の違いは認められなかった。したがって，DCD 者の抑制課題の成績低下は，運動処理の抑制に由来していることが示唆された。直接的に運動に関わらないような課題においても，何らかの運動反応が含まれていることがほとんどである。知見としては少ないものの，DCD の運動機能の低下がさまざまな課題の成績に影響を及ぼしている可能性はあるかもしれない。

(2) 情緒面

DCD の精神的健康に対する影響が検討されている。ツヴィッカーら (Zwicker et al., 2013) は，DCD 児の QOL に関する系統的レビューを行った。QOL の指標を用いた研究は不足しているものの，QOL の身体的な側面，心理的な側面，社会的な側面における低下を示す知見が得られていた。また，オマーら (Omer et al., 2019) は，DCD における内在化問題 (うつや不安) についてメタ分析を行った。その結果，定型発達児・者よりも DCD 児・者で内在化問題の程度が大きいことを示す，有意な中程度の効果量が認められた。つまり，DCD 児・者には，より精神的健康が低下するリスクがあることが示されている。

精神的健康の低下を示す知見はあるものの，その原因は運動技能の低下による失敗経験や，運動に対する努力が認められないことなど，二次的な問題によるものである。宮原 (2019) は，DCD 当事者の実体験を紹介している。DCD 者の一人は，子どもの頃に運動課題の指導を受けて運動課題が上達し，そのような経験により自信をつけることができたことを語っている。DCD 児でも，成功体験が得られれば，自尊心が向上する。運動を含む活動を制限するのではなく，DCD 児が活躍し，成功体験を得られるように工夫することが重要である。

4. DCD への支援

(1) 運動面の支援

DCD への支援には，作業療法士，理学療法士，教師，スポーツの専門家，医師，心理士などが関わる。DCD の運動技能への介入について，5 つの前提が提案されている（表 10-8）(Lansdown, 1988; 増田，2019)。また，DCD 児への介入方法は，過程指向型アプローチと課題指向型アプローチに大別することが

表 10-8　DCD の運動技能への介入の前提 (Lansdown, 1988; 増田，2019)

①対象児からの信頼を得ること，そして対象児の自尊心維持のために，対象児が課題を遂行するために必要な時間は，十分に保つことが重要である。
②介入における実践セッションは長くしない。むしろ短くすべきである。
③課題は，介入を実践する援助者が細かく管理できる段階まで，スモールステップに細分化する。
④指導や援助を行う際，対象児を急かすことはせず，対象児自身のペースやスピードで課題をさせるようにする。
⑤具体的な方略は，衣服の着脱など，特定の問題を克服するために教えられるべきである。

できる (増田, 2019)。**過程指向型アプローチ**では，DCD 児には感覚運動系の過程の一部に問題があると考える。そして，その一部に焦点を当てて支援をすることで，DCD 児の運動技能を向上させるアプローチとして捉えることができる。一方で，**課題指向型アプローチ**では，特定の運動技能を子どもが求めている水準まで到達させることをめざす (増田, 2019)。特定の運動技能 (たとえば, キャッチボール, 書字運動, 走り方) に焦点を当てて支援をするものであり，特定の感覚，知覚運動，認知能力などの向上をめざすものではない。過程指向型アプローチと課題指向型アプローチはともに有効性に関する十分な証拠は得られていない (Miyahara et al., 2017; 増田, 2019)。特に，**感覚統合療法**などの過程指向型アプローチは古くから用いられてきたものであるが，効果がないことを示す知見が多数報告されており (増田, 2019)，推奨されないこともある。今後, 研究の進展によっていかなる指導方法が有効であるか証明されていく可能性はある。

　運動は基本的に練習すればできるようになる。定型発達児より時間を要するかもしれないが，DCD 児の場合も練習した運動は向上していくことが多い。有効性が証明されている介入法は存在していないものの，5 つの前提（表10-8）などを参考にして DCD 児の支援を行っていく必要がある。

(2) 学業面の支援

　DCD 児の運動の困難さは，学業にも影響を及ぼす。MABC-2 の手指の巧緻性には，**書字（描画）運動**が含まれている (Henderson et al., 2007)。また，メタ分析 (Wilson et al., 2013) において，定型発達児よりも DCD 児・者で書字運動の制御の成績が低下することを示す有意な中程度の効果量が報告されている。たとえば台湾の調査では，定型発達児と比較して DCD 児で漢字書字課題の成績が低下することが示されている (Cheng et al., 2011)。つまり，DCD 児・者は書字に困難を抱える傾向にある。

　鈴木と稲垣 (2018) は，読み書きに困難を抱える DCD 児の漢字指導の事例を報告した。通常，児童は文字を書き写すことで漢字を学習していくが，学習困難児にとっては，低下した能力の利用を最小限にし，良好に保たれた能力を活用して学習していくことが有効であるとされる。この事例では，運動面以外の特徴として，視知覚能力が低いことと聴覚認知能力は保持されていることがア

(a) 聴覚法

①日
②よこ　たて　よこ
③人
④一　ノ　目　ハ

(b) 指なぞり法

(c) 漢字の使い方や意味の確認

宿だい
だい名
主だい歌

図10-3　漢字指導の教材（鈴木・稲垣，2018）

(a) 聴覚法：漢字を既知情報に分解し，それらを口頭で言語化しな
がら覚える，(b) 指なぞり法：書字表出を最小限にしつつ，運動記
憶の形成を促すために，大きく印字された漢字を指なぞる，(c)
漢字の使い方や意味の確認：宿題に取り組む女児

セスメントにて明らかになった。そこで，漢字の書字形態の知覚を聴覚認知で
補い，書字表出を最小限にするために，図10-3の教材を用いて小学3年生の
配当漢字を指導することになった。まず，漢字を既知情報に分解し，それらを
子どもに発声させた（図10-3a，**聴覚法**）。なお，漢字の分解方法は，子ども
と相談して発声しやすいように修正した。次に，数回発声したあと，発声しな
がら大きく印字された漢字を指なぞった（図10-3b，**指なぞり法**）。図
10-3cは，漢字の使い方や意味の確認のために用いたものである。指導は，小
学3年生の1月から4年生の1月の期間に実施され，漢字書字の学習に効果
があったことを示唆する結果が得られている。ただし，すべてのDCD児が漢
字書字に困難さや同様の認知的特徴を持つとは限らず，今回紹介した指導方法
が常に有効であるとも限らない。DCDの学習面の困難さを把握し，その子ど
もの特徴に合った支援を行っていくことが必要である。

　この事例の主訴は読み書きの困難さであり，養育者は運動面の困難さを認識
していなかった（鈴木・稲垣，2018）。宮原（2019）は，日本においてDCDという
用語が浸透していないことを指摘している。学習障害として認識されている者
の中には，DCD者が含まれている可能性がある。また，運動面の困難さが理
解されにくく，支援を受けられない者もいるかもしれない。運動面も正確に評

価し，学業においても，運動面を含めた支援を行う必要がある。

第5節　聴覚情報処理障害（APD）

1.　APD の定義

　「聞き間違いや聞き返しが多い」「雑音下では聞き取りにくい」「言われたことを誤解しやすい」「見て学習することに比べて聞いて学習することが困難である」というように，聴力に問題がないにもかかわらず日常的にさまざまな聞こえの困難を抱える事例に関する報告が増えてきている。こうした状態は，**聴覚情報処理障害**（Auditory Processing Disorder: APD）と呼ばれている。後に詳しく述べるが，近年では，病態学的な原因のみでなく，その状態像に着目した「**聞き取り困難（Listening Difficulty: LiD）**」という概念も提唱されるようになり，APD/LiD と併記する場合も増えてきている。日本においては APDという用語の方が広く知られていることもあり，本稿では，聴力に問題がないにもかかわらず日常的にさまざまな聞こえの困難を抱える状態については APD という表記を用いる。APD の症状を示す児童の出現率はおおむね 3％程度とされ（Chermak & Musiek, 1997; 小川ら，2007），世界的にも注目を集めている。

　近年の研究によって APD の概要が判明してきたものの，その定義については今も議論が生じている。従来，APD は聴覚中枢の器質的・機能的な障害であると仮定されてきた。しかし，APD の症状を訴える事例の中には，聴覚中枢に問題が認められない例も確認されるようになった。実際に小渕（2015）は，APD の症状を抱えて来院した小児 20 例のうち，背景要因として ASD やADHD などの発達障害がある者が半数以上おり，そのほかは心理的な問題を抱える者，バイリンガルなど複数の言語環境下にいる者であったと報告している（図 10-4）。成人においても小児と同様の背景要因がうかがえ，明らかな背景要因が考えられなかった者でも，注意や記憶の弱さという認知的な偏りが日常生活上の聞き取りに影響している可能性を指摘している。このように，注意や記憶，言語などのさまざまな認知要因も聞き取りに影響を及ぼすとされ，中枢聴覚系の処理のみに特化した病理学的要因を特定することは困難な現状にあ

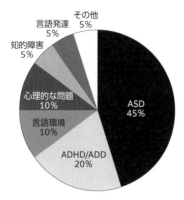

図 10-4 APD の症状を抱える小児例の背景要因（小渕，2015 をもとに作成）

る（福島・川崎，2008; Moore, 2018）。

　以上のとおり，APD は「聴力は正常であるが何らかの聞き取り困難を示す」という症状を示し，その複雑な背景要因が徐々に整理されてきている。最近では，APD という概念が広がるにつれ，その症状を訴える当事者も増えてきている。これらの事例が蓄積されていくことで，その特性や病理学的要因がより解明されることが期待できるであろう。今後もその進展に目を配りつつ，APD 症状を訴える事例への支援方法などを確立していくことが求められる。

2．APD の評価

　先に述べたとおり，APD はさまざまな要因によって生じうる。そのために，APD については以下で説明するような多角的な評価が求められる。

　まず，聴覚に関する基本的な検査として，**純音聴力検査，語音聴力検査**を実施し，聴力および語音明瞭度に問題がないかを確認する。あわせて，聴性脳幹反応（Auditory Brainstem Response: ABR）や聴性定常反応（Auditory Steady-State Response: ASSR）などの電気生理学的手法を用いた聴覚系の確認も求められる（第 4 章第 3 節も参照）。

　次に，APD を評価するために開発された**聴覚情報処理検査**（Auditory Processing Test: APT）も実施すべきであろう。国内では，小渕（2021）が作成したものが利用できる。APT は，下記の計 7 つの課題からなる。

① 両耳分離聴検査：両耳に異なる検査音を同時に提示する。
② 早口音声聴取検査：通常の 1.5 倍や 2.0 倍の早さの音声を提示する。
③ ギャップ検出検査：白色雑音（全周波数帯域にエネルギーが分散し，また時間的変化が少ないノイズ。「ざー」という砂嵐のような音）の中間に挿入された無音区間を検出させる。
④ 雑音下聴取検査：雑音とともに提示される単語を聞き取る。

⑤ 両耳交互聴検査：左右交互に提示された検査語をつなげて一文として聞き取る。

⑥ 聴覚的注意検査：標的刺激の直前に予告刺激が提示された場合にのみボタン押しをする。

⑦ 複数音声下聴取検査：3つの方向（左，正中，右）からそれぞれ異なる文章が同時に提示され，そのうち正中方向から聞こえる文を聞き取る。

いずれの課題においても，小学1～6年生，成人のそれぞれの年齢群における平均値と標準偏差が示されており，得られた結果を年齢平均と比較することができる。

さらに，APDには，注意や記憶，推理能力といった認知の偏りや，言語能力，個人の性格特性なども影響するとされていることから，聴覚情報処理機能以外に各種心理検査や知能検査の実施も必要である。上記以外にも，精神疾患に関する評価，性格に関する評価，事象関連電位（第4節参照）であるミスマッチ陰性電位（mismatch negativity: MMN）やP300などの電気生理学的な評価を追加するなど，各事例に応じた評価を行うことが求められる。

これらの検査の結果と日常場面の様子の観察等を総合して解釈し，聴覚面についてどのような困難さが生じているのか，またどういった背景要因によって困難さが生じているのかを多角的に検討する。実施すべき検査の多様性は，APDがさまざまな要因によって生じていることを物語っているといえるであろう。

その他の評価方法として，小川ら（2013）が児童を対象として開発した**きこえの困難さ検出用チェックリスト**をあげることができる。これは20項目からなる質問紙であり，回答は支援者が行う。さまざまな聞こえの困難について「年齢相応である」「やや多い」「多い」「非常に多い」の4段階で回答し，合計得点を算出する。その合計得点がカットオフポイントを超えると，聞こえの困難に関して何らかの支援が必要であることを意味することとなる。また，「聴覚的注意要因」「聴覚補完要因」「聴覚的識別要因」「聴覚的記憶要因」の4つの下位項目に分けられ，どういった要因によって聞こえの困難が生じているのかについても簡易的に評価できる。しかしながら，あくまでも行動観察に基づいた評価法であり，支援者の主観を排除できないという限界がある。そのため，

先に述べたような諸検査とも組み合わせながら，包括的に評価を行う必要がある。

3. 幼児・児童における雑音下での聞き取り困難

　APD の症状はさまざまな状態像が報告されているが，その中でも最初に訴えられる症状は雑音下での聞き取り困難が多いことが知られている（福島・川崎，2008; 小渕，2020）。そこで，ここでは幼児・児童における雑音下での聞き取り困難を取り上げる。

　雑音下の聞き取りに影響を及ぼす要因として，環境要因と認知要因があげられる。まず環境要因については，音声と雑音の音圧比である **SN 比**が大きく影響する。SN 比は，音声（Signal）の音圧から雑音（Noise）の音圧を引いた形で求められ，SN 比が正の値を示すと音声の音圧が雑音よりも高いために聞き取りやすく，SN 比が負の値を示すと雑音の音圧のほうが高いために聞き取りづらくなる。そのため，良好な SN 比の環境を整えることが雑音下での聞き取り困難の対策の前提となる。

　他方で，認知要因としては注意操作や聴覚的補完があげられる。雑音下の聞き取りでは，多数の情報の中から特定の情報を聞き取るために，①聴覚情報を音源ごとに分離する，②聞きとるべき信号へ注意を向ける，③不要な情報を無視するなどの**注意操作**が重要となる（川瀬，2018; Wightman et al., 2003）。また，雑音が存在することで音声が聞き取りづらくなる場合は，既得知識や言語力を活用することでその不足部分を補う**聴覚的補完**も必要となる（Klatte et al., 2013）。そのため，たとえ聴力に問題がなくとも，注意操作や聴覚的補完がうまく機能しない場合は雑音下での聞き取り困難が生じるとされ，雑音下での聞き取りはまさに聴覚以外の認知能力も要求される課題であるといえる。

　ここまで雑音下での聞き取りに影響を及ぼす要因について述べてきたが，子どもは成人と比較して雑音下の聞き取り困難を抱えやすいことが指摘されている。たとえば，クラッテら（Klatte et al., 2010）は，成人と比較して小学 1 年生と 3 年生の成績が低かったことを報告している。その背景としては，子どもの認知能力が発展途上にあるために，音声と雑音の分離や聴覚的補完がうまく機能しにくいことが考えられている。発達段階の低い幼児においては，この傾

向はより顕著になる（Jamieson et al., 2004）。しかしながら，幼児・児童が日常生活を送る保育園や学校は騒音レベルが高く（川井，2016），SN 比が良いとはいえない環境でもある。APD 症状のいかんを問わず，幼児・児童に対しては，雑音下での聞き取りの負荷を軽減するような**音環境の設定**が求められるであろう。

　雑音下で正確に音声を聞き取るためには，前述のように注意操作や聴覚的補完が必要となるが，発達障害のある幼児・児童は認知的な偏りのためにそれらの能力が未熟である場合が少なくない。つまり，発達障害のある幼児・児童は，定型発達児に比べて雑音下での聞き取り困難を抱えやすいことが考えられる。実際に，ASD 児や ADHD 児は定型発達児と比べて雑音下聴取課題の成績が低下するとの報告がみられる（Abdo et al., 2010; Alcántara et al., 2004）。さらに，ボーツら（Boets et al., 2011）は，スピーチノイズ下での音声知覚能力を幼児期より経年的に追跡し，小学校 3 年生の時点でディスレクシア（Dyslexia; 発達性読み書き障害）の診断を受けた子どもでは，幼児期からすでに雑音下における音声知覚が阻害されていたことを明らかにした。

　このように，ASD，ADHD，LD などの発達障害のある幼児・児童を対象とした研究においては，その認知的な偏りが要因となり，雑音下での聞き取り困難が生じたとされている。一般的に発達障害のある幼児・児童が抱える問題としては，社会面や行動面の弱さに起因する問題がよく取り上げられるが，「指示に従うことができない」といった問題行動の背景には，言語理解や社会性の問題だけではなく，「そもそも指示が聞き取れていない」といった聴覚面に課題がある事例も存在することが予想され（久保ら，2018），広い視野で子どもの問題を捉える必要性がうかがえる。

4. 雑音下での聞き取り困難を中心とした APD 児への支援

　APD 児に対する支援としては，本人の機能を高めるといった直接的なアプローチよりも，環境調整などの間接的なアプローチが用いられることが多い。以下では，おもに雑音下での聞き取り困難への支援方法について述べるが，基本的には聴覚障害児への対応が支援方法として適用できる。

　幼児・児童を中心に，雑音下での聞き取り困難を抱える事例が少なくないと

されることから，SN 比を考慮することは重要である。特に，保育園や幼稚園，学校環境はかなりの騒音環境であるため，SN 比の悪化が活動を妨げている場合には，**音環境への配慮**が求められるであろう。SN 比を改善する方法としては，①話者がマイクを用いる，②雑音下での聞き取りを苦手とする幼児・児童を教師と近い位置に配置するなどの配慮を行い，音声の音圧を高めるという対応が考えられる。一方で，SN 比は音声と雑音の相対比にて決定されるため，雑音の音圧を下げる工夫を行うことも非常に重要である。たとえば，①床にカーペットを敷く，②机や椅子の脚にフェルトを付けるといった物理的な対応に加え，③話し合い活動や教室内がにぎやかになる活動をする際には窓を閉め，近隣の学級への影響を少なくする，④必要に応じて静かな部屋に移動するなどの対応が考えられる。

　上記の環境調整が望まれる一方で，騒音の多くが普段の学習活動等に伴って生じるものであるために，環境調整のみで雑音の問題を解決することには限界もある。そこでさまざまな支援機器を用いて，SN 比を改善することも有効であろう。まず，耳栓やイヤーマフを利用し，入力される音を物理的に軽減するという方法がある。最近では，ノイズキャンセリング機能のついたヘッドホンやイヤホンが普及しているため，それらの利用も有効であろう。さらに，デジタル無線システムの活用も効果が高いとされる。**デジタル無線システム**は，送信機と受信機から構成され，話者の発言を聴取者に直接届けることが可能になるため，雑音などの影響を受けづらいとされる。さらに，注意操作に困難さがあり，「聞き漏らしが多い」といった症状を有する事例に対してもデジタル無線システムは有効である。環境調整に加え，これらの支援機器を活用しながら，自身にとって最適な聴覚環境を整えることが望まれる。

　APD の支援については，視覚情報を活用したアプローチも考えられる。私たちが聴覚情報を理解する際には，相手の表情や口形，身振りなど視覚的な情報も利用している。特に聴覚情報が不明瞭である際には，これらの視覚情報に強く依存することになるため，①聞き手が話者に視覚的に注意を向けていることを確認したうえで話す，②話者が見えやすいような位置に移動するなど，視覚情報が届きやすくなるような配慮が必要となる。また，重要な情報は文字で示すといった対応も有効である。その際，メモや板書といった従来通りの方法

に加え，タブレット端末などを活用し，近年その発展が目覚ましい**音声認識技術を活用した文字化**を活用するなどの方法も考えられるであろう。

　さらに，APD の症状は対人面や学習面での困難さに影響を与え，二次的な問題につながる可能性も考えられる。そのため，これら APD 症状を有する事例の心理面・精神面の支援は欠かせない。また，支援の際は，当人に共感を示したケアを行うと同時に，本人が自分の特性を理解し，聞き取りの困難さに対する自分なりの対応を獲得できるように促していくことが重要であろう。たとえば，①聞き逃しや聞き取りにくいことがあった場合に聞き返す，②内容を確認しながら話を進める，③大事な連絡は電話ではなくメールで行ってもらうなど，周囲に対し必要な配慮を求める姿勢を獲得していくように支援することが望まれる。

終　章
家庭や医療との連携をめざして

　特別な支援を必要とする子どもに対しては，「個別の教育支援計画」の作成が義務づけられている。個別の教育支援計画では，乳幼児期から学校卒業後までを通じて，個々の子どもに対して行われる教育的支援の計画を策定しなければならない。その際には，保護者（家庭）と連携しながら，子どもの実態と教育的ニーズの把握に努めるとともに，教育，福祉，医療，労働等のさまざまな関係機関が連携して，長期的な視点から子どもの総合的な支援計画を策定することが求められている。

　多様な子どもたちが通う特別支援学校において，個々の教育的ニーズに沿った教育的支援を展開していくために，保護者との連携が重要であることは言うまでもないが，学校外の福祉，医療，労働等の関係機関との密接な連携・協働の重要性は早くから指摘されてきた（中央教育審議会, 2005）。平成 20（2008）年度からは，障害の重度・重複化，多様化に対応したきめ細かな指導方法の改善を図るため，文部科学省による「PT，OT，ST 等の外部専門家を活用した指導方法等の改善に関する実践研究事業」が 2 年間にわたって 12 県市，49 校で実施された。この事業が展開されて以降，それぞれの地域で制度の違いはあるものの，特別支援学校において理学療法士（PT），作業療法士（OT），言語聴覚士（ST）等の外部専門家を活用した指導方法の改善が進められている。

　近年の児童生徒の抱える問題の複雑化と多様性から，一人の教員が課題を抱え込まず，教育以外の専門性を有する人材を活用しながら，1 つのチームとして課題解決にあたるチーム学校の実現が求められている（中央教育審議会, 2015）。

小学校から高等学校に至る生徒指導の理論や考え方がまとめられている生徒指導提要の改訂版（文部科学省，2022）の中でも，学校内外にある多様な専門性を活用して，教員と多職種の専門家等との連携・協働によって，チームで課題解決にあたることの必要性があらためて記載されている。

　序章で述べたように，子どもを指導する際には実態把握が必要となるが，個々の教員がその問題を抱え込むのではなく，時には多職種の専門家の違った視点から助言を得ることで新たな実態が見えてくることもある。知的障害特別支援学校において，連携・協力が想定される多職種の専門家として，先述の理学療法士，作業療法士，言語聴覚士のみならず，個々の子どもへの指導の中で生じる課題に応じてさまざまな職種が関わってくることになる。そこで，知的障害特別支援学校においておもに関わりがあると思われる専門職の特徴，具体的な役割の一例を示す（図終-1）。いずれも国家資格の必要な専門職であるが，基本的な運動機能に関しては**理学療法士（PT）**，日常生活動作に関しては**作業療法士（OT）**，言語や口腔機能に関しては**言語聴覚士（ST）**，視覚機能に関しては**視能訓練士（ORT）**，心理に関しては**公認心理師（CPP）**が専門性を有している。それぞれの異なる専門性の視点から知的障害特別支援学校に在籍する児童生徒の実態を把握し，それに基づいて指導方法などの助言を行い，これらの情報を学校と家庭で共有することで指導の充実へとつなげていく。たとえば，作業療法士であれば，鉛筆の持ち方，はさみの使い方，衣服の着脱の仕方などについて，専門的な視点から助言をすることができる。その助言の中には，学校生活の中で実施できるものだけでなく，家庭や放課後デイサービス，就業体験先など学校外の場所での配慮や工夫も含まれる可能性がある（和田・幅，2020）。そこで，本書の各章で扱われた内容を振り返りながら，教員（学校）と保護者（家庭），そして外部専門家（医療）との連携・協働という点についてあらためて以下に述べていく。

　第1章では，知的障害の定義とそのアセスメントについて紹介した。知的障害の診断は当然ながら医師の役割となるが，心理アセスメントの遂行に際しては公認心理師等が専門職となる。たとえば，知的機能のアセスメントとして紹介した WISC-V は，使用者レベルとして，心理検査の使用に関する教育や研修を受けた者で，かつ教育学や心理学関連の博士号取得者，心理検査に係る

PT（理学療法士）
〔基本的な運動機能に関わる専門職〕

- 基本動作（歩く，立つ，座るなど）の評価
- 学校生活を送るうえで必要となる基本動作の改善や維持のための指導助言
- 児童生徒の身体機能面に適応した，椅子や机などの環境整備のための指導助言

CPP（公認心理師）
〔心理に関わる専門職〕

- 心理アセスメント（知能検査，認知機能検査等）の実施
- 心理カウンセリングの実施
- 児童生徒の学習面，生活面での困難さの改善に向けた指導助言
- 児童生徒に関係する者への相談

ST（言語聴覚士）
〔言語や口腔機能に関わる専門職〕

- 聞こえ，発声や発音などの聴覚・言語機能の評価と指導助言
- 摂食，嚥下などの口腔機能の評価と指導助言
- 児童生徒の言語コミュニケーションの改善に向けた指導助言
- 児童生徒の聴覚・言語・口腔機能に応じた補助具等の必要性に関する評価および指導助言

OT（作業療法士）
〔日常生活動作に関わる専門職〕

- 日常生活動作（着替え，排泄，食事，道具操作など）の評価
- 児童生徒の日常生活動作の改善や維持のための指導助言
- 児童生徒の日常生活動作能力に応じた補助具等の必要性に関する評価および指導助言

知的障害特別支援学校
多職種専門家との連携による指導方法の改善
- 児童生徒の実態把握
- 個別の指導計画
- 指導内容や方法
- 教材や教具
- 評価方法

ORT（視能訓練士）
〔視覚機能に関わる専門職〕

- 視覚機能（視力，屈折異常，視野，眼球運動など）の評価
- 弱視・斜視などの視機能改善にむけた指導助言
- 児童生徒の視機能に応じた環境整備，補助具，教材の改善等に関する指導助言

児童生徒への指導の充実

図終-1 知的障害特別支援学校で関わりがある専門職の特徴と具体的な役割（文部科学省，2015 をもとに作成）

資格（公認心理師等）を有する者など，一定の知識と経験が要求されている。すなわち，心理アセスメントに際しては検査の正確な実施だけでなく，検査結果を総合的に解釈し，具体的な支援方法の助言を行うなどの役割があり，そのための知識と経験が求められている。

第4章では知的障害が合併しやすい感覚機能障害について，第9章では肥満や口腔衛生といった健康問題について述べた。これらは学校における定期健康診断と深く関わっているものが多い。たとえば，定期健康診断には身長や体重計測，視力検査，聴力検査，眼科健診，耳鼻科健診，歯科健診などが含まれており，児童生徒の健康の保持増進を目的としてその実施が学校保健安全法に規定されている。しかし，知的障害児においては，必ずしも検査内容や指示を理解できているとは限らず，自らの身体に生じている異常について意思表出することが難しいケースも少なくない。中には検査に不安を抱き，拒否行動を示すなど，その遂行自体が困難な場合もあることから，定期健康診断をスムーズに進めるための事前準備の必要性が指摘されている（野田・藤沼，2020）。その際，

養護教諭を中心として担任教員や保護者，そして学校保健安全法で規定される**学校医，学校歯科医，学校薬剤師**（表終-1）との情報交換や連携が必要不可欠になってくる。定期健康診断等で何らかの異常が見つかった場合には，専門の医療機関への受診を勧めることとなる。第4章でも述べたように，屈折異常や難聴によって眼鏡や補聴機器の装用が求められた場合，その装用を嫌がるケースも多い。その際には，学校と家庭が連携して取り組み，補装具の使用による効果が現れるまで動機づけを維持するなど，児童生徒本人や保護者の気持ちに寄り添った支援が必要となる。

第9章で取り上げた肥満や睡眠の問題，偏食や口腔衛生の管理なども，家庭環境とは切り離すことのできないものである。学校や家庭で起こっている事象を情報交換することで問題を共有し，その解決に連携して取り組まなければ，いずれの健康問題も解消することは難しいであろう。さらに，第9章ではてんかんについても述べている。すでに解説したように，知的障害児において，てんかんの合併率は高く，中には適切な抗てんかん薬をいくつか組み合わせたとしても発作が抑制されず，日常生活に支障をきたす難治性てんかんを示すケースも多い。たとえば，てんかん発作によって生命に危険が及ぶ可能性がある場合には，教員が児童生徒や保護者に代わって座薬の挿入を行う必要がある。その場合には，児童生徒およびその保護者は医師から学校で座薬を使用する必要性およびその際の留意事項について，書面にて事前に指示を受け，学校にその旨を依頼しなければならない。

このようなケースに限らず，知的障害児においてはさまざまな疾病を合併していることが多く，保護者の依頼により学校において医療用医薬品を預かる場合がある。しかし，教員が児童生徒に代わって医療用医薬品を使用する行為は医療行為に該当する可能性があるため，医師法に違反しないように条件を満たしたうえでの使用が求められる。したがって，その使用や管理に際しては，保護者との連携はもちろんのこと，**主治医**や学校医，学校歯科医，学校薬剤師等と情報交換を行い，指導・助言を受けることが重要である。なお，主治医や学校医，学校歯科医，学校薬剤師のおもな役割については表終-1にまとめている。

第5章から第8章までは知的障害児における認知機能（注意・記憶，学習，運動，言語・コミュニケーション）を扱った。先述のように，子どもを指導する際には，子

表終-1　主治医，学校医，学校歯科医，学校薬剤師のおもな役割

	おもな役割
主治医	子どもが何らかの疾病に関して受診している場合，その担当医が主治医となる。そのため，学校生活を送るうえでの課題について指導・助言を得ることは有用となる。ただし，主治医への連絡を取る際には，保護者の同意が必要となる。
学校医	学校保健計画や学校安全計画の立案への参与，学校の環境衛生の維持および改善への指導・助言，定期健康診断，健康相談，保健指導，疾病の予防処置，感染症予防への指導・助言などへの従事が求められる。
学校歯科医	学校保健計画や学校安全計画の立案への参与，定期健康診断（歯科検診），健康相談，保健指導，う蝕その他の歯疾の予防処置などへの従事が求められる。
学校薬剤師	学校保健計画や学校安全計画の立案への参与，学校の環境衛生の維持および改善への指導・助言，定期健康診断，健康相談，保健指導などへの従事のみならず，学校で使用する医薬品，毒物，劇物並びに保健管理に必要な用具および材料の管理への指導・助言が求められる。

どもの実態把握が重要となる。児童生徒のつまずきの要因は思わぬところに存在する可能性があり，教員とは異なる視点からの評価や指導・助言が功を奏することもある。たとえば，書字の困難さを示す児童生徒がいた場合，言語機能面での遅れから生じている可能性がある。その場合には，言語聴覚士からの助言が有効であるかもしれない。しかし，書字の困難さは言語機能のみに起因して生じるわけではない。たとえば，運筆操作そのものに起因している場合には，作業療法士からの助言が有効な場合もある。あるいは運筆操作以前に姿勢の乱れ等から筆先に力が入らないなど，基本動作に課題があって書字の困難さを引き起こしている場合もある。その場合には，理学療法士からの助言が役に立つかもしれない。目と手の協応や空間認知など視覚機能に課題が生じている場合には，視能訓練士の視点から児童生徒の実態を把握したほうがよいこともある。何らかの心理検査をすでに実施している場合には，その結果を介して子どものつまずきがどこにあるのかを査定することもできる。その際には，公認心理師等の心理の専門家の助言が有効であろう。このような外部の専門家からの指導・助言は，保護者にもフィードバックすることで情報を共有し，学校と家庭が一体となって児童生徒の支援にあたることが重要である。そうすることで支援効果が高まるだけでなく，学校と家庭との関係性が深まるものと期待される。

　さらに，第3章では，知的障害が多様性のある概念であり，その発生要因には生物医学的，心理教育的，社会文化的，公正性という4つの観点が互い

に影響していることを述べた。すなわち，障害のある個人のみならず，そのまわりにある環境との相互作用によって知的障害という症状が形成されている。このことを踏まえれば，これまで取り上げてこなかった，人と人をつなぐ，人と社会をつなぐ役割を持つ，社会福祉の専門家である**ソーシャルワーカー**とも連携・協力が必要となるだろう。

　このように学校外の多職種の専門家と連携・協力することで，子どもの実態に迫ることができ，知的障害児における指導方法の改善へとつなげていくことが期待される。ただし，連携・協働を行う以前に，児童生徒の何を相談したいのかについて明確にしておく必要があり，そのために教員側はそれぞれの専門職における専門性が一体何であるかを知っておかなければならない。また，その際に忘れてはならないのが，特別支援学校の教員としての専門性であろう。すなわち，自らも特別支援教育の教員という専門家であることを自覚し，先に述べた多職種の専門家からの指導・助言に依存するような関わりではなく，互いに対等な立場で議論していくことが大切である。

引用・参考文献

第 1 章

American Psychiatric Association（2022）．*Diagnostic and statistical manual of mental disorders*（5th ed., Text Revision）. American Psychiatric Association Publishing.（日本精神神経学会（日本語版用語監修）髙橋三郎・大野　裕（監訳）（2023）．DSM-5-TR　精神疾患の診断・統計マニュアル（p. 37）　医学書院）

遠城寺宗徳（1977）．遠城寺式・乳幼児分析的発達検査法　慶應義塾大学出版会

井上菜穂（2014）．田中ビネー知能検査　辻井正次（監修）発達障害児者支援とアセスメントのガイドライン（pp. 83–85）　金子書房

小池敏英（2001）．知的障害に関する基礎知識　小池敏英・北島善夫　知的障害の心理学（pp. 2–22）北大路書房

松原達哉（2002）．知能・創造性の心理　松原達哉（編）心理学概論（pp. 86–106）培風館

三宅和夫（監修）（1991）．KIDS（キッズ）乳幼児発達スケール手引　発達科学研究教育センター

文部科学省（2021）．障害のある子供の教育支援の手引―子供たち一人一人の教育的ニーズを踏まえた学びの充実に向けて―　https://www.mext.go.jp/content/20210629-mxt_tokubetu01-000016487_01.pdf（2023 年 6 月 14 日閲覧）

日本版 WISC-V 刊行委員会（2022a）．日本版 WISC-V 知能検査　理論・解釈マニュアル　日本文化科学社

日本版 WISC-V 刊行委員会（2022b）．日本版 WISC-V 知能検査　実施・採点マニュアル　日本文化科学社

小笠原恵（2014）．知的障害の支援計画のためのアセスメントの活用　辻井正次（監修）発達障害児者支援とアセスメントのガイドライン（pp. 298–303）　金子書房

小川しおり・岡田俊（2022）．ICD-11 における神経発達症群の診断について―知的発達症，発達性発話又は言語症群，発達性学習症など―　精神神経学雑誌，*124*（10），732–739.

Schalock, R. L., Borthwick-Duffy, S. A., Bradley, V. J., Buntinx, W. H., Coulter, D. L., Craig, E. M., . . . Yeager, M. H.（2010）．*Intellectual disability: Definition, classification, and systems of supports*（11th ed.）. American Association on Intellectual and Developmental Disabilities.（太田俊己・金子健・原　仁・湯汲英史・沼田千好子（訳）（2012）．知的障害―定義，分類および支援体系―（第 11 版）日本発達障害福祉連盟）

Schalock, R. L., Luckasson, R., & Tassé, M. J.（2021）．*Intellectual disability: Definition, diagnosis, classification, and systems of supports*（12th ed.）. American Association on Intellectual and Developmental Disabilities.

新版 K 式発達検査研究会（2020）．新版 K 式発達検査 2020 実施手引書　京都国際社会福祉センター

田中教育研究所（2003）．田中ビネー知能検査 V 採点マニュアル　田研出版

辻井正次・村上　隆（監修）（2014）．日本版 Vineland-II 適応行動尺度マニュアル　日本文化科学社

上野一彦・名越斉子・旭出学園教育研究所（2016）．S-M 社会生活能力検査 第 3 版手引　日本文化科学社

World Health Organization（1992）．*The ICD-10 Classification of Mental and Behavioral Disorders: Clinical descriptions and diagnostic guidelines*. World Health Organization.（融　道男・中根允文・小見山実・岡崎祐士・大久保喜朗（監訳）（1993）．ICD-10 精神および行動の障害　臨床記述と診断ガイドライン　（pp. 236–240）医学書院）

第 2 章

Kandel, E. R., Schwartz, J. H., Jessell, T. M., Siegelbaum, S., & Hudspeth, A. J.（2012）．*Principles of neural science, fifth edition: Principles of neural science 5*.（pp. 475–480.）McGraw-Hill

Professional.

厚生労働省子ども家庭局 (2011).　平成22年乳幼児身体発育調査 調査結果の概要　https://www.mhlw.go.jp/file/04-Houdouhappyou-11901000-Koyoukintoujidoukateikyoku-Soumuka/kekkagaiyou.pdf (2021年10月15日閲覧)

南雲　保（編）(2011).　やさしい基礎生物学　羊土社

Penfield, W., & Boldrey, E.（1937). Somatic motor and sensory representation in the cerebral cortex of man as studied by electrical stimulation. *Brain: A Journal of Neurology, 60*, 389–443.

Sadler, T. W.（2016). *Langman's medical embryolog*y (13th ed.). Lippincott Williams & Wilkins.（安田峯生・山田重人（訳）(2016).　ラングマン人体発生学　第11版　メディカル・サイエンスインターナショナル）

Siegel, A., & Sapru, H. N.（2006). *Essential neuroscience*. Lippincott Williams & Wilkins.（前田正信（監訳）(2008).　エッセンシャル神経科学　丸善出版）

鈴木宏哉 (1985).　人間発達の生理と障害　青木書店

東京大学生命科学教科書編集委員会 (2021).　現代生命科学　第3版　羊土社

Virchow, R.（1855). *Archiv fuer pathologische Anatomie und Physiologie und fuer klinische Medizin, 8*, 23.

第 3 章

池田由紀江 (1985).　知的発達の障害　鈴木宏哉（編著）人間発達の生理と障害　青木書店

釼持　学・大岡麻理・石田宗司・山口綾乃・小阪裕佳子・横関祐一郎…石倉健司 (2021).　学童期に達した超早産児の就学状況・合併症についてのアンケート調査結果　日本周産期・新生児医学会雑誌, *57*（1), 66–72.

河野由美 (2020).　Neonatal Research Network of Japan（NRNJ）データベースからみた極低出生体重児の予後　日本周産期・新生児医学会雑誌, *56*（2), 203–212.

Morris, J., Mutton, D., & Alberman, E.（2005). Corrections to maternal age-specific live birth prevalence of Down's syndrome. *Journal of Medical Screening, 12*（4), 202.

Schalock, R. L., Borthwick-Duffy, S. A., Bradley, V. J., Buntinx, W. H., Coulter, D. L., Craig, E. M., ... Yeager, M. H.（2010). *Intellectual disability: Definition, classification, and systems of supports* (11th ed.). American Association on Intellectual and Developmental Disabilities.（太田俊己・金子健・原　仁・湯汲英史・沼田千好子（訳）(2012).　知的障害―定義, 分類および支援体系―　第11版　日本発達障害福祉連盟）

Schalock, R. L., Luckasson, R., & Tassé, M. J.（2021). *Intellectual disability: Definition, diagnosis, classification, and systems of supports* (12th ed.). American Association on Intellectual and Developmental Disabilities.

諏訪まゆみ（編著）(2021).　ダウン症のすべて　改訂2版　中外医学社

第 4 章

Bellugi, U., Lichtenberger, L., Jones, W., Lai, Z., & George, M. S.（2000). I. The neurocognitive profile of Williams Syndrome: A complex pattern of strengths and weaknesses. *Journal of Cognitive Neuroscience, 12*, 7–29.

Erber, N. P.（1978). Auditory training. In H. Davis & S. R. Silverman（Eds.）, *Hearing and deafness* (4th ed., pp. 358–374). New York: Holt, Rinehart & Winston.

葉石光一・大庭重治・八島　猛 (2014).　知的障害と実行制御　上越教育大学特別支援教育実践研究センター紀要, *20*, 5–8.

飯野ゆき子 (2020).　ダウン症と耳鼻咽喉科疾患　日本耳鼻咽喉科学会会報, *123*, 81–83.

飯野ゆき子・今村祐佳子・針谷しげ子・田中美郷・長井今日子 (1996).　ダウン症児における滲出性中耳炎の経過　耳鼻咽喉科臨床, *89*, 929–934.

今塩屋隼男 (1997).　聴力検査と聴性脳幹反応　宮田　洋（監）柿木昇治・山崎勝男・藤澤　清（編）新生理心理学2巻　生理心理学の応用分野 (pp. 202–213)　北大路書房

石川富美・鳥山由子 (2002).　知的障害養護学校小・中学部に在籍する児童・生徒の視機能評価の実態

に関する研究　心身障害学研究, 26, 231–240.

板谷安希子・尾崎久記（1999）．知的障害養護学校における視機能評価についての調査研究　茨城大学教育実践研究, 18, 133–138.

北川可恵・郷　充・新谷朋子・氷見徹夫（2003）．運動障害を伴う重複障害児の聴力評価　*Audiology Japan*, 46, 268–274.

久保愛恵・平野晋吾・田原　敬・勝二博亮（2018）．集団活動に困難を示す幼児の指示従事行動　茨城大学教育学部紀要 教育科学, 67, 449–459.

久保真奈子（2009）．「眼鏡処方・検査のコツ！」―障害児の眼鏡装用―　日本視能訓練士協会誌, 38, 77–83.

宮本信也・竹田一則（2007）．障害理解のための医学・生理学　筑波大学障害科学系（編）　障害科学の展開（4巻）　明石書店

水田めぐみ（2010）．視知覚が弱く書字が苦手な子どもへの学習指導　玉井　浩（監修）．学習につまずく子どもの見る力―視力がよいのに見る力が弱い原因とその支援―（pp. 84–94）　明治図書

森本千裕・西村忠己・成尾一彦・大山寛毅・大塚進太郎・山中敏彰・北原　糺（2018）．補聴器を装用したダウン症7例の補聴器装用状況と聴力経過　小児耳鼻咽喉科, 39, 1–9.

中村みほ（2009）．ウィリアムズ症候群の視覚認知機能　認知神経科学, 11, 48–53.

中村みほ・水野誠司・熊谷俊幸（2010）．Williams症候群における視空間認知障害に対応した書字介入法の検討　脳と発達, 42, 353–358.

沖津卓二（2010）．重複障害児の聴覚医学的問題　*Audiology Japan*, 53, 664–676.

奥村智人・若宮英司・鈴木周平・玉井　浩（2006）．Reading disorder児における衝動性眼球運動の検討　脳と発達, 38, 347–352.

大沼直紀（監修）（2017）．教育オーディオロジーハンドブック―聴覚障害のある子どもたちの「きこえ」の補償と学習指導―　ジアース教育新社

力武正浩・小島博己・森山　寛・加我君孝（2012）．難聴を伴う重複障害児の変遷と現況　耳鼻咽喉科展望, 55, 417–424.

斎藤遼太郎・池田吉史・奥住秀之・國分　充（2020）．キャンセレーションタスクにおける知的障害者の視覚探索の特徴と定型発達児の発達変化―ターゲットの種類数に着目して―　特殊教育学研究, 57, 219–232.

佐島　毅（1997）．知的発達障害幼児における屈折異常と屈折矯正の効果　*VISION*, 9, 13–19.

佐島　毅（1999）．知的発達障害児の屈折異常の特徴と早期対応　特殊教育学研究, 37（1）, 59–66.

佐島　毅（2008）．知的障害児の屈折異常に対する早期対応の現状　障害科学研究, 32, 107–115.

勝二博亮・堅田明義（1998）．精神遅滞者における幾何学図形検出時の有効視野　特殊教育学研究, 36（3）, 23–29.

高橋照子・尾崎久記・鈴木宏哉（1987）．健常児・遅滞児における追視時衝動性眼球運動の特性　特殊教育学研究, 25（2）, 19–28.

玉井ふみ・堀江真由美・進藤美津子・富田　豊・山崎和子・伊藤信寿（2000）．難聴を伴う重複障害児の補聴器装用指導　広島県立保健福祉短期大学紀要, 5（1）, 85–92.

玉井ふみ・加我君孝（1990）．重複障害児への補聴器装用指導の試み―病因と成果―　*Audiology Japan*, 33, 56–63.

玉井　浩（監修）（2010）．学習につまずく子どもの見る力―視力がよいのに見る力が弱い原因とその支援―　明治図書

釣井ひとみ・佐島　毅・角田祥子・富田　香（2000）．早期療育機関における知的障害児の屈折スクリーニング　日本視能訓練士協会誌, 28, 127–132.

内山　勉・徳光裕子・加我君孝（2011）．難聴幼児通園施設に在籍する難聴児の難聴原因, 合併症, 発達状況について　*Audiology Japan*, 54, 451–452.

第 5 章

Atkinson, R. C., & Shiffrin, R. M.（1968）. Human memory: A proposed system and its control processes. *Psychology of Learning and Motivation*, 2, 89–195.

Atkinson, R. C., & Shiffrin, R. M.（1971）. The control of short-term memory. *Scientific American*, 225（2）, 82–90.

Baddeley, A.（2000）. The episodic buffer: A new component of working memory? *Trends in Cognitive*

Sciences, 4（11），417–423.

Baddeley, A.（2007）. *Working memory, thought, and action.* Oxford University Press.

Borkowski, J. G., & Varnhagen, C. K.（1984）. Transfer of learning strategies: Contrast of self-instructional and traditional training formats with EMR children. *American Journal of Mental Deficiency, 88*（4），369–379.

Brown, A. L.（1978）. Knowing when, where, and how to remember a problem of metacognition. *Advances in Instructional Psychology, 1*, 77–165.

Cherry, E. C.（1953）. Some experiments on the recognition of speech, with one and with two ears. *Journal of the Acoustical Society of America, 25*, 975–979.

Cornish, K., Steele, A., Monteiro, C. R., Karmiloff-Smith, A., & Scerif, G.（2012）. Attention deficits predict phenotypic outcomes in syndrome-specific and domain-specific ways. *Frontiers in Psychology, 3*, 227.

Cowan, N.（2001）. The magical number 4 in short-term memory: A reconsideration of mental storage capacity. *Behavioral and Brain Sciences, 24*（1），87–114.

Danielsson, H., Zottarel, V., Palmqvist, L., & Lanfranchi, S.（2015）. The effectiveness of working memory training with individuals with intellectual disabilities—a meta-analytic review. *Frontiers in Psychology, 17*（6），1230.

堂山亞希・橋本創一・林　安紀子（2012）．　学齢期知的障害児の視空間ワーキングメモリと記憶プロセスに関する研究　発達障害支援システム学研究, 11（2），45–51.

Ellis, N. R., & Wooldridge, P. W.（1985）. Short-term memory for pictures and words by mentally retarded and nonretarded persons. *American Journal of Mental Deficiency, 89*（6），622–626.

Fan, J., McCandliss, B. D., Fossella, J., Flombaum, J. I., & Posner, M. I.（2005）. The activation of attentional networks. *Neuroimage, 26*（2），471–479.

Gathercole, S. E., & Alloway, T. P.（2008）. *Working memory and learning: A practical guide for teachers.* SAGE Publications.（湯澤正通・湯澤美紀（訳）（2009）．　ワーキングメモリと学習指導—教師のための実践ガイド—　北大路書房）

Godefroy, O., Lhullier, C., & Rousseaux, M.（1996）. Non-spatial attention disorders in patients with frontal or posterior brain damage. *Brain, 119*（1），191–202.

Henry, L. A., & Winfield, J.（2010）. Working memory and educational achievement in children with intellectual disabilities. *Journal of Intellectual Disability Research, 54*, 354–365.

池谷裕二（2001）．　記憶力を強くする—最新脳科学が語る記憶のしくみと鍛え方—　講談社

Ito, M., Sakurai, M., & Tongroach, P.（1982）. Climbing fibre induced depression of both mossy fibre responsiveness and glutamate sensitivity of cerebellar Purkinje cells. *Journal of Physiology, 324*, 113–134.

Jarrold, C., Baddeley, A. D., & Hewes, A. K.（1999）. Genetically dissociated components of working memory: Evidence from Down's and Williams syndrome. *Neuropsychologia, 37*, 637–651.

Jonides, J., Smith, E. E., Koeppe, R. A., Awh, E., Minoshima, S., & Mintun, M. A.（1993）. Spatial working memory in humans as revealed by PET. *Nature, 363*, 623–625.

LaMarca, K., Gevirtz, R., Lincoln, A. J., & Pineda, J. A.（2018）. Facilitating neurofeedback in children with autism and intellectual impairments using TAGteach. *The Journal of Autism and Developmental Disorders, 48*（6），2090–2100.

Lifshitz, H., Kilberg, E., & Vakil, E.（2016）. Working memory studies among individuals with intellectual disability: An integrative research review. *Research in Developmental Disabilities, 59*, 147–165.

McCartney, J. R.（1987）. Mentally retarded and nonretarded subjects' long-term recognition memory. *The American Journal on Mental Retardation, 19892*（3），312–317.

Merrill, E. C., & O'Dekirk, J. M.（1994）. Visual selective attention and mental retardation. *Cognitive Neuropsychology, 11*（2），117–132.

中園智晶・寺田　慧・櫻井芳雄（2013）．　海馬の可塑性と領野間相互作用　心理学評論, 56, 338–354.

Oka, K., & Miura, T.（2008）. Allocation of attention and effect of practice on persons with and without mental retardation. *Research in Developmental Disabilities, 29*（2），165–175.

苧阪直行（2008）．　ワーキングメモリの脳内表現　京都大学学術出版会

太田伸夫（2008）．　記憶の心理学　放送大学教育振興会

Paulesu, E., Frith, C. D., & Frackowiak, R. S.（1993）. The neural correlates of the verbal component of working memory. *Nature*, *362*, 342–345.

Posner, M. I., & Dehaene, S.（1994）. Attentional networks. *Trends in Neuroscience*, *17*（2）, 75–79.

Posner, M. I., & Petersen, S. E.（1990）. The attention system of the human brain. *Annual Review of Neuroscience*, *13*, 25–42.

Posner, M. I., & Raichle, M. E.（1994）. *Images of mind*. Scientific American Library/Scientific American Books.

Posner, M. I., & Rothbart, M. K. (2007). Research on attention networks as a model for the integration of psychological science. *The Annual Review of Psychology*, *58*, 1–23.

Pulina, F., Carretti, B., Lanfranchi, S., & Mammarella, I. C.（2015）. Improving spatial-simultaneous working memory in Down syndrome: Effect of a training program led by parents instead of an expert. *Frontiers in Psychology*, *24*（6）, 1265.

Rueckert, L., & Grafman, J. S.（1996）. Sustained attention deficits in patients with right frontal lesions. *Neuropsychologia*, *34*（10）, 953–963.

三宮真智子（2008）. メタ認知―学習力を支える高次認知機能― 北大路書房

Shalev, N., Steele, A., Nobre, A. C., Karmiloff-Smith, A., Cornish, K., & Scerif, G.（2019）. Dynamic sustained attention markers differentiate atypical development: The case of Williams syndrome and Down's syndrome. *Neuropsychologia*, *132*, 107148.

Squire, L. R.（1992）. Declarative and nondeclarative memory: Multiple brain systems supporting learning and memory. *Journal of Cognitive Neuroscience*, *4*（3）, 232–243.

Squire, L. R., & Zola, S. M.（1996）. Structure and function of declarative and nondeclarative memory systems. *Proceedings of the National Academy of Sciences of the United States of America*, *93*（24）, 13515–13522.

Surmeli, T., & Ertem, A.（2010）. Post WISC-R and TOVA improvement with QEEG guided neurofeedback training in mentally retarded: A clinical case series of behavioral problems. *Clinical EEG and Neuroscience*, *41*（1）, 32–41.

Tulving, E.（1972）. *Elements of episodic memory*. London: Oxford University Press.

梅谷忠勇（2004）. 知的障害児の認知と学習―特性理解と援助― 田研出版

Van der Molen, M. J., Van Luit, J. E., Jongmans, M. J., & Van der Molen, M. W.（2009）. Memory profiles in children with mild intellectual disabilities: Strengths and weaknesses. *Research in Developmental Disabilities*, *30*（6）, 1237–1247.

第 6 章

安達勇作（2001）. 知的障害児における数概念の発達―未測量の認識の発達― 富山大学教育学部研究論集, *4*, 43–52. doi: info:doi/10.15099/00000965

秋元有子（2016）. 数概念と計算の発達 日本LD学会（編） 発達障害辞典（pp. 222–223） 丸善出版

天岩静子（1973）. Piagetにおける保存の概念に関する研究 教育心理学研究, *21*（1）, 1–11.

天野 清（1977）. 中度精神発達遅滞児における語の音節構造の分析行為の形成とかな文字の読みの教授・学習 教育心理学研究, *25*, 73–84.

天野 清（1999）. 子どものかな文字の読み書き習得における音節分析の果たす役割 心理学研究, *70*（3）, 220–223. doi: 10.4992/jjpsy.70.220

Artman, L., & Cahan, S.（1993）. Schooling and the development of transitive inference. *Developmental Psychology*, *29*（4）, 753–759. doi: 10.1037/0012-1649.29.4.753

Bellugi, U., Lichtenberger, L., Jones, W., Lai, Z., & St. George, M.（2000）. I. The neurocognitive profile of Williams syndrome: A complex pattern of strengths and weaknesses. *Journal of Cognitive Neuroscience*, *12*（Supplement 1）, 7–29. doi: 10.1162/089892900561959

Berch, D. B., & Mazzocco, M. M. M.（2007）. *Why is math so hard for some children?: The nature and origins of mathematical learning difficulties and disabilities*. Brookes Publishers.

Cheong, J. M. Y., Walker, Z. M., & Rosenblatt, K. (2017). Numeracy abilities of children in grades 4 to 6 with mild intellectual disability in Singapore. *International Journal of Disability, Development and Education*, *64*（2）, 150–168. doi: 10.1080/1034912X.2016.1188891

Durand, V. M.（2002）. *Severe behavior problems: A functional communication training approach*.

Guilford Press.

江田裕介・平林ルミ・河野俊寛・中邑賢龍（2012）．特別支援学校（知的障害）高等部に在籍する生徒の視写における書字速度と正確さ　特殊教育学研究, *50*（3）, 257–267.　doi: 10.6033/tokkyou.50.257

Faragher, R., & Brown, R. I. (2005). Numeracy for adults with Down syndrome: It's a matter of quality of life. *Journal of Intellectual Disability Research*, *49*（10）, 761–765.　doi: 10.1111/j.1365-2788.2005.00747.x

藤坂龍司・松井絵理子・つみきの会（2015）．イラストでわかるABA実践マニュアル―発達障害の子のやる気を引き出す行動療法―　合同出版

Gelman, R., & Gallistel, C. R. (1978). *The child's understanding of number*. Cambridge, MA: Harvard University Press.

服部真侑・関戸英紀（2017）．広汎性発達障害児に対する機能的アセスメントに基づいた唾吐きの低減を目指した支援―生活の向上に着目して―　特殊教育学研究, *55*（1）, 25–35.　doi: 10.6033/tokkyou.55.25

平澤紀子・藤原義博（1995）．発達遅滞児の課題場面における問題行動への機能的コミュニケーション訓練―置換条件のもつ伝達性の検討―　特殊教育学研究, *33*（2）, 11–19.　doi: 10.6033/tokkyou.33.11

平田真知佳・米山直樹（2010）．自閉症児における見本合わせ課題の促進手続き　臨床教育心理学研究, *36*, 41–50.

堀田千絵・多鹿秀継・堀田伊久子・八田武志（2014）．幼児期からの発達を踏まえた知的障害, 発達障害, 病弱, 肢体不自由児者に対する算数科の教育課程の創成と効果的な指導法についての事例及び文献的検討　人間環境学研究, *12*（2）, 125–134.　doi.org/10.4189/shes.12.125

Jitendra, A. K. (2008). Using schema-based instruction to make appropriate sense of word problems. *Perspectives on Language and Literacy*, *34*, 20–24.

片岡義信・鶴巻正子（1992）．精神遅滞児における読字行動の獲得　特殊教育学研究, *30*（1）, 65–73.　doi: 10.6033/tokkyou.30.65_1

菊地恵美子（1985）．精神遅滞児の読み行動変容における見本合わせ法の検討　特殊教育学研究, *22*（4）, 20–30.　doi: 10.6033/tokkyou.22.20

国立重度知的障害者総合施設のぞみの園（2014）．強度行動障害支援者養成研修【基礎研修】受講者用テキスト　https://www.mhlw.go.jp/file/06-Seisakujouhou-12200000-Shakaiengokyokushougaihokenfukushibu/0000069194.pdf（2021年10月15日閲覧）

河野俊寛（2014）．知的障害児への文字の読み書き指導研究の動向　金沢星稜大学人間科学研究, *8*（1）, 51–56.

河野俊寛・平林ルミ・中邑賢龍（2008）．小学校通常学級在籍児童の視写書字速度　特殊教育学研究, *46*（4）, 223–230.　doi: 10.6033/tokkyou.46.223

河野俊寛・嶋　美紀（2015）．知的障害児における文字の読み書きに関する認知特性―事例調査による予備的研究―　金沢星稜大学人間科学研究, *8*（2）, 41–44.

熊谷恵子・山本ゆう子（2018）．I　算数障害とは　通常学級で役立つ算数障害の理解と指導法―みんなをつまずかせない！　すぐに使える！　アイディア48―（pp. 6–22）　学研プラス

栗原慎二（2018）．ポジティブな行動が増え, 問題行動が激減！ PBIS実践マニュアル＆実践集　ほんの森出版

Markman, E. M. (1979). Classes and collections: Conceptual organization and numerical abilities. *Cognitive Psychology*, *11*（4）, 395–411. doi: 10.1016/0010-0285(79)90018-5

丸山良平・無藤　隆（1997）．幼児のインフォーマル算数について　発達心理学研究, *8*（2）, 98–110.　doi: 10.11201/jjdp.8.98

宮城武久（2015）．障害がある子どもの数の基礎学習　学研プラス

村石昭三・天野　清（1972）．第12節 結果の考察と討論　幼児の読み書き能力（pp. 285–307）　東京書籍

中島定彦（1995）．見本合わせ手続きとその変法　行動分析学研究, *8*（2）, 160–176.　doi: 10.24456/jjba.8.2_160

中村みほ・水野誠司・熊谷俊幸（2010）．Williams症候群における視空間認知障害に対応した書字介入法の検討　脳と発達, *42*（5）, 353–358.

中瀬　淳・西尾　博・岩স道志郎・清水里美・小山　正・松下　裕（2001）．第3章 1歳児以降（検査用紙3〜5葉）の検査　中瀬　淳・西尾　博（編著）新版K式発達検査反応事例集（pp. 33–122）

　　ナカニシヤ出版
野田　航・豊永博子（2017）．　知的障害のある児童の漢字熟語の読みに対する刺激ペアリング手続きの効果と般化および社会的妥当性の検討　行動分析学研究, *31*（2）, 153–162.　doi: 10.24456/jjba.31.2_153
野呂　正（1961）．　幼児の数観念の発達　教育心理学研究, *9*（4）, 230–239.
岡本圭子・永嶋恭子・細渕富夫・堅田明義・小池敏英（1997）．　精神遅滞児の数概念における等価関係の発達的特徴―等価関係の発達とその援助について―　特殊教育学研究, *35*（3）, 11–20.　doi: 10.6033/tokkyou.35.11_3
岡村美彩・半田　健（2021）．　知的障害のある生徒を対象としたカタカナの読み書きに関する指導―学校場面における音韻意識に焦点を当てた指導の効果―　宮崎大学教育学部附属教育協働開発センター研究紀要, *29*, 129–141.
大久保賢一（2019）．　3ステップで行動問題を解決するハンドブック―小・中学校で役立つ応用行動分析学―　学研プラス
大久保賢一・辻本友紀子・庭山和貴（2020）．　ポジティブ行動支援（PBS）とは何か？　行動分析学研究, *34*（2）, 166–177.　doi: 10.24456/jjba.34.2_166
Omori, M., & Yamamoto, J.（2013）. Stimulus pairing training for Kanji reading skills in students with developmental disabilities. *Research in Developmental Disabilities*, *34*（4）, 1109–1118.　doi: 10.1016/j.ridd.2012.12.016
大城英名（2012）．　特別支援学級在籍児童の特殊音節についての自覚とその読み書き習得　秋田大学教育文化学部教育実践研究紀要, *34*, 71–80.
大城英名・笠原貴子（2005）．　知的障害児のかな文字学習のレディネスに関する研究　秋田大学教育文化学部研究紀要 教育科学, *60*, 33–43.
太田静佳・宇野　彰・猪俣朋恵（2018）．　幼稚園年長児におけるひらがな読み書きの習得度　音声言語医学, *59*（1）, 9–15.　doi: 10.5112/jjlp.59.9
佐藤晋治（2002）．　軽度知的障害児に対する算数文章題指導―「文意の表象」の成立条件の分析―　日本行動分析学会年次大会プログラム・発表論文集, *20*, P-6.
Saunders, A. F., Browder, D. M., & Root, J. R.（2017）. Teaching mathematics and science to students with intellectual disability. In M. L. Wehmeyer & K. A. Shogren（Ed.）, *Handbook of research-based practices for educating students with intellectual disability*（pp. 343–364）. Routledge Taylor & Francis Group.
Sermier Dessemontet, R., de Chambrier, A.-F., Martinet, C., Moser, U., & Bayer, N.（2017）. Exploring phonological awareness skills in children with intellectual disability. *American Journal on Intellectual and Developmental Disabilities*, *122*（6）, 476–491.　doi: 10.1352/1944-7558-122.6.476
塩見憲司・戸ヶ崎泰子（2012）．　特別支援学校における行動問題を示す重度知的障害児への機能的アセスメントに基づく介入　特殊教育学研究, *50*（1）, 55–64.　doi: 10.6033/tokkyou.50.55
勝二博亮・加納茜音・田原　敬（2018）．　ダウン症児の運筆能力　茨城大学教育学部紀要 教育科学, *67*, 399–407.
Stormont, M., Lewis, T. J., Beckner, R., & Johnson, N. W.（2007）. *Implementing positive behavior support systems in early childhood and elementary settings*. Corwin.（市川千秋・宇田　光（監訳）（2016）．　いじめ，学級崩壊を激減させるポジティブ生徒指導（PBS）ガイドブック―期待行動を引き出すユニバーサルな支援―　明石書店）
丹治敬之・勝岡大輔・長田恵子・重永多恵（2020）．　知的障害特別支援学校の国語における刺激等価性の枠組みに基づく読み学習支援アプリの導入　LD研究, *27*（3）, 314–330.　doi: 10.32198/jald.27.3_314
丹治敬之・野呂文行（2012）．　自閉性障害児における見本合わせ課題を用いた平仮名濁音の読み獲得　行動分析学研究, *27*（1）, 29–41.　doi: 10.24456/jjba.27.1_29
寺田　晃（1967）．　精神薄弱児における数概念の発達に関する研究―同一MAの正常児との比較―　教育心理学研究, *15*（1）, 11–20, 61.　doi: 10.5926/jjep1953.15.1_11
寺田　晃（1969）．　精神薄弱児における数概念の発達に関する研究―Ⅱ：教示効果を中心として―　教育心理学研究, *17*（2）, 102–111.　doi: 10.5926/jjep1953.17.2_102
東俣淳子（2019）．　読み書きの発達における研究動向と今後の課題　人間発達学研究, *10*, 21–33.
打浪文子（2018）．　知的障害のある人たちと「ことば」―「わかりやすさ」と情報保障・合理的配慮―　生活書院

植村哲郎（1991）．精神発達遅滞児の数学的概念の認識の特性と療育 I —ダウン症児の準数概念の認識とコンピュータを利用した学習指導— 鹿児島大学教育学部研究紀要, *43*, 39–49.

植村哲郎（2007）．我が国の障害児教育における算数・数学教育 日本数学教育学会誌, *89*（12）, 11. doi: 10.32296/jjsme.89.12_11

歌代萌子・橋本創一（2015）．知的・発達障害児のひらがな獲得に関する研究 東京学芸大学教育実践研究支援センター紀要, *11*, 21–26.

若林上総・半田　健・神山　努・加藤哲文（2021）．高校ではじめるスクールワイド PBS—階層的な校内支援体制整備を目指して— ジアース教育新社

渡辺　実（2010）．知的障害児における文字・書きことばの習得状況と精神年齢との関連 発達心理学研究, *21*（2）, 169–181. doi: 10.11201/jjdp.21.169

山口真希（2011）．知的障害児の数概念発達に関する研究展望 人間文化研究科年報, *26*, 233–241.

山口真希（2012）．知的障害児における数概念の発達と均等配分の方略 発達心理学研究, *23*（2）, 191–201. doi: 10.11201/jjdp.23.191

山本淳一（2009）．「対称性」の発達と支援—概念・実験・応用からの包括的展望— 認知科学, *16*（1）, 122–137. doi: 10.11225/jcss.16.122

第 7 章

Adolph, K. E., Hoch, J. E., & Cole, W. G.（2018）. Development（of walking）: 15 suggestions. *Trends in Cognitive Sciences*, *22*（8）, 699–711.

Adolph, K. E., & Tamis-LeMonda, C. S.（2014）. The costs and benefits of development: The transition from crawling to walking. *Child Development Perspectives*, *8*（4）, 187–192.

American Psychiatric Association（2022）*Diagnostic and statistical manual of mental disorders*（5th ed., Text Revision）. American Psychiatric Association Publishing.（日本精神神経学会（日本語版用語監修）　髙橋三郎・大野　裕（監訳）（2023）. DSM-5-TR　精神疾患の診断・統計マニュアル　医学書院）

Baynard, T., Pitetti, K. H., Guerra, M., Unnithan, V. B., & Fernhall, B.（2008）. Age-related changes in aerobic capacity in individuals with mental retardation: A 20-year review. *Medicine and Science in Sports and Exercise*, *40*（11）, 1984–1989.

Bernstein, N.（1967）. *Co-ordination and regulation of movement*. London: Pergamon Press.

びわ湖毎日マラソン（2021）．　記録表　http://www.lakebiwa-marathon.com/spotnews/result_76.pdf（2021 年 10 月 15 日閲覧）

BMW Berlin Marathon（2022）. Results list.　https://www.bmw-berlin-marathon.com/en/impressions/statistics-and-history/results-archive/（2023 年 6 月 14 日閲覧）

Enkelaar, L., Smulders, E., van Schrojenstein Lantman-de Valk, H., Geurts, A. C., & Weerdesteyn, V.（2012）. A review of balance and gait capacities in relation to falls in persons with intellectual disability. *Research in Developmental Disabilities*, *33*（1）, 291–306.

Galahue, D.（1996）. *Developmental physical education for today's children*. Brown & Benchmark.（杉原　隆（監訳）（1999）．幼少年期の体育—発達的視点からのアプローチ— 大修館書店）

Haywood, K. M., & Getchell, N.（2019）. *Life span motor development*（7th ed.）. Human Kinetics.

平川武仁（2012）．自由度から見た学習段階 中込四郎・伊藤豊彦・山本裕二（編）よくわかるスポーツ心理学（pp. 58–59）ミネルヴァ書房

井村智子（2018）．感覚・運動の発達 開　一夫・齋藤慈子（編）ベーシック発達心理学（pp. 77–98）東京大学出版会

Kaplan, H., & Dove, H.（1987）. Infant development among the Ache of eastern Paraguay. *Developmental Psychology*, *23*（2）, 190–198.

北原　佶（2012）．脳性麻痺 上田　敏（監修）伊藤利之・大橋正洋・千田富義・永田雅章（編）標準リハビリテーション医学 第 3 版（pp. 356–365）医学書院

小牧宏文（2008）．筋ジストロフィー 有馬正高（監修）加我牧子・稲垣真澄（編）小児神経学（pp. 371–377）診断と治療社

Komaki, H., Nagata, T., Saito, T., Masuda, S., Takeshita, E., Sasaki, M., ... Takeda, S.（2018）. Systemic administration of the antisense oligonucleotide NS–065/NCNP–01 for skipping of exon 53 in patients with Duchenne muscular dystrophy. *Science Translational Medicine*, *10*（437）.

栗原まな（2015）．　神経・筋疾患　栗原まな（編）　小児リハビリテーション医学 第2版（pp. 226-234）　医歯薬出版

宮下充正（1995）．　体力を問う6―体力を簡潔に定義する―　体育の科学, *45*（11）, 889-892.

文部科学省（2012）．　幼児期運動指針　https://www.mext.go.jp/a_menu/sports/undousisin/1319771.htm（2021年10月15日閲覧）

文部科学省（2021）．　障害のある子供の教育支援の手引―子供たち一人一人の教育的ニーズを踏まえた学びの充実に向けて―　https://www.mext.go.jp/content/20210629-mxt_tokubetu01-000016487_02.pdf（2023年6月14日閲覧）

文部科学省（2022）．　学校基本調査　令和4年度 初等中等教育機関・専修学校・各種学校《報告書掲載集計》学校調査・学校通信教育調査（高等学校）特別支援学校　https://www.e-stat.go.jp/stat-search/files?stat_infid=000032264889（2023年9月8日閲覧）

森　司朗（2008）．　児童期・運動期の運動発達　杉原　隆・阿江美恵子・猪俣公宏・中込四郎・橋本公雄・吉田　茂（編）　スポーツ心理学事典（pp. 95-99）　大修館書店

Newell, K. M.（1986）. Constraints on the development of coordination. In M. G. Wade & H. T. A. Whiting（Eds.）, *Motor development in children: Aspects of coordination and control*（pp. 341-360）. The Netherlands: Martinus Nijhoff, Dordrecht.

日本医療機能評価機構（2021）．　産科医療補償制度補償約款　http://www.sanka-hp.jcqhc.or.jp/documents/agreement/pdf/2022-hoshouyakkan.pdf（2021年12月4日閲覧）

Pearson, K., G., & Gordon, J., E.（2013）. Spinal reflex. In E. R. Kandel, J. H. Schwartz, T. M. Jessell, S. A. Siegelbaum & A. J. Hudspeth（Eds.）, *Principles of neural science*（5th ed.）. McGraw-Hill Companies.（関　和彦（訳）伊佐　正（監訳）（2014）．　脊髄反射　金澤一郎・宮下保司（日本語監修）　カンデル神経科学（pp. 776-796）　メディカル・サイエンス・インターナショナル）

Pinel, J. P. J.（2003）. *Biopsychology*（5th ed.）. Pearson Education.（佐藤　敬・若林孝一・泉井　亮・飛鳥井　望（訳）（2005）．　ピネル バイオサイコロジー―脳：心と行動の神経科学―　西村書店）

Pitetti, K., Baynard, T., & Agiovlasitis, S.（2013）. Children and adolescents with Down syndrome, physical fitness and physical activity. *Journal of Sport and Health Science*, *2*（1）, 47-57.

新版K式発達検査研究会（2008）．　新版K式発達検査法2001年版―標準化資料と実施法―　ナカニシヤ出版

新版K式発達検査研究会（2020）．　新版K式発達検査2020 実施手引書　京都国際社会福祉センター

小児保健協会（2003）. DENVER II－デンバー発達判定法―　日本小児医事出版社

Sparrow, S., Cicchetti, D., & Balla, D.（2005）. *Vineland adaptive behavior scales — 2nd edition manual*. Minneapolis, MN: NCS Pearson Inc.

スポーツ庁（2023）．　体力・運動能力調査　令和4年度（速報）　https://www.e-stat.go.jp/stat-search/files?tclass=000001203520&cycle=0（2023年9月8日閲覧）

杉原　隆（2008）．　新版 運動指導の心理学―運動学習とモチベーションからの接近―　大修館書店

鈴木丈康（2008）．　脳性麻痺の疫学と病型　有馬正高（監修）加我牧子・稲垣真澄（編）　小児神経学（pp. 186-195）　診断と治療社

Thelen, E., Corbetta, D., Kamm, K., Spencer, J. P., Schneider, K., & Zernicke, R. F.（1993）. The transition to reaching: Mapping intention and intrinsic dynamics. *Child Development*, *64*（4）, 1058-1098.

Thelen, E., Fisher, D. M., & Ridley-Johnson, R.（1984）. The relationship between physical growth and a newborn reflex. *Infant Behavior and Development*, *7*（4）, 479-493.

上杉雅之（2015）．　イラストでわかる人間発達学　医歯薬出版株式会社

Vereijken, B., Emmerik, R. E. v., Whiting, H., & Newell, K. M.（1992）. Free（z）ing degrees of freedom in skill acquisition. *Journal of Motor Behavior*, *24*（1）, 133-142.

Vlasblom, E., Boere-Boonekamp, M. M., Hafkamp-de Groen, E., Dusseldorp, E., van Dommelen, P., & Verkerk, P. H.（2019）. Predictive validity of developmental milestones for detecting limited intellectual functioning. *PLoS One*, *14*（3）, e0214475.

Vuijk, P. J., Hartman, E., Scherder, E., & Visscher, C.（2010）. Motor performance of children with mild intellectual disability and borderline intellectual functioning. *Journal of Intellectual Disability Research*, *54*（11）, 955-965.

Winders, P., Wolter-Warmerdam, K., & Hickey, F.（2019）. A schedule of gross motor development for children with Down syndrome. *Journal of Intellectual Disability Research*, *63*（4）, 346-356.

Wolpert, D. M., Pearson, K. G., & Ghez, C. P. J.（2013）. The organization and planning of movement.

In E. R. Kandel, J. H. Schwartz, T. M. Jessell, S. A. Siegelbaum & A. J. Hudspeth（Eds.），*Principles of neural science*（5th ed.）. McGraw-Hill Companies.（五味裕章（訳）伊佐 正（監訳）（2014）. 運動の構成と計画 金澤一郎・宮下保司（日本語監修） カンデル神経科学（pp. 731–754）メディカル・サイエンス・インターナショナル）

Wuang, Y. P., Wang, C. C., Huang, M. H., & Su, C. Y.（2008）. Profiles and cognitive predictors of motor functions among early school-age children with mild intellectual disabilities. *Journal of Intellectual Disability Research*, *52*（12）, 1048–1060.

Yanardağ, M., Arikan, H., Yılmaz, İ., & Konukman, F.（2013）. Physical fitness levels of young adults with and without intellectual disability. *Kinesiology*, *45*（2）, 233–240.

吉田伊津美（2008）. 幼児期の運動発達 杉原 隆・阿江美恵子・猪俣公宏・中込四郎・橋本公雄・吉田 茂（編） スポーツ心理学事典（pp. 92–95） 大修館書店

Zelazo, P. R.（1983）. The development of walking: New findings and old assumptions. *Journal of Motor Behavior*, *15*（2）, 99–137.

Zelazo, P. R., Zelazo, N. A., & Kolb, S.（1972）. "Walking" in the newborn. *Science*, *176*（4032）, 314–315.

Zemel, B. S., Pipan, M., Stallings, V. A., Hall, W., Schadt, K., Freedman, D. S., & Thorpe, P.（2015）. Growth charts for children with Down syndrome in the United States. *Pediatrics*, *136*（5）, e1204–e1211.

第 8 章

Adamson, L. B., Bakeman, R., Deckner, D. F., & Romski, M. A.（2009）. Joint engagement and the emergence of language in children with autism and Down syndrome. *Journal of Autism and Developmental Disorders*, *39*, 84–96.

惠羅修吉・伊賀友里奈・泉保由布子・香川大学教育学部附属特別支援学校（2012）. 知的障害のある生徒における受容言語能力と表出言語能力の関連―語彙レベルにおける予備的研究― 香川大学教育実践総合研究, *24*, 111–118.

Fowler, A. E.（1988）. Determinants of rate of language growth in children with Down syndrome. In Nadel, L.（Ed.）, *The psychobiology of Down syndrome*（pp. 217–245）. MIT Press.

Franco, F., & Wishart, J. G.（1995）. Use of pointing and other gestures by young children with Down syndrome. *American Journal on Mental Retardation*, *100*（2）, 160–182.

藤上実紀・大伴 潔（2009）. 自閉症児の獲得語彙に関する研究―知的障害児との比較による検討― 東京学芸大学紀要 総合教育科学系, *60*, 487–498.

石田宏代（1999）. ダウン症児の発語の明瞭さと音韻意識との関連 特殊教育学研究, *36*（5）, 17–23.

毛束真知子（2002）. 絵でわかる言語障害―言葉のメカニズムから対応まで― 学習研究社

Koizumi, M., Saito, Y., & Kojima, M.（2019）. Syntactic development in children with intellectual disabilities: Using structured assessment of syntax. *Journal of Intellectual Disability Research*, *63*, 1428–1440.

村田孝次（1970）. 幼児のことばと発音（p. 11） 培風館

永渕正昭（1997）. 聴覚と言語の世界 東北大学出版会

小椋たみ子（2006）. 言語獲得における認知的基盤 心理学評論, *49*（1）, 25–41.

小椋たみ子（2015a）. ことばの発達の準備期（前言語期） 小椋たみ子・小山 正・水野久美 乳幼児期のことばの発達とその遅れ―保育・発達を学ぶ人のための基礎知識―（pp. 15–40） ミネルヴァ書房

小椋たみ子（2015b）. ことばの発達の道筋 小椋たみ子・小山 正・水野久美 乳幼児期のことばの発達とその遅れ―保育・発達を学ぶ人のための基礎知識―（pp. 41–90） ミネルヴァ書房

小椋たみ子・綿巻 徹（2008）. 日本の子どもの語彙発達の規準研究―日本語マッカーサー乳幼児言語発達質問紙から― 京都国際社会福祉センター紀要, *24*, 3–42.

大澤富美子（1995）. ダウン症児の構音―音韻プロセス分析による検討― 音声言語医学, *36*, 274–285.

大伴 潔（2001）. 知的障害 西村辨作（編） ことばの障害入門（pp. 79–104） 大修館書店

斉藤佐和子（1988）. 正常児の始語獲得期における認知発達 聴能言語学研究, *2*, 48–56.

斉藤佐和子（2001）. 語彙・構文の発達と評価 大石敬子（編） ことばの障害の評価と指導（pp. 27–39） 大修館書店

斉藤佐和子（2003）．ダウン症児者の構文表出能力―構文検査（斉藤私案）と状況絵を用いて―　コミュニケーション障害学, 20, 8–15.

高見　観・北村洋子・加藤理恵・田中誠也・山本正彦（2009）．小児の構音発達について　愛知学院大学 心身科学部紀要, 5, 59–65.

Ypsilanti, A., Grouios, G., Alevriadou, A., & Tsapkini, K.（2005）. Expressive and receptive vocabulary in children with Williams and Down syndromes. *Journal of Intellectual Disability Research*, 49（5）, 353–364.

第 9 章

馬場美年子・一杉正仁・武原　格・相磯貞和（2010）．小児の食物誤嚥による窒息事故死の現状と予防策について―公共施設などにおける事故死例からの検討―　日本職業・災害医学会会誌, 58（6）, 276–282.

Bartlett, L. B., Rooney, V., & Spedding, S.（1985）. Nocturnal difficulties in a population of mentally handicapped children. *The British Journal of Mental Subnormality*, 31（60）, 54–59.

Cotton, S., & Richdale, A.（2006）. Brief report: Parental descriptions of sleep problems in children with autism, Down syndrome, and Prader-Willi syndrome. *Research in Developmental Disabilities*, 27（2）, 151–161.

Delemere, E., & Dounavi, K.（2018）. Parent-implemented bedtime fading and positive routines for children with autism spectrum disorders. *Journal of Autism and Developmental Disorders*, 48（4）, 1002–1019.

藤井美樹・野村佳世・杉本恵里・堀部森崇・名和弘幸・野村繁雄・福田　理（2018）．特別支援学校（知的障害）の教員からみた児童・生徒の食べ方の問題点　日本障害者歯科学会雑誌, 39（2）, 103–109.

藤田弘子・大橋博文（2006）．ダウン症児すこやかノート―成長発達の手引きと記録―　メディカ出版

Gregory, A. M., & Sadeh, A.（2012）. Sleep, emotional and behavioral difficulties in children and adolescents. *Sleep medicine reviews*, 16（2）, 129–136.

原　美智子・江川久美子・中下富子・山西哲郎・下田真紀（2001）．知的障害児と肥満　発達障害研究, 23（1）, 3–12.

服部伸一・足立　正（2006）．幼児の就寝時刻と両親の帰宅時刻並びに降園後のテレビ・ビデオ視聴時間との関連性　小児保健研究, 65（3）, 507–512.

林　恵津子（2011）．障害のある子どもにみられる睡眠関連病態―障害種別にみた特徴と家族に与える影響―　特殊教育学研究, 49（4）, 425–433.

Hayashi, E., & Katada, A.（2002）. Sleep in persons with intellectual disabilities: A questionnaire survey. *The Japanese Journal of Special Education*, 39（6）, 91–101.

林　優子・花田華名子・堀内伊作・諸岡美知子・山磨康子（2001）．重症心身障害児・者に合併するてんかんの長期予後　脳と発達, 33（5）, 416–420.

日暮憲道（2022a）．特集　一般小児科医のための小児てんかん診療ガイド 1　てんかんの分類を読み解く　小児科, 63(9), 944–951.

日暮憲道（2022b）．I てんかん総論　1 てんかんの基礎知識と対処法　Q2 てんかん発作の分類について教えてください　奥村彰三・白石秀明（編）　Q＆Aでわかる初心者のための小児のてんかん・けいれん（pp. 6–12）中外医学社

平井美穂・神川康子（1999）．子どもたちの生活リズムの実態とその問題　富山大学教育学野研究論集, 2, 35–42.

Hodge, D., Hoffman, C. D., Sweeney, D. P., & Riggs, M. L.（2013）. Relationship between children's sleep and mental health in mothers of children with and without autism. *Journal of Autism and Developmental Disorders*, 43（4）, 956–963.

池田昭夫（2016）．てんかんの診断と病型分類　日本内科学会雑誌, 105（8）, 1348–1357.

池内由子・武井祐子・岡野維新・水子　学（2019）．自閉スペクトラム症児の睡眠に関する研究動向と今後の展望　川崎医療福祉学会誌, 29（1）, 1–7.

石崎朝世・洲鎌倫子・竹内紀子（1999）．発達障害の睡眠障害，情緒・行動障害に対する melatonin の有用性について―発達障害 50 例に対する melatonin 治療の経験―　脳と発達, 31（5）, 428–437.

伊藤けい子・村田光範・杉原茂孝（2007）．小児期の肥満判定に用いる体格指数（BMI, Rohrer 指数）

の問題点　東京女子医科大学雑誌, *77*, E18–21.

岩城弘隆・兼子　直（2019）．知的障害を伴うてんかんの薬物療法　精神神経学雑誌, *121*（1）, 24–29.

笠原　浩（1998）．障害児者と歯の健康（1）　みんなのねがい, *369*, 36–39.

川崎淳（2021）．「てんかん」入門シリーズ1　てんかん発作こうすればだいじょうぶ　発作と介助（pp. 74–75）クリエイツかもがわ

小枝洋平・前田亜里沙・阿保英人・増田貴人・工藤芳彰（2019）．知的障害児に対するアプリケーションを用いた歯磨き指導の効果　弘前大学教育学部研究紀要クロスロード, *23*, 131–137.

松岡明希菜・松井克之・松井　潤・西倉紀子・吉岡誠一郎・丸尾良浩…竹内義博（2016）．症例報告　極端な偏食でビタミンD欠乏性くる病を発症した自閉症スペクトラム障害　日本小児科学会雑誌, *120*（11）, 1637–1642.

三星喬史・加藤久美・清水佐知子・松本小百合・鳶野雪保・井上悦子…谷池雅子（2012）．日本の幼児の睡眠習慣と睡眠に影響を及ぼす要因について　小児保健研究, *71*（6）, 808–816.

森　貴幸・武田則昭・江草正彦・末光　茂（2002）．知的障害のあるA養護学校児童・生徒の歯科疾患実態　川崎医療福祉学会誌, *12*（2）, 431–437.

宗永健志・堀　尚明・梅沢洸太郎・若林大樹・福島秀彰・堀　秀之…佐藤吉壮（2019）．臨床研究・症例報告　極端な偏食の自閉症児に認めた巨赤芽球性貧血の1例　小児科臨床, *72*（2）, 181–185.

永井洋子（1983）．自閉症における食行動異常とその発生機構に関する研究　児童青年精神医学とその近接領域, *24*（4）, 260–278.

長尾秀夫（1995）．てんかん患者の事故についての研究―事故の実態と予防法について―　特殊教育学研究, *32*（4）, 21–28.

長尾秀夫（1998）．発達障害児・者の身体ケア　発達障害研究, *19*（4）, 258–270.

中川栄二（2016）．発達障害とてんかん　認知神経科学, *18*（1）, 9–14.

中川四始子（2001）．Ⅱ各論　10歯科保健　藤井寿美子・山口昭子・佐藤紀久栄（編）養護教諭のための看護学（pp. 98–104）大修館書店

日本肥満学会（編）（2022）．小児肥満症診療ガイドライン2022　ライフサイエンス出版　http://www.jasso.or.jp/data/magazine/pdf/medicareguide2022_11.pdf（2023年6月14日閲覧）

野中光代・古田加代子（2017）．知的障害児・者の肥満への介入と減量効果に関する文献レビュー　愛知県立大学看護学部紀要, *23*, 1–9.

小国美也子（2017）．てんかんと自閉症スペクトラム障害　鎌倉女子大学紀要, *24*, 153–159.

大西智之・金高洋子・藤原富江・田井ひとみ・中井菜々子・久木富美子…樂木正実（2020）．低年齢から管理している自閉スペクトラム症児のう蝕罹患と口腔衛生習慣との関連　日本障害者歯科学会雑誌, *41*（4）, 299–306.

Sadeh, A., Gruber, R., & Raviv, A.（2002）. Sleep, neurobehavioral functioning, and behavior problems in school-age children. *Child development*, *73*（2）, 405–417.

Scheffer, I. E., Berkovic, S., Capovilla, G., Connolly, M. B., French, J., Guilhoto, L., ... & Zuberi, S. M.（2017）. ILAE classification of the epilepsies: Position paper of the ILAE Commission for Classification and Terminology. *Epilepsia*, *58*(4), 512–521.

Scheffer, I. E., Berkovic, S., Capovilla, G., Connolly, M. B., French, J., Guilhoto, L., ... & Zuberi, S. M.（2019）. ILAE てんかん分類：ILAE分類・用語委員会の公式声明. てんかん研究, *37*(1), 6–14.

Schreck, K. A., Williams, K., & Smith, A. F.（2004）. A comparison of eating behaviors between children with and without autism. *Journal of Autism and Developmental Disorders*, *34*（4）, 433–438.

篠崎昌子・川崎葉子・猪野民子・坂井和子・高橋摩理・向井美惠（2007）．自閉症スペクトラム児の幼児期における摂食・嚥下の問題―第2報 食材（品）の偏りについて―　日本摂食嚥下リハビリテーション学会雑誌, *11*（1）, 52–59.

勝二博亮・山本理沙・内田清香（2018）．成長曲線からみたダウン症児における肥満とその支援　茨城大学教育実践研究, *37*, 155–167.

Silva, G. E., Goodwin, J. L., Parthasarathy, S., Sherrill, D. L., Vana, K. D., Drescher, A. A., & Quan, S. F.（2011）. Longitudinal association between short sleep, body weight, and emotional and learning problems in Hispanic and Caucasian children. *Sleep*, *34*（9）, 1197–1205.

髙橋摩理・大岡貴史・内海明美・向井美惠（2012a）．自閉症スペクトラム児の摂食機能の検討　小児歯科学雑誌, *50*（1）, 36–42.

髙橋摩理・内海明美・大岡貴史・向井美惠（2012b）．自閉症スペクトラム障害児の食事に関する問題の検討―第2報 偏食の実態と偏食に関連する要因の検討―　日本摂食嚥下リハビリテーション学

会雑誌, *16*（2）, 175–181.

田村文誉・辰野　隆・蒲池史郎・鈴木健太郎・山田裕之・田中祐子・菊谷　武（2018）．自閉スペクトラム症児者の保護者が感じている食の問題に関するアンケート調査　日本障害者歯科学会雑誌, *39*（2）, 126–136.

田村日登美・合田卓生・有家由佳子・妹尾恭子・松本美加・惠羅修吉（2016）．特別支援学校における通院に向けた学校保健活動に関する検討―歯科通院に向けた健康診断と歯科指導の取組について―　香川大学教育実践総合研究, *33*, 105–112.

寺田ハルカ（1993）．精神薄弱者の歯磨きにおける歯ブラシの大きさと清掃効果の関係について　日本障害者歯科学会雑誌, *14*, 23–32.

寺田ハルカ・道脇信恵・荻原悦子・久保田智彦・緒方克也（1998）．知的障害者における歯磨き反復指導の効果に関する研究―口腔内の認知状況の重症度別比較―　障害者歯科, *19*（1）, 16–23.

寺田ハルカ・道脇信恵・須﨑友香・村久木真実・池田菜津美・大島邦子…緒方克也（2016）．知的障害を伴う自閉スペクトラム症のブラッシング行動と年齢の関係について　日本障害者歯科学会雑誌, *37*, 8–15.

手塚文栄・中村　勇・星出てい子・服部沙穂里・高木伸子（2017）．知的障害特別支援学校在籍児の窒息ニアミスと摂食機能の一考察　日本摂食嚥下リハビリテーション学会雑誌, *21*（2）, 92–98.

常岡亞希・寺田ハルカ・緒方克也（2003）．知的障害者における歯磨き習慣の定着状況について　障害者歯科, *24*（4）, 545–551.

内野義紀・菅野　敦・橋本創一・片瀬　浩（2007）．知的障害養護学校の肥満問題について―アンケート調査による肥満児童・生徒数の調査と養護教諭による支援内容―　東京学芸大学教育実践研究支援センター紀要, *3*, 87–92.

van Blarikom, W., Tan, I. Y., Aldenkamp, A. P., & van Gennep, A. T. G.（2006）. Epilepsy, intellectual disability, and living environment: A critical review. *Epilepsy & Behavior*, *9*（1）, 14–18.

Wolfson, A. R., & Carskadon, M. A.（1998）. Sleep schedules and daytime functioning in adolescents. *Child Development*, *69*（4）, 875–887.

第 10 章

Abdo, A. G. R., Murphy, C. F. B., & Schochat, E.（2010）. Hearing abilities in children with dyslexia and attention deficit hyperactivity disorder. *Pró-Fono Revista de Atualização Científica*, *22*（1）, 25–30.

Alcántara, J. I., Weisblatt, E. J., Moore, B. C., & Bolton, P. F.（2004）. Speech‐in‐noise perception in high‐functioning individuals with autism or Asperger's syndrome. *Journal of Child Psychology and Psychiatry*, *45*（6）, 1107–1114.

American Psychiatric Association（2000）. *Diagnostic and statistical manual of mental disorders*（4th ed., text revision）: *DSM-IV-TR*. American Psychiatric Publishing.（髙橋三郎・大野　裕・染矢俊幸（訳）（2004）．DSM-IV-TR 精神疾患の診断・統計マニュアル　医学書院）

American Psychiatric Association（2013）. *Diagnostic and statistical manual of mental disorders*（5th ed.）. American Psychiatric Association Publishing.（日本精神神経学会（日本語版用語監修）　髙橋三郎・大野　裕（監訳）（2014）．DSM-5 精神疾患の診断・統計マニュアル（p. 65, p. 73）医学書院）

American Psychiatric Association（2022）. *Diagnostic and statistical manual of mental disorders*（5th ed., Text Revision）. American Psychiatric Association Publishing.（日本精神神経学会（日本語版用語監修）　髙橋三郎・大野　裕（監訳）（2023）. DSM-5-TR 精神疾患の診断・統計マニュアル　医学書院）

Avino, T. A., Barger, N., Vargas, M. V., Carlson, E. L., Amaral, D. G., Bauman, M. D., & Schumann, C. M.（2018）. Neuron numbers increase in the human amygdala from birth to adulthood, but not in autism. *Proceedings of the National Academy of Sciences*, *115*, 3710–3715.

Blank, R., Smits-Engelsman, B., Polatajko, H., & Wilson, P.（2012）. European academy for childhood disability（EACD）: Recommendations on the definition, diagnosis and intervention of developmental coordination disorder（long version）. *Developmental Medicine and Child Neurology*, *54*（1）, 54.

Boets, B., Vandermosten, M., Poelmans, H., Luts, H., Wouters, J., & Ghesquière, P.（2011）. Preschool impairments in auditory processing and speech perception uniquely predict future reading problems. *Research in Developmental Disabilities*, *32*（2）, 560–570.

Casanova, M. F., van Kooten, I. A. J., Switala, A. E., van Engeland, H., Heinsen, H., Sreinbusch, H. W. M., ... Schmitz, C.（2006）. Minicolumnar abnormalities in autism. *Acta Neuropathol*, *112*（3）, 287–303.

Castellanos, F. X., Margulies, D. S., Kelly, C., Uddin, L. Q., Ghaffari, M., Kirsch, A., . . . Milham, M. P.（2008）. Cingulate-precuneus interactions: A new locus of dysfunction in adult attention-deficit/hyperactivity disorder. *Biological Psychiatry*, *63*（3）, 332–337.

Cheng, H. C., Chen, J. Y., Tsai, C. L., Shen, M. L., & Cherng, R. J.（2011）Reading and writing performances of children 7–8 years of age with developmental coordination disorder in Taiwan. *Research in Developmental Disabilities*, *32*, 2589–2594.

Chermak, G. D., & Musiek, F. E.（1997）. *Central auditory processing disorders: New perspectives*. San Diego: Singular Publishing Group.

Conners, C.（2008）. *Conners 3rd edition*. Toronto, Ontario, Canada: Multi-Health Systems.（田中康雄（監訳）（2017）. Conners 3 日本語版マニュアル 金子書房

Dawson, G., Carver, L., Meltzoff, A. N., Panagiotides, H., McPartland, J., & Webb, S. J.（2002）. Neural correlates of face and object recognition in young children with autism spectrum disorder, developmental delay, and typical development. *Child Development*, *73*, 700–717.

Dawson, G., & McKissick, F. C.（1984）. Self-recognition in autistic children. *Journal of Autism and Developmental Disorders*, *14*, 383–394.

Dawson, G., Toth, K., Abbott, R., Osterling, J., Munson, J., Estes, A., & Liaw, J.（2004）. Early social impairments in autism: Social orienting, joint attention, and attention to distress. *Developmental Psychology*, *40*, 271–283.

Dovis, S., Van der Oord, S., Wiers, R. W., & Prins, P. J.（2012）. Can motivation normalize working memory and task persistence in children with attention-deficit/hyperactivity disorder? The effects of money and computer-gaming. *Journal of Abnormal Child Psychology*, *40*（5）, 669–681.

DuPaul, G. J., Power, T. J., Anastopoulos, A. D., & Reid, R.（2016）. ADHD rating scale-5 for children and adolescents: Checklists, norms, and clinical interpretation. New York: The Guilford Press.（市川宏伸・田中康雄・小野和哉（監訳）（2022）. 児童期・青年期のADHD評価スケール ADHD-RS-5【DSM-5準拠】―チェックリスト，標準値とその臨床的解釈― 明石書店）

Faraone, S. V., Biederman, J., & Mick, E.（2006）. The age-dependent decline of attention deficit hyperactivity disorder: A meta-analysis of follow-up studies. *Psychological Medicine*, *36*（2）, 159–65.

Faraone, S. V., & Larsson, H.（2019）. Genetics of attention deficit hyperactivity disorder. *Molecular Psychiatry*, *24*（4）, 562–575.

Frith, U.（1989）. *Autism: explaining the enigma*. Oxford: Blackwell.

福島邦博・川崎聡大（2008）. 聴覚情報処理障害（APD）について 音声言語医学, *49*（1）, 1–6.

後藤隆章（2016a）. ひらがなの読み指導 日本LD学会（編） 発達障害事典（pp. 178–179） 丸善出版

後藤隆章（2016b）. 漢字の読み指導 日本LD学会（編） 発達障害事典（pp. 182–183） 丸善出版

Gunji, A., Goto, T., Kita, Y., Sakuma, R., Kokubo, N., Koike, T., & Inagaki, M.（2013）. Facial identity recognition in children with autism spectrum disorders revealed by P300 analysis: A preliminary study. *Brain and Development*, *35*, 293–298.

春原則子・宇野 彰・金子真人（2005）. 発達性読み書き障害児における実験的漢字書字訓練―認知機能特性に基づいた訓練方法の効果― 音声言語医学, *46*, 10–15.

橋本竜作・柏木 充・鈴木周平（2006）. 読み障害を伴わず，書字の習得障害を示した小児の1例 高次脳機能研究, *26*（4）, 368–376.

八田徳高・徳永真哉・太田富雄（2018）. 聞こえの困難さを訴える成人症例2例の聴覚情報処理の特徴 川崎医療福祉学会誌, *27*（2）, 449–455.

Hazlett, H. C., Gu, H., Munsell, B. C., Kim, S. H., Styner, M., Wolff, J. J., ... Piven, J.（2017）. Early brain development in infants at high risk for autism spectrum disorder. *Nature*, *542*, 348–351.

Hazlett, H. C., Poe, M., Gerig, G., Smith, R. G., Provenzale, J., Ross, A., ... Piven, J.（2005）. Magnetic resonance imaging and head circumference study of brain size in autism: Birth through age 2 years. *Archives of General Psychiatry*, *62*, 1366–1376.

Hazlett, H. C., Poe, M. D., Gerig, G., Styner, M., Chappell, C., Smith, R. G., ... Piven, J.（2011）. Early brain overgrowth in autism associated with an increase in cortical surface area before age 2 years. *Archives of General Psychiatry*, *68*, 467–476.

Henderson, S. E., Sugden, D. A., & Barnett, A. L.（2007）. Movement assessment battery for children (2nd ed.（MABC-2）). London: Harcourt Assessment.

Hirata, S., Kita, Y., Yasunaga, M., Suzuki, K., Okumura, Y., Okuzumi, H., ... Nakai, A.（2018）. Applicability of the Movement Assessment Battery for Children—Second Edition（MABC-2）for Japanese children aged 3–6 years: A preliminary investigation emphasizing internal consistency and factorial validity. *Frontiers in Psychology*, *9*, 1452.

Huttenlocher, P. R., de Courten, C., Garey, L. J., & Van der Loos, H.（1982）. Synaptogenesis in human visual cortex — evidence for synapse elimination during normal development. *Neuroscience Letters*, *33*, 247–252.

伊藤一美（2016）．　計算・図形の指導　日本LD学会（編）　発達障害事典（pp. 192–193）　丸善出版

Jamieson, D. G., Kranjc, G., Yu, K., & Hodgetts, W. E.（2004）. Speech intelligibility of young school-aged children in the presence of real-life classroom noise. *Journal of the American Academy of Audiology*, *15*（7）, 508–517.

Kamio, Y., Robins, D., Kelley, E., Swainson, B., & Fein, D.（2007）. Atypical lexical/semantic processing in high-functioning autism spectrum disorders without early language delay. *Journal of Autism and Developmental Disorders*, *37*, 1116–1122.

川井敬二（2016）．　保育施設の音環境保全に向けて―海外基準と我が国における取り組み―　小特集 子どものための音環境　日本音響学会誌，*72*（3），160–165.

川瀬哲明（2018）．　聴覚臨床に役立つ聴覚メカニズムの知識　*Audiology Japan*, *61*（3），177–186.

Kemper, T. L., & Bauman, M.（1998）. Neuropathology of infantile autism. *Journal of Neuropathology and Experimental Neurology*, *57*, 645–652.

北　洋輔・平田正吾（2019）．　発達障害の心理学―特別支援教育を支えるエビデンス―　福村出版

Kita, Y., Suzuki, K., Hirata, S., Sakihara, K., Inagaki, M., & Nakai, A.（2016）. Applicability of the Movement Assessment Battery for Children—Second Edition to Japanese children: A study of the age band 2. *Brain and Development*, *38*（8），706–713.

Klatte, M., Bergström, K., & Lachmann, T.（2013）. Does noise affect learning? A short review on noise effects on cognitive performance in children. *Frontiers in Psychology*, *4*, 1–6.

Klatte, M., Lachmann, T., & Meis, M.（2010）. Effects of noise and reverberation on speech perception and listening comprehension of children and adults in a classroom-like setting. *Noise Health*, *12*, 270–282.

Klin, A., Jones, W., Schultz, R., Volkmar, F., & Cohen, D.（2002）. Visual fixation patterns during viewing of naturalistic social situations as predictors of social competence in individuals with autism. *Archives of General Psychiatry*, *59*, 809–816.

Klin, A., Lin, D. J., Gorrindo, P., Ramsay, G., & Jones, W.（2009）. Two-year-olds with autism orient to non-social contingencies rather than biological motion. *Nature*, *459*, 257–261.

国立特別支援教育総合研究所（2010）．　小・中学校等における発達障害のある子どもへの教科教育等の支援に関する研究 平成20年度～21年度 研究成果報告書　https://www.nise.go.jp/cms/resources/content/403/c-83.pdf（2021年10月15日閲覧）

久保愛恵・平野晋吾・田原　敬・勝二博亮（2018）．　集団活動に困難を示す幼児の指示従事行動　茨城大学教育学部紀要 教育科学，*67*，449–459.

熊谷恵子（2016）．「計算する」における困難　日本LD学会（編）　発達障害事典（pp. 56–57）　丸善出版

Lansdown, R.（1988）. The clumsy children. In N. Richman & R. Lansdown（Eds.）, *Problems of preschool children*（pp. 75–82）. London: Wiley.

増田貴人（2019）．　DCDに対する介入の方法論―過程指向型アプローチと課題指向型アプローチ―　辻井正次・宮原資史（編）　発達性協調運動障害［DCD］不器用さのある子どもの理解と支援（pp. 71–85）　金子書房

McEachin, J. J., Smith, T., & Lovaas, O. I.（1993）. Long-term outcome for children with autism who received early intensive behavioral treatment. *American Journal of Mental Retardation*, *97*, 359–732.

Minshew, N. J., & Williams, D. L.（2007）. The new neurobiology of autism: Cortex, connectivity, and neuronal organization. *Archives of Neurology*, *64*, 945–950.

宮原資史（2019）．DCDにまつわる歴史　辻井正次・宮原資史（編）　発達性協調運動障害［DCD］不器用さのある子どもの理解と支援（pp. 14–41）　金子書房

Miyahara, M., Hillier, S. L., Pridham, L., & Nakagawa, S. (2017). Task-oriented interventions for children with developmental co-ordination disorder. *Cochrane Database of Systematic Reviews*, *7* (7), CD010914.

文部科学省（2021）．障害のある子供の教育支援の手引―子供たち一人一人の教育的ニーズを踏まえた学びの充実に向けて―　https://www.mext.go.jp/content/20210629-mxt_tokubetu01-000016487_02.pdf（2023年6月14日閲覧）

文部科学省初等中等教育局特別支援教育課（2008）．特別支援教育の推進に関する調査研究協力者会議（第1回）配布資料 今後の特別支援教育の在り方について（最終報告）参考資料2「通常の学級に在籍する特別な教育的支援を必要とする児童生徒に関する全国実態調査」調査結果　https://www.mext.go.jp/b_menu/shingi/chousa/shotou/054/shiryo/attach/1361231.htm（2021年10月18日閲覧）

文部科学省初等中等教育局特別支援教育課（2012）．「通常の学級に在籍する発達障害の可能性のある特別な教育的支援を必要とする児童生徒に関する調査」調査結果　https://www.mext.go.jp/a_menu/shotou/tokubetu/material/__icsFiles/afieldfile/2012/12/10/1328729_01.pdf（2021年10月18日閲覧）

文部科学省初等中等教育局特別支援教育課（2022）．「通常の学級に在籍する特別な教育的支援を必要とする児童生徒に関する調査」調査結果　https://www.mext.go.jp/content/20230524-mext-tokubetu01-000026255_01.pdf（2023年5月31日閲覧）

Moore, D. R. (2018). Challenges in diagnosing auditory processing disorder. *Hearing Journal*, *71* (10), 32–36.

Müller, R. A., & Fishman, I. (2018). Brain connectivity and neuroimaging of social networks in autism. *Trends in Cognitive Sciences*, *22*, 1103–1116.

Naglieri, J. A. (1999). Essentials of CAS assessment. New Jersey: John Wiley & Sons.（前川久男・中山　健・岡崎慎治（訳）（2010）．エッセンシャルズDN-CASによる心理アセスメント　日本文化科学社

中井信裕・内匠　透（2018）．自閉症の分子メカニズム　生化学, *90*, 462–477.

Nigg, J. T., & Casey, B. J. (2005). An integrative theory of attention-deficit/hyperactivity disorder based on the cognitive and affective neurosciences. *Development and Psychopathology*, *17* (3), 785–806.

日本自閉症スペクトラム学会（2005）．自閉症スペクトラム児・者の理解と支援―医療・教育・福祉・心理・アセスメントの基礎知識―　教育出版

西野泰広・田島啓子・田島信元・手島茂樹・田嶋善郎（1986）．ちょっと気になる子どもたち―保育・教育現場の臨床心理―　福村出版

小渕千絵（2015）．聴覚情報処理障害（auditory processing disorders, APD）の評価と支援　音声言語医学, *56* (4), 301–307.

小渕千絵（2020）．APD「音は聞こえているのに聞き取れない」人たち―聴覚情報処理障害（APD）とうまくつきあう方法―　さくら社

小渕千絵（2021）．聴覚情報処理検査の特徴と開発の経緯　小渕千絵・原島恒夫・田中慶太（編）　加我君孝（監修）　聴覚情報処理検査（APT）マニュアル（pp. 5–9.）　学苑社

小渕千絵・原島恒夫（編）（2016）．きこえているのにわからないAPD（聴覚情報処理障害）の理解と支援　学苑社

小川征利（2015）．きこえの困難さ検出用チェックリストを用いた難聴とASDの比較　教育オーディオロジー研究, *9*, 13–17.

小川征利・原島恒夫・堅田明義（2013）．通常学級に在籍する児童のきこえの困難さ検出用チェックリストの作成―因子分析を通して―　特殊教育学研究, *51* (1), 21–29.

小川征利・堅田明義（2019）．就学前幼児におけるきこえ困難に関する予備的検討―きこえの困難検出用チェックリストを用いた調査を通して―　コミュニケーション障害学, *36* (2), 35–41.

小川征利・加藤登美子・小渕千絵・原島恒夫・堅田明義（2007）．聴覚情報処理障害（auditory processing disorders: APD）の実態に関する調査　日本特殊教育学会第45回大会発表論文集, 794.

Ogrim, G., & Hestad, K. A. (2013). Effects of neurofeedback versus stimulant medication in attention-deficit/hyperactivity disorder: A randomized pilot study. *Journal of Child and Adolescent Psychopharmacology*, *23* (7), 448–457.（小野次朗・小枝達也（訳）（2008）．ADHDの理解と援

助　ミネルヴァ書房）

岡本邦広（2014）．漢字書字に困難のある児童生徒への指導に関する研究動向　国立特別支援教育総合研究所研究紀要, *41*, 63–75.

Omer, S., Jijon, A. M., & Leonard, H. C.（2019）. Research review: Internalising symptoms in developmental coordination disorder: A systematic review and meta-analysis. *Journal of Child Psychology and Psychiatry*, 60（6）, 606–621.

小野次朗・小枝達也（2011）．ADHDの理解と援助　ミネルヴァ書房

太田富雄・八田徳高（2010）．聴覚情報処理障害の用語と定義に関する論争　福岡教育大学附属特別支援教育センター研究紀要, *2*, 17–26.

Pinel, J. P. J.（2003）. *Biopsychology*（5th ed.）. Pearson Education.（佐藤　敬・若林孝一・泉井　亮・飛鳥井　望（訳）（2005）．ピネル バイオサイコロジー――脳：心と行動の神経科学―　西村書店）

Premack, D., & Woodruff, G.（1978）. Does the chimpanzee have a theory of mind? *The Behavioral and Brain Sciences*, *1*, 515–526.

Redcay, E., & Courchesne, E.（2005）. When is the brain enlarged in autism? A meta-analysis of all brain size reports. *Biological Psychiatry*, *58*, 1–9.

Rizzolatti, G., Fogassi, L., & Gallese, V.（2001）. Neurophysiological mechanisms underlying the understanding and imitation of action. *Nature Reviews Neuroscience*, *2*, 661–670.

Robin, L. H., & Rogers, S. J.（2012）. *Autism and other neurodevelopmental disorders*. American Psychiatric Publishing.

Robins, D. L., Fein, D., Barton, M. L., & Green, J. A.（2001）. The modified checklist for autism in toddlers: An initial study investigating the early detection of autism and pervasive developmental disorders. *Journal of Autism and Developmental Disorders*, *31*, 131–144.

Rogers, S. J., & Dawson, G.（2010）. *Early start Denver model for young children with autism: Promoting language, learning, and engagement*. Guilford Press.

Rubia, K.（2011）. "Cool" inferior fronto-striatal dysfunction in attention deficit hyperactivity disorder（ADHD）versus "hot" ventromedial orbitofronto-limbic dysfunction in conduct disorder: A review. *Biological Psychiatry*, *69*, e69–e87.

齊藤万比古・飯田順三（2022）．注意欠如・多動症―ADHD―の診断・治療ガイドライン 第5版　じほう

Seidman, L. J., Valera, E. M., & Makris, N.（2005）. Structural brain imaging of attention-deficit/hyperactivity disorder. *Biological Psychiatry*, 57（11）, 1263–1272.

嶋田容子・志村洋子・小西行郎（2019）．環境音下における幼児の選択的聴取の発達　日本音響学会誌, *75*（3）, 112–117.

Slusarek, M., Velling, S., Bunk, D., & Eggers, C.（2001）. Motivational effects on inhibitory control in children with ADHD. *Journal of the American Academy of Child & Adolescent Psychiatry*, 40（3）, 355–363.

Sonuga-Barke, E. J.（2003）. The dual pathway model of AD/HD: An elaboration of neuro-developmental characteristics. *Neuroscience and Biobehavioral Reviews*, 27（7）, 593–604.

Sonuga-Barke, E. J., Bitsakou, P., & Thompson（2010）. Beyond the dual pathway model: Evidence for the dissociation of timing, inhibitory, and delay-related impairments in attention-deficit/hyperactivity disorder. *Journal of the American Academy of Child and Adolescent Psychiatry*, 49（4）, 345–355.

曽良一郎・福島　攝（2006）．脳の発達障害ADHDはどこまでわかったか？　日本薬理学雑誌, *128*（1）, 8–12.

鈴木浩太・稲垣真澄（2018）．読み書きの困難さを示す発達性協調運動障害児に対する漢字指導―聴覚法と指なぞり法の併用の有用性について―　認知神経科学, *20*（3＋4）, 165–171.

Suzuki, K., Kita, Y., Shirakawa, Y., Egashira, Y., Mitsuhashi, S., Kitamura, Y., ... Inagaki, M.（2020）. Reduced Nogo-P3 in adults with developmental coordination disorder（DCD）. *International Journal of Psychophysiology*, *153*, 37–44.

Thomas, A., Avino, T. A., Barger, N., Vargas, M. V., Carlson, E. L., Amaral, D. G., ... Schumann, C. M.（2018）. Neuron numbers increase in the human amygdala from birth to adulthood, but not in autism. *Proceedings of the National Academy of Sciences*, *115*, 3710–3715.

Tripp, G., & Wickens, J. R.（2009）. Neurobiology of ADHD. *Neuropharmacology*, 57（7–8）, 579–589.

Uddin, L. Q., Kelly, A. M., Biswal, B. B., Margulies, D. S., Shehzad, Z., Shaw, D., ... Milham, M.

P.（2008）. Network homogeneity reveals decreased integrity of default-mode network in ADHD. *Journal of Neuroscience Methods, 169*（1）, 249–254.

宇野　彰（2016）.　発達性読み書き障害　高次脳機能研究, *36*（2）, 170–176.

Van Luit, J., Kroesbergen, E., & Naglieri, J.（2005）. Utility of the PASS theory and cognitive assessment system for Dutch children with and without ADHD. *Journal of Learning Disabilities, 38*, 434–439.

Vuijk, P. J., Hartman, E., Scherder, E., & Visscher, C.（2010）. Motor performance of children with mild intellectual disability and borderline intellectual functioning. *Journal of Intellectual Disability Research, 54*（11）, 955–965.

若林明雄・東條吉邦・Balon-Cohen, S.・Wheelwright, S.（2004）.　自閉症スペクトラム指数（AQ）日本語版の標準化―高機能臨床群と健常成人による検討―　心理学研究, *75*, 78–84.

若宮英司（2010）.　特異的読字障害 臨床症状　稲垣真澄（編）　特異的発達障害 診断・治療のための実践ガイドライン―わかりやすい診断手順と支援の実際―（pp. 38–41）　診断と治療社

若宮英司・小池敏英（2010）.　特異的算数障害 概論と支援の実際　稲垣真澄（編）　特異的発達障害 診断・治療のための実践ガイドライン―わかりやすい診断手順と支援の実際―（pp. 129–136）　診断と治療社

Weiss, L. G., Saklofske, D. H., Holdnack, J. A., & Prifitera, A.（2016）. WISC-V assessment and interpretataion. Academic Press.

Wightman, F. L., Callahan, M. R., Lutfi, R. A., Kistler, D. J., & Oh, E.（2003）. Children's detection of pure-tone signals: Informational masking with contralateral maskers. *The Journal of the Acoustical Society of America, 113*（6）, 3297–3305.

Williams, J. H., Whiten, A., Suddendorf, T., & Perrett, D. I.（2001）. Imitation, mirror neurons and autism. *Neuroscience and Biobehavioral Reviews, 25*, 287–295.

Wilson, P. H., Ruddock, S., Smits-Engelsman, B., Polatajko, H., & Blank, R.（2013）. Understanding performance deficits in developmental coordination disorder: A meta-analysis of recent research. *Developmental Medicine & Child Neurology, 55*（3）, 217–228.

Wing, L., & Gould, J.（1979）. Severe impairments of social interaction and associated abnormalities in children. *Journal of Autism and Developmental Disorders, 19*, 11–29.

World Health Organization（1992）. *The ICD-10 classification of mental and behavioral disorders: Clinical descriptions and diagnostic guidelines*. WHO.（融　道男・中根允文・小宮山　実・岡崎祐士・大久保善朗（監訳）（2005）.　ICD-10 精神および行動の障害―臨床記述と診断ガイドライン―　医学書院）

Wuang, Y. P., Wang, C. C., Huang, M. H., & Su, C. Y.（2008）. Profiles and cognitive predictors of motor functions among early school-age children with mild intellectual disabilities. *Journal of Intellectual Disability Research, 52*（12）, 1048–1060.

Yadav, S. K., Bhat, A. A., Hashem, S. Nisar, S., Kamal, M., Syed, S., Temanni, M. R., ... Haris, M.（2021）. Genetic variations influence brain changes in patients with attention-deficit hyperactivity disorder. *Translational Psychiatry, 11*, 349.

吉田武男（2018）.　特別支援教育―共生社会の実現に向けて―　ミネルヴァ書房

Zelazo, P. D., & Müller, U.（2002）. Executive function in typical and atypical development. In U. Goswami（Ed.）, *Blackwell handbook of childhood cognitive development*（pp. 445–469）. Oxford, England: Blackwell.

Zwicker, J. G., Harris, S., & Klassen, A.（2013）. Quality of life domains affected in children with developmental coordination disorder: A systematic review. *Child: Care, Health and Development, 39*（4）, 562–580.

終　章

中央教育審議会（2005）.　特別支援教育を推進するための制度の在り方について（答申）　https://www.mext.go.jp/b_menu/shingi/chukyo/chukyo0/toushin/05120801.htm（2023 年 4 月 6 日閲覧）

中央教育審議会（2015）.　チームとしての学校の在り方と今後の改善方策について（答申）　https://www.mext.go.jp/b_menu/shingi/chukyo/chukyo0/toushin/1365657.htm（2023 年 4 月 6 日閲覧）

文部科学省（2015）.「PT，OT，ST 等の外部専門家を活用した指導方法等の改善に関する実践研究事

業（新規）」 https://www.mext.go.jp/component/b_menu/other/__icsFiles/afieldfile/2015/04/14/1356818_021_1.pdf（2023 年 10 月 10 日閲覧）

文部科学省（2022）. 生徒指導提要（改訂版） https://www.mext.go.jp/content/20230220-mxt_jidou01-000024699-201-1.pdf（2023 年 4 月 6 日閲覧）

野田智子・藤沼小智子（2020）. 知的障害特別支援学校における定期健康診断事前指導の現状 学校保健研究, *62*（1), 52–62.

和田充紀・幅 裕子（2020）. 外部専門家としての作業療法士の助言を学校・家庭・地域で活用するための一考察－附属特別支援学校教諭への質問紙調査から－ とやま発達福祉学年報, *11*, 43–49.

索 引

人名索引

執筆者一覧

(執筆順)

勝二　博亮（編著者）　　　　　　　はしがき，序章，第3章，第9章，終章

細川　美由紀（茨城大学教育学部）　第1章，第8章，第10章 第1節

軍司　敦子（横浜国立大学教育学部）第2章，第10章 第3節

田原　敬（茨城大学教育学部）　　　第4章

青木　真純
（東京学芸大学障がい学生支援室）　第5章，第10章 第2節

日高　茂暢（佐賀大学教育学部）　　第6章

鈴木　浩太（四天王寺大学教育学部）第7章，第10章 第4節

久保　愛恵
（筑波大学大学院人間総合科学研究科）第10章 第5節

◇編著者紹介◇

勝二　博亮（しょうじ・ひろあき）

1999 年　東京学芸大学大学院連合学校教育学研究科　修了　（博士（教育学））
現　　在　茨城大学大学院教育学研究科　教授

【主著・論文】
改訂版 特別な支援を必要とする子どもの理解と教育（分担執筆）　かもがわ出版　2023 年
シリーズ心理学と仕事 神経・生理心理学（分担執筆）　北大路書房　2019 年
生理心理学と精神生理学 第III巻 展開（分担執筆）　北大路書房　2018 年
特別支援児の心理学 ［新版］理解と支援（分担執筆）　北大路書房　2015 年
Shoji, H., & Skrandies, W.　ERP topography and human perceptual learning in the peripheral visual field. *International Journal of Psychophysiology*, *61*(2), 179–187. 2006 年

知的障害児の心理・生理・病理 ［第 2 版］
── エビデンスに基づく特別支援教育のために

2022 年　3 月 20 日　初版第 1 刷発行
2023 年　3 月 20 日　初版第 2 刷発行
2023 年 12 月 20 日　第 2 版第 1 刷発行

編 著 者　　勝　二　博　亮

発 行 所　　㈱ 北 大 路 書 房
〒 603-8303　京都市北区紫野十二坊町 12-8
電話代表　　（075）431-0361
Ｆ Ａ Ｘ　　（075）431-9393
振替口座　　01050-4-2083

© 2023
装丁／白沢　正
印刷・製本／創栄図書印刷（株）
落丁・乱丁本はお取り替えいたします。
定価はカバーに表示してあります。

Printed in Japan
ISBN978-4-7628-3239-0